温暖化に挑む海洋教育

―― 呼応的かつ活動的に

田中智志 編著

東信堂

巻頭言

2019 年 9 月、モナコで開催された気候変動に関する政府間パネル (IPCC) 第 51 回総会で、「海洋・雪氷圏特別報告書」が発表された。この報告書の執筆には 36 ヵ国から 104 人の科学者が参加し、6,981 本もの研究論文が引用されるなど、現在の科学的知見の粋を集めた内容となっている。報告書のメッセージは極めて明瞭で、すでに海洋生態系システムにおいては「転換点 (Tipping Point)」を超えたと考えられる現象が起き始めており、海洋、ひいては地球全体が危機的な状況であるとし、「いま選ぶ行動で未来が決まる」と警鐘を鳴らしている。

報告書の知見の中で特筆すべきは、海面水位上昇の予測値が大幅に上方修正された点である。以前の IPCC の報告書では、南極氷床寄与分について十分な知見がなかったため敢えて小さめの値が入っていたが、今回はこの部分の寄与を加えてより信頼性の高い新たな予測が行われ、その結果、海面水位上昇の予測値は、2100 年時点で最大 110 ㎝、2081-2100 年の期間平均で最大 92 ㎝となり、前回報告書の予測値 (2081-2100 年の期間平均で最大 82 ㎝) と比べて 10 ㎝も大きな値となった。

もう一つ特筆すべき点は、2100 年以降の超長期的変化の予測が行われたことである。報告書では、気候変動はすでに不可逆的であり、海洋の変化は今後長期的に続いていくこと、さらに現在の選択と今後導入される政策の実現度合いによって、その変化の度合いは大きく異なることが改めて浮き彫りにされた。温室効果ガスの高排出が続く場合には、海面水位は 2300 年を超えてもなお上昇し続けると予測している。たとえ温室効果ガス排出量が大幅に削減される場合でも、既に過去に排出された温室効果ガスの影響で海洋の変化は続き、海洋生態系や沿岸域に住む人々の暮らしは大きな影響を受け得るという。

　それでは、海や海の豊かさを享受して暮らす人々の生活をまもり、それを未来に引き継ぐために、いま、われわれが選ぶべきはいったいどのような行動なのだろうか。それは正しい選択なのだろうか。どうしたら実現できるのだろうか。残念ながらわれわれはまだこれらに対する明確な答えを持ち合わせていない。一つ言えることは、その答えを見出すには一人ひとりが海洋そして地球全体の危機的な状況を認識し、何ができるのかを考えることから始めるしかない、ということだろう。その過程において教育が担う責務はきわめて大きいはずである。そこで東京大学、日本財団、そして笹川平和財団海洋政策研究所は一昨年から共同で、世界の国々では海についてどのような目的のもと、どのような教育が行われているのか調査を行い、これらの比較研究を通じて海洋教育の本質を明らかにする取り組みを続けてきた。本書はその成果をまとめたものである。

　最後に本書の作成にあたり多大なご尽力をいただいた東京大学大学院教育学研究科の田中智志教授および海洋教育センターの皆様、また各国での現地調査にご協力いただいた先生方各位、そして海洋教育の研究にご理解と多大なるご支援をいただいている日本財団に心より感謝申し上げたい。

笹川平和財団海洋政策研究所

所長　角南　篤

はしがき

　人類誕生以来、我々の暮らしを支え、地球を人が居住できる空間にしているのが海であることは言うまでもないだろう。その海の包容力が限界を迎えようとしている。海洋ゴミ問題や気候変動、地球温暖化等、海洋を取り巻く課題と向き合うたびに、地球環境システムの臨界点を意識することが増えたと感じる。

　2017年に日本財団が行った全国調査では、若い世代ほど海に親しみを感じておらず、また、小学校6年間で一度も海に行ったことのない割合が10代だと約10%にも上ることが明らかになった。四方を海に囲まれたこの日本において、次世代の海を担う子どもたちの海離れが起きていることに危機感を感じ、子どもたちが海に親しむきっかけをつくるため「海と日本プロジェクト」を2016年から展開している。本プロジェクトでは、全国のNPOや社会教育施設、企業、メディア等と連携のもと、海をテーマにしたイベントを年間約1,500件実施。普段なかなか行く機会がなくなってしまった海を身近に感じてもらうため、今後も引き続き展開していく予定だ。

　本書のテーマでもある、初等中等教育における海洋教育の普及・促進を開始したのは遡ること2008年。同年に閣議決定された海洋基本計画における柱の1つ、「海洋に関する国民の理解の増進と人材育成」を実現すべく、社会教育施設等と連携のもと、子どもたちを対象とした海洋体験プログラム等の開発・実施に着手したのが始まりである。

　当時は、海洋教育の普及・促進の実施計画を作成する上で核となり、最も基礎的なデータである日本における海洋教育の実施情況について、全国規模で調査された例がなかったため、2012年には我が国で初となる「小中学校の海洋教育実施状況に関する全国調査」を全32,010校の小中学校を対象に実施した。そこで明らかになったこととして、「海洋教育」という言葉の認知率

は 29.2% に留まり、海洋教育の実施状況はというと、教科書の範囲でのみ実施している学校が 62.8% と大部分を占め、総合的な学習の時間で取り組んでいるのは 16.7% と、四方を海に囲まれた海洋国家日本としては残念な結果となった。

　これらの結果も踏まえ、東京大学に設置された東京大学海洋アライアンス海洋教育促進研究センター（当時。現：東京大学大学院教育学研究科附属海洋教育センター）とも連携しながら海洋教育の概念整理、初等中等教育現場における海洋教育の実践支援、海洋教育カリキュラムの作成等を行ってきた。さらに、学校現場においてそれぞれの学校が主体的に実践する多様な海洋教育をサポートするため、2016 年からは日本財団、笹川平和財団海洋政策研究所、東京大学大学院教育学研究科附属海洋教育センターの三者共催のもと「海洋教育パイオニアスクールプログラム」を開始。本プログラムでは 2019 年度までに延べ 547 校における海洋教育の実践をサポートしてきた。

　海洋の酸性化や地球温暖化等、海を守るために国境を越えた対策が叫ばれる中、次世代の海を担う子どもたちを対象とした海洋教育はその重要性を増している。今回、海外でどのような海洋教育が行われているか調査を行ったことは、海洋教育を通じて海の課題を解決するための第一歩になると言えるだろう。様々な形で日本人の暮らしを支え、時に心の安らぎやひらめきを与えてくれる海、そんな海を次世代に引き継ぐため、本調査結果も踏まえ、海との共生を目指す海洋教育を引き続き推進していきたい。

日本財団

常務理事　海野光行

はじめに

"When I felt for you, I do believe
Only Innocence can save the world."
from 'Ocean Soul,' written by Tuomas Holopainen, in Album *Century Child*,
Nightwish, 2002.

　漠然と思うことであるが、近年の日本の教育論議は、「批判」という視座
を矮小化してきたのではないだろうか。「批判」は、社会の構造的・制度的
な問題を析出し、その改変をめざすことであり、他人の議論の瑕疵を指摘し
たり、自分の考え方と違うことを非難することではない。

　たとえば、現在、かつて批判的に論じられた「学力格差」は、もはや自然
な状態、と見なされている。経済的・文化的格差がもたらす学力の違いは、
もはや解消されるべき問題ではなく、受け容れられたふつうの事実であるか
のように見える。「学力」とは何か、何が「学力」と呼ばれるべきか、という
問いも、もはや過去の問いのように見える。「学力」は、「コンピテンシー」
と呼ばれようが、「新しい能力」と呼ばれようが、だれもがめざすべきもの、
と見なされ、人びとの関心は、所定の「学力」を高める「方法」にのみ、向かっ
ているように。

　そうした「学力」は、この社会の構造によって基礎づけられている。現代
社会の構造は、基本的に機能的分化である。機能的分化を基本とする現代社
会は、有能性・有用性を人が習得するべき「能力」として構造化・制度化し、
その能力の多寡によって人を評価し配分し、その能力の性状の違いによって
知識を分節し、精緻化している。むろん、実際に測られる「学力」は、かな
らずしも有能性・有用性に直結していないが、それらを示す「シグナル」と
見なされている。

　しかし、私が問いかけたいことは、こうした「学力」概念は妥当かどうか、
ではない。こうした「学力」は、人が生存するための根本条件に向かって機

能しているだろうか、である。人が生存するための根本条件は、フィジカル（身体的・物理的）に生きて暮らせることである。それは、空気や水や光や食料があるだけではなく、生命が存続するうえで適切な状態であること、一言でいえば、「ハビタビリティ」（生存を可能にする条件）である。ふだん問われていないこのハビタビリティが問われるのは、気象災害や原発事故で人命が失われたり、大きな被害が生じるときであるが、近年の気象災害は、私たちのハビタビリティが危機に瀕していることを示しているのではないだろうか。

　私たちのハビタビリティは、温暖化によって、この100年くらい、ゆっくりと、しかし確実に失われつつある。その事実に対し警鐘を鳴らしたのが、アル・ゴア（Al Gore）が、2006年に出版した『不都合な真実』（*An Inconvenient Truth*）である。そこでゴアは、「気候変動の危機的状態が昂進し、人びとがこれまで直面したことがないくらいに危険な状態になりつつある」と述べ、そうした状態をもたらす「温暖化は、科学だけの問題ではない。政治だけの問題でもない」。それは「倫理の問題」「精神の課題」である、と述べている。

　にもかかわらず、温暖化によるハビタビリティの危機は、なぜか人びとの関心を大いに引いているとはいえないように見える。アメリカ人は「めまいがするほど状況認識に欠けている」という『不都合な真実』は、賛否両論の評価を受けている。アメリカ人にかぎらず、人びとは、自分にとって「不都合な真実」を、拒絶する傾向にあるのかもしれない。たしかに私たちは、目の前のことにばかり意識を集中させがちである。経済資本への欲望に囚われたままの人もいれば、国家もあるが、それが、人間の本態、国家の本態とはいえないだろう。

　もっとも、近年、若者たちのあいだで温暖化に対する関心が高まっているようにも見える。2019年9月に、国連主催の「ユース気候サミット」（Youth Climate Summit）が、ニューヨークの国連本部で開かれ、さまざまな国から600人を越える若者が参加した。そこで演説したグレタ・トゥーンベリ（Greta Thunberg）さんの「［温暖化が深刻化する情況で、まだ］お金や経済発展のことばかり考えていて、あなたたちは恥ずかしくないのか」という言葉は、話題になったが、彼女の言葉を「気候活動家」（climate activist）の感情的妄言と見な

した人もいる。たしかに、彼女のスピーチは、感情的だったが、それは、自然科学的知見にもとづく推断でもある。地球の未来を変えられるのは、そうした推断を信じる一人ひとりの真摯な努力ではないだろうか。

　彼女の言葉を受けとめながら、あらためて現代日本の教育をふりかえるなら、それは、温暖化によって生存の基盤が危機に瀕しているにもかかわらず、そして「異常気象」「熱波襲来」というシグナルをたびたび経験しながら、まだ「学力」への欲望を肥大化させ自明化しているように見える。温暖化は、たんに専門家が憂慮し政治家が対処する問題だろうか。それは、専門家と政治家に任せるべきことではなく、すべての人が担い行うべきことではないだろうか。

　温暖化というハビタビリティの危機に対し、一人ひとりが切実な「危機感」をもって行動するために、教育学は何をするべきだろうか。それは、あらためて「人間的」であることを考える教育を語ることではないだろうか。政策によって定められた基準や法令に則って行動することは「合法的」であるが、それは「人間的」といえるだろうか。「人間的」であることは、他者を他ならぬ「あなた」として感受することではないだろうか。他者の声なき声を聴くことではないだろうか。未来を奪われるかもしれない子どもたちの声を、そしてまだ生まれていない子どもたちの声を、さらに絶滅する生きものたちの声を、聴くことではないだろうか。

　私は、私たちが「人間的」に行動しようとするかぎり、海洋教育は、たんなる海洋の知見を教える営みにとどまるべきではなく、他者・他の生きものをふくむ、私たちすべての生存の基盤を保全するための、呼応的で活動的な営みとして、語りなおされるべきである、と思う。本書は、そうした語りなおしのささやかな試みである。

田中智志

目次／温暖化に挑む海洋教育——呼応的かつ活動的に

温暖化に挑む海洋教育——呼応的かつ活動的に

序　章　海洋教育の再構成へ
Toward the Reconstruction of Ocean Education

田中智志

〈概要〉
　海が自然環境の中心に位置づけられることで、また**地球温暖化**が**ハビタビリティの危機**を招いていると認識されることで、**海洋教育**は、すべての人びとが担うべき活動としての**海洋ガヴァナンス**に人びとを誘う教育となる。その活動は、**環境保護**としての海ゴミの回収から、温暖化対策としての脱炭素化（石油石炭を用いる産業活動の縮減と代替）にいたるまで、多様である。この海洋ガヴァナンスの活動を支えているのは、**海洋リテラシー**という知見だけでなく、「人間的であろう」とする、一人ひとりの**内在的ベクトル**である。海洋教育が**温暖化への挑戦**という役割を担うことは、それ自体を「**人間性探究**」の試みにすることである。

1　海洋ガヴァナンスという概念

海洋ガヴァナンスとしての「海洋空間計画」

　「海洋空間計画」(Marine Spatial Planning) という言葉がある。総合的に海洋を（主に沿岸海域を中心に）管理し、生態系を保護しつつその資源を活用しようとする、壮大な計画である。この計画は、おそくとも 2000 年代から、IOC (Intergovernmental Oceanographic Commission)、アメリカ合衆国、ヨーロッパ連合、オーストラリア連邦などで、盛んに論じられるようになった（報告書としては、たとえば、ヨーロッパ連合の Marine Spatial Planning Road Map (2008)、アメリカ合衆国の Interim Framework for Effective Coastal and Marine Spatial Planning (2009) などがある）。

遠景にあるのは、「海洋ガヴァナンス」を提唱した「国連海洋法条約」(1994年発効) だろう。

こうした動勢についての素朴な疑問は、なぜ「海洋空間計画」が必要なのか、である。いいかえれば、なぜ、一定の範囲の海洋について、さまざまなデータを統合し、法制を整備し、アセスメントや予測を行い、具体的な活動プランを作り、法制を遵守させる制度も作り、さらに成果を評価するべきなのか、である。そして、一定の範囲の生態系の保全、経済資源の利用、文化資産の保全を考慮に入れた、包括的ガヴァナンスの計画立案が、なぜ必要なのか、である。その理由は、たんに地域経済を活性化するためでも、海域の管理コストを削減するためでも、ないだろう。

「海洋空間計画」が必要な理由は、むしろ人類が生存する条件 (ハビタビリティ) を保全することにあるのではないだろうか。あとであらためて論じるが、人類の生存可能性は、現在、私たち自身の経済活動によって危機に瀕しているからである。いわゆる「地球温暖化」である。それは、さまざまな異常を生みだしている。たとえば、巨大で強烈な暴風雨の発生、洪水や土砂災害などの増大、山岳氷河の大量の融解、大規模な熱波の襲来、砂漠化の加速度的拡大、海水面の異常上昇、サンゴ礁の死滅に象徴される生態系への壊滅的打撃など、である。これらの新しい現象のすべてが、私たち (生きもの) すべてのハビタビリティを危険にさらしている。

なるほど、既存の「海洋空間計画」が提言していること、たとえば「洋上風力発電」も、「栽培中心の漁業」も、「海洋資源の利用」も、大切である。端的にいえば、環境保護を理由に「持続可能な開発・利用」を否定するべきではない。しかし、はるかに大切なことは、人間だけでなく多くの生きもののハビタビリティの危機に対し、この世界に住む一人ひとりが、内在的ベクトル——後述する「何が人間的と呼ばれるのか」という問いを生みだす力——に支えられながら、海洋全体に人類が押し付けている過大な負荷を低減することではないだろうか。繰りかえし掲げられる「持続可能な開発・利用」という規範は、この内在的ベクトルに支えられつつ、海洋に対する負荷低減を根本動機とするべきではないだろうか。

自然の中心としての海

　第一の提言が、「海洋空間計画」を、内在的ベクトルに支えられた活動に
することであるとすれば、第二の提言は、「海洋空間計画」を、特定の地域
のみが取り組むべきローカルな課題ではなく、この世界に住む一人ひとりが
真摯に取り組むべきグローバルな課題とすることである。海水温を上昇させ、
気象異常や砂漠化や生態系破壊をもたらしているのは、地球上のどこに住ん
でいようとも、すなわち海の近くに住んでいても、住んでいなくても、二酸
化炭素を大量に作り出している私たちすべて、そして二酸化炭素を出しなが
ら作られた商品――たとえば、プラスティックで作られたさまざまな製品
――を大量に消費している私たちすべてである。

　なるほど、広大な海洋空間の開発・利用、保全・管理というガヴァナンス
は、その広大さを考えれば、溜息が出るような困難な試みである。日本につ
いていえば、ガヴァナンスの対象となる海洋の面積は広大で、世界第6位で
ある。しかも、その海は、世界中の海とつながっているうえに、国境など無
視する大気の巨大な流れともつながっている。つまるところ、日本の海にか
ぎらず、すべての海は、世界中の海、大気、人びとの生活とつながっている。
海は、人間、生きもの、大気、大地が世界的規模で相互関連している、地球
というシステムの中心である。

　確認しておきたいことは、海が、いわゆる「自然環境」の中心である、と
いうことである。「自然環境」といえば、山や森や川を思い浮かべるかもし
れないが、地表の4分の3は海である。つまり、自然環境の大半は、海であ
る。環境保護論、環境教育論は、身近な山や森や川を中心に論じられてきた
が、もっと海洋にも目を向けるべきだろう。たしかに、山や川のゴミや汚染、
森林破壊や外来生物の増加は、海洋の危機に比べれば、目につきやすく、ま
たニュースバリューも高いだろうが、海の酸性化、水温上昇、海面上昇、海
洋生態系の破壊にも、目を向けるべきである。すなわち、自然科学的な知見
によって、海に対する見えない負荷を可視化し、その事実が暗示する地球の
未来に対し、海洋学の知見を活用しつつ技術的＝実効的にも、そして教育学

の知見を活用しつつ内在的＝人間的にも、最善の対処策を講じるべきである。

世界の海洋教育の実態調査を踏まえつつ

　教育学の見地からいえば、ただちに次のような問いが浮かんでくる。この〈自然の中心としての海〉、その〈海に対する人類の過大な負荷〉は、未来の世代である子どもたちに、適切に教えられているだろうか、と。たしかに、文部科学省の定める学習指導要領 (カリキュラム、教育課程の大枠) には、すくなくとも第二次大戦以降、海について教えるように、指示されている。しかし、日本の学校教育において、この〈自然の中心としての海〉、その〈海に対する人類の過大な負荷〉について、充分な教育が行われている、とはいえない。

　諸外国ではどうだろうか。日本財団は、民間の公益財団として、早くから海洋教育の普及推進に取り組んできた。近年は、東京大学の海洋アライアンス海洋教育研究促進センター、そして笹川平和財団海洋政策研究所と連携しつつ、海洋教育の普及推進に力を注いできた。その日本財団は、笹川平和財団海洋政策研究所とともに、2017 年に文部科学省から新しい学習指導要領が公示されたことを受けて、海洋教育にかんする世界各国の情況を把握し比較し、その結果をもとに文部科学省へのさらなる提言や社会への発信を行うことを目的とし、大規模な海洋教育の国際調査を、2017 年 5 月から 11 月にかけて実施した。

　その調査の目的は二つあった。一つは、現在、世界において海洋教育がどのように行われているのか、その実態を把握することである。もう一つは、そうした実態把握にもとづき、日本の海洋教育の今後の展開を考えることである。具体的には、世界各国の海にかんする初等中等教育政策における海洋教育の位置づけや現状を、それぞれの国・地域の歴史的・思想的な背景にさかのぼりつつ、明らかにし、相互の比較検討を行うことである。取りあげられた海洋教育の実践は、学校におけるそれだけでなく、学校外施設におけるそれもふくまれていた。

　調査の方法は、基本的に当該国への訪問調査であり、海洋教育に関係する機関の担当者、また大学などの研究者へのインタビュー調査である。むろん、

関連するウェブサイトや出版物についても、できるかぎり参照した（もっとも、「世界」といいながら、実際に調査を行った国々は、限定されている）。調査対象とされた国・地域は、積極的に海洋教育が推進されている、また国際学力調査で教育に注力していると考えられる 17 カ国、22 地域である。以下に、対象とした国・地域、そして実施担当者を示す。実際の調査を担当した者の多くは、特定の国家・地域の教育を専門に研究している教育学者である。

国・地域	担当者(協力者)	所属(協力者所属) [＊調査当時]
英国(イングランド)	鈴木愼一	早稲田大学 名誉教授
	Gary McCulloch	University College London, Professor
ドイツ	山名 淳	東京大学大学院 教授
フランス	田口賢太郎	山梨学院短期大学 講師
イタリア	田口賢太郎	山梨学院短期大学 講師
フィンランド	是永かな子	高知大学 准教授
スウェーデン	本所 恵	金沢大学 准教授
エストニア	林 寛平	信州大学 助教
アメリカ合衆国	----------	------------------
カリフォルニア州	小田隆史	宮城教育大学 特任准教授
アラスカ州	小田隆史	宮城教育大学 特任准教授
マサチューセッツ州	及川幸彦	東京大学 海洋アライアンス 特任主幹研究員
	(生形 潤)	(フルブライト・ジャパン 総務部長)
ロードアイランド州	及川幸彦	東京大学 海洋アライアンス 特任主幹研究員
	(生形 潤)	(フルブライト・ジャパン 総務部長)
ハワイ州	北村友人	東京大学大学院 准教授
	青田庄真	筑波大学 助教
カナダ	----------	------------------
ブリティッシュコロンビア州	児玉奈々	滋賀大学 教授
ノバスコシア州	児玉奈々	滋賀大学 教授
シンガポール	北村友人	東京大学大学院 准教授
	Edmund Lim	SKEG Pte Ltd, Director
インドネシア	北村友人	東京大学大学院 准教授
	草彅佳奈子	東京大学 特任研究員
オーストラリア	及川幸彦	東京大学 海洋アライアンス 特任主幹研究員
	(野口扶美子)	(Royal Melbourne Institute of Technology, Ph.D. Candidate)
ニュージーランド	及川幸彦	東京大学 海洋アライアンス 特任主幹研究員
	Julie Harris	Environmental Education Victoria, Executive Officer
中華人民共和国	牧野 篤	東京大学大学院 教授
韓国	李 正連	東京大学大学院 准教授
中華民国(台湾)	葉 庭光	国立台湾師範大学 准教授
	張 正杰	国立台湾海洋大学 准教授
インド	Parimara Rao	Jawaharlal Nehru University, Assistant Professor

8

この国際調査の結果については、第2章で述べるが、さしあたり端的にいえば、多くの国・地域の海洋教育は、国益を重視した、資源としての海に大きく傾いていた。SDGs（Sustainable Development Goals 持続可能な開発目標）をかかげる、環境重視の海洋教育の実践は、ごく少数の国・地域にとどまっていた。これは、私たちにとって予想外の結果であった。国内における温暖化によるハビタビリティの危機に対する意識の薄さに比して、世界では（とくに積極的に海洋教育が推進されている、また国際学力調査で教育に注力していると考えられる国々では）すでに周知の事実として、温暖化対策を前提とした教育（海洋教育）が行われている、と考えていたからである。この結果を受けて私たちが考えたことは、次の二つである。すなわち、この結果は、海洋と温暖化の密接な関係が充分に知られていないからではないか、またそもそも温暖化への対応を自分が担うべき重要な活動と考えるという当事者思考が充分に広がっていないからではないか、である。こうした想定が正しいといえるだけの根拠はないが、それらを可能性として想定することは許されるだろう。

　以下に、海洋と温暖化の密接な関係について簡単に確認し、また温暖化対策に対する当事者意識＝主体的関与の希薄さについて私なりの考え方を述べよう。そのうえで、今後、冒頭に述べた海洋ガヴァナンスに、私たち一人ひとりが参画するためには、どのような海洋教育を展開すればよいのか、この課題について重要と思われることを、簡潔に述べてみよう。

2　海洋教育の再構成へ

温暖化と海洋の関係——ハビタビリティ（生存可能性の条件）の危機

　地球温暖化は、私たち人間のみならず、多くの他の生きものの生存を危機にさらしている。水温・気温の上昇は、生きものの生存条件を失わせるからである。また、年々巨大化する台風や、それがもたらすさまざまな自然災害なども、近年、私たちが経験していることである。その台風で降る雨のほとんどが、南の海の水であるように、気象異常の大半に、海洋温暖化がかかわっている。また、もしも海がなければ、この50年に平均気温は37度上昇した

だろうと推測されているように、海は、人びとのハビタビリティを支えている。海は、人びとが呼吸する酸素の約半分を供給し、毎年数十億人分の食糧を賄っているが、同時に、生活可能・生存可能な空間という意味で、人間をふくむほとんどの生きもののハビタビリティに対する根本条件である。

　地球温暖化にかんする理学系の研究は、たくさんあるが、そのうちで最近のものを一つ、例示しよう。2017 年 6 月 19 日に気候変動に関する専門誌 *Nature Climate Change*（Vol. 7, pp. 501–506 2017）に掲載されたハワイ大学のカミロ・モラ（Camilo Mora）たちの論文（"Global Risk of Deadly Heat"）は、二酸化炭素などの温室効果ガスの排出を大幅に削減しないかぎり、おそくとも 2100 年には、最大で世界の 4 分の 3 の人びとが熱波によって死亡するかもしれない、と予測している。ちなみに、第 2 章で指摘されているように、日本では、2018 年に熱中症で 1000 人が死亡している。日本だけでなく、世界的に見ても、熱中症の死亡者の数が、年々増加している。

　温暖化が進行するとともに、海洋の状態は悪化している。とくに水温上昇、酸性化、貧酸素化が、憂慮されるべき速さで進行している。これら三つの変化は「死のトリオ」と呼ばれている。水温上昇は、文字どおり、海水の温度が上昇することであり、平均の海洋上部の温度は、過去 100 年間で 0.6 度上昇している。酸性化は、人間が石油や石炭を燃やして排出を続けている二酸化炭素が海に吸収され、海水の水素イオン濃度が上昇しアルカリ性が弱まることである。現在の二酸化炭素排出速度は、年間約 30 ギガトン（300 億トン）である。貧酸素化は、海水の酸素量が減少し、「デッドゾーン」（「死の水域」）と呼ばれる無酸素および貧酸素濃度水域、すなわち多くの生物が生きていけない水域が増えることである。これは、地球温暖化だけでなく、農業肥料・生活汚水による海洋汚染も原因の一つである。

　地球温暖化がもたらすハビタビリティの危機に対処することは、私たちの担うべき喫緊の責務である。たしかに温暖化対策についての国際的な議論を通じて合意された「パリ協定」（第 21 回気候変動枠組条約締約国会議（COP21）で採択）に象徴されるような、地球温暖化への対策は、すでに提案され、実際に遂行されてもいる。しかし、地球温暖化を否定する人びとも少なくないし、

社会全体がこの問題に強い関心をもっているとはいえないだろう。なぜ、人は、地球温暖化の問題を切実な自分の問題として考えられないのだろうか。この問いについて、いくらかまわり道をしつつ、考えてみよう。

世代間倫理への批判にふれて

　温暖化の問題を切実な問題として考えている議論の一つに、「世代間倫理」（intergenerational ethics）――ないし「世代間公正」（intergenerational equity）――と呼ばれる、倫理学・国際法の議論がある。世代間倫理とは、未来の世代に対し現在の世代の担うべき倫理的な義務・権利である。この世代間倫理の議論においては、現在の世代の未来の世代への配慮が強調される。すなわち、温暖化のみならず、原子力発電のような、未来の世代に対し現在の世代が負債や損害を与えうる行為は、倫理的に制限されるべきである、と論じられている。たとえば、ワイス（Edith Brown Weiss）の『未来の世代に対し公正に』（1989）は、そうした世代間倫理の端緒である。

　ここで注目したいのは、こうした世代間倫理に対する批判である。たとえば、温暖化が続くことの〈不確実性〉に依拠する批判がある。この批判は、温暖化がずっと続くことは不確かな予測にすぎない、すなわち検証された命題ではないから、対処する必要はない、という。この批判は、行為は検証された命題だけを前提にしなければならない、という論理に支えられている。この論理にしたがえば、批判者自身、ただちに生きることを中止しなければならないだろう。生きることは、不確実性を引き受けることにほかならないからである。自分に都合の悪いときに〈不確実な予測だから無視するべきだ〉というのは、「エゴセントリズム」と呼ばれるだろう。

　また、世代間の〈価値の非同一〉に依拠する批判がある。この批判は、未来の世代と現在の世代は、同一の価値観をもたないから、現在の世代は未来の世代のために何かをすることはできない、という。この批判は、通念の価値と生存の価値を区別していない。たしかに流行するものも、趣味趣向も、文化内容も、歴史的に移り変わるが、生存の基礎は、変わらない。人間がいのちある生きものであるかぎり。生きものが生きることは、一定のハビタビ

リティに支えられている。価値の非同一性を論じる人は、このハビタビリティ
を、意図的に無視しているのではないだろうか。それもまた、エゴセントリ
ズムのなせるわざかもしれない。

　さらに、未来の世代を〈非権利主体〉と見なす批判がある。この批判は、
未来の世代は、まだ生まれていないから、権利主体ではなく、権利主体でな
い人の利益を、現在の世代が保護する義務はない、という。たしかに法学的
にいえば、権利をもたない生きものに対し、人は義務をもたないが、哲学思
想的にいえば、権利をもたない生きものに対しても、人は責任を感じる。こ
の批判は、人を権利主体という個人に還元し、他者から切り離し、人と人が、
権利主体である以前に、感性的──ないし情感的・心情的──につながると
いう事実を無視している、と思われる。この主体化の論理は、エゴに向かう
あまり、耳に聞こえなくても「他者の呼び声に応える」という、私たちの日
常的な知見──「呼応の関係」──を無視しているのではないだろうか。

教育学的に温暖化対策を考える

　温暖化対策に取り組むスタンスを考えるうえで、こうした権利義務論に傾
く国際法的・倫理学的な議論を離れ、かわりに教育学的に考えてみよう。こ
こでいう教育学的思考は、内在性＝「人間性」の探究に向かう思考であるが、
その「人間性」は、18世紀後半に生まれた「教育学」が想定し、20世紀まで継
承されてきた、理性的自律性としての「人間性」ではない。後で敷衍するが、
ここで想定する「人間性」は、端的にいえば、呼応可能性 (co-respondant-ability)
──ないし「呼応性」(co-respondence) ──に支えられた、「人間的」と形容可
能なさまざまな営みである。

　「人間性」を重視する思考は、「はじめに」で引いたアル・ゴアの『不都合な
真実』の議論にも見いだされる。ゴアは、人が温暖化の問題を切実な問題と
して考えられないのは、人が「私たちは人間として何者であるのか」(who we
are as human being) を考えようとしないからである、という。すなわち、「私た
ちが、人間的であるということを深く考えるなら、温暖化という問題は、自
分のこととしてみずから担う問題となる」と。ゴアの短い説明によれば、「人

間的」であることは、「一人ひとりの心 (hearts) で見ること」であり、「私たち自身の限界を超越することであり、この未曾有の局面に対し立ち上がること」である (Gore 2006: introduction)。

　こうした考え方は、具体的な方略を重視する現代の海洋政策論から見れば、時代錯誤の「精神主義」に見えるかもしれないし、有用な教育方法を重視する現代の教職教育論から見ても、時代遅れの「人格主義」に見えるだろう。それでも、ゴアが述べているように、「頭だけでなく、心でなすべきことを考える」ことが大切であるなら、この「心」ないし「精神」(spirit) と呼ばれるもの、そしてその発動を妨げているものは、もう少し敷衍されるべきである。少なくとも、私は、ここで、ゴアの「心」すなわち「人間性」論を深めるという道筋を選ぶ。

　この「心」の発動を妨げているものとして、さきほどふれたエゴセントリズムを挙げることができる。すなわち、地球温暖化を加速しているのは、二酸化炭素そのものでも、熱量そのものでもない。人間のエゴセントリズムである、と。それは「自己」中心性、「自国」中心性、「自社」中心性である。エゴセントリズムは、自分の利益に反する議論や、自分の正当性を誇示するために、他者を矮小化したり些末化したりする。それは、たとえば、自分の思考枠組のなかに、他人の言葉を押し込み、他人の思考を変形し歪曲し、「それは間違っている」と「批判」することである。彼(女)は、温暖化の事実を見て見ぬふりをする。彼(女)は、自分にとって大切なこと、すなわちいままでどおりに大量に消費し楽しく暮らすという生き方を変えようとしない。「海洋ガヴァナンス」を提唱したボルゲーゼ (Elisabeth Mann Borgese, 1918-2002) は、『海洋の環』において、「私たちが抑制し規制したいのは、[巨大で野性的な] 海洋ではなく、人間の活動と人間による侵害の方である」と述べている (Borgese 1998/2018: 57)。

現代の教育思想が語る人間性から考える

　しかし、もっと突きつめて考えるなら、エゴセントリズムの問題は、基本的に知性の貧困に由来するのではないだろうか。すなわち、〈人間性とは何

か〉、〈何が人間的と呼ばれるのか〉という、知性的探究の欠如に由来するのではないだろうか。というのも、人が温暖化の事実に対し「見て見ぬふりをする」こと、すなわち温暖化に由来する被害が現実になっても、温暖化の原因である物質を排出し続け、さまざまな商品を消費し続け、自分たちが楽しく安全に暮らせれば、それでいいじゃないか、そもそも自分にできることはないし、明日は明日の風が吹くのだから……と考えるのは、その人のもつ人間観が貧困だから、ではないだろうか。

　なるほど、固定された理想的人間観を抱くことの危うさは、教育学で繰りかえし指摘されてきた。しかし、人間性についての問いの重要さは、それに正しい答えを見つけることよりも、この問いをもち続けることにある。すなわち、それを自分自身が担う活動として考え続けることが重要だろう。というのも、この人間性への問いは、人がよりよく生きようとする「心」の現れである、と考えられるからであり、その問いそのものが、道徳規範や社会習俗を学ぶ以前から人に内在する、倫理的ベクトルを暗示しているからである。教育学という言説がその始まりから担ってきた営みは、この正答のない問いに向かい続けることだったのではないだろうか。

　近代における教育学的思考の成立は、「人間性」という概念の思想史的背景と密接にかかわっている。近代の教育学で語られてきた人間性の概念は、たしかに 19 世紀から 20 世紀にかけて論じられてきたが、古代のギリシア・ローマの哲学とユダヤ・キリスト教の思想に基礎づけられている。いいかえれば、古代のギリシア・ローマの哲学とユダヤ・キリスト教の思想という文脈がなければ、近代的な人間性の概念は、確かなものとして定位しない。人が「人間性」、humanity という言葉をいくら用いても、それを基礎づけてきた哲学・思想を文脈として踏まえなければ、その言葉の意味は、いくらでも都合よく書き換えられてしまうだろう。

　第 3 章でいくらか詳しく述べるが、現代の教育思想は、近代に登場したこうした人間性の概念がふくんでいる問題——個人の自律性を重視し自・他の共感・交感を看過すること、理性を重視し感性や身体性を軽んじること、目的合理性を重視し実質合理性を軽んじること、など——を批判しつつも、そ

14

の概念を捨てず、その再構成をたびたび図ってきた。その複雑な教育思想史的な経緯を省き、端的にその帰結の一つを述べるなら、現代の教育思想の語る人間性は、「個人」を越えて、「自己」を越えて、「主体」を越えて、他者や他のいのちと共生すること、すなわちともに生きることである。それも、権利や義務を論じる前に、他者の声なき声、耳に聞こえない声を聴くことによって、すなわち存在論的営みによって、ともに生きることである。

　このように、教育学が、人間性を探究し続け、人がよりよく生きることを問い続けてきた、と考えて、ここでは、地球温暖化の問題が切実な問題として受けとめられない理由の一つは、「人間性」という概念への問いの不在である、と考えてみたい。すなわち、人が人間として体現すべきよさへの知性的思考が行われていないために、エゴセントリズムが自明化している、と。このような仮定は、むろん暫定的なものであり、その議論の範囲は、私が構想する教育学のそれに限定されている。その限定は、海洋政策学、国際法学の議論を退けるためではなく、むしろそうした議論の存在論的基礎を提供しようするためである。さしあたり、端的にいえば、ここで提示する存在論的基礎は、先にふれた呼応性に見いだされる、人間の他者・他のいのちへの「無条件の気遣い」である。そして、この呼応性への問いを看過させ、人びとをエゴセントリズムへと後押ししている背景は、現代の機能的分化という社会構造であり、その構造にふさわしい有用性・有能性優先という考え方である。むろん、これらも暫定的な措定である。

海洋教育の再構成へ―― 一人ひとりが海洋ガヴァナンスに参画できるように

　さて、このような人間性への問い、人間性の探究を主題とするなら、海洋教育の理念は、私たちが、環境としての、生態系としての、贈られたものとしての海に与り、それとともに生きることである。私は、公正性は効率性や有用性よりも優先されるべきであるという考え方に、それぞれの世代は平等に温暖化の被害を受けない権利をもっているという考え方に、さらに、二酸化炭素の総排出量の上限は効率性や有用性とは独立した基準で政策目標とされるべきであるという考え方に、賛成する。ただし、ここで示されるその論

拠は、教育学的なそれに、すなわち人は人間として他者や他のいのちの声な
き声を聴く力があるということに、とどめられる。

　本論で展開される議論は、総合的な温暖化対策ではなく、温暖化に挑むた
めの海洋教育である。自然環境の持続可能な開発、公共財の公正な分配、そ
の効果的な配分は、たしかに重要な政策目標であるが、本論の目的は、これ
らの政策目標に沿った海洋教育を具体的に構想し提案することではない。本
論の目的は、温暖化という喫緊の問題への対策を、私たち一人ひとりが自分
で担うためには、どのような海洋教育が必要なのか、を語ることである。い
いかえれば、温暖化の責任を「みずから」引き受けるためには、海洋教育は
どうあるべきか、を語ることである。

　この温暖化に挑む海洋教育は、これまでにも実践されてきたが、十分では
ない。第1章で述べるように、すでに世界各国で、海洋教育は行われている。
その歴史は、国・地域にもよるが、浅くはない。しかし、私たちの国際調査
によって明らかになったことは、多くの国の海洋教育が、温暖化に挑むとい
うスタンスを十分にもつことができていない、ということである。調査対象
の多くの国・地域の海洋教育は、領土・領海を確保し、海洋資源・海底資源
を活用するための海洋教育であり、利益主導の教育である。そうした海洋教
育には、自然の大半を占める海が温暖化によって気象異常を生みだすといっ
た、海洋と温暖化の関係論が欠如しているといわざるをえない。

　ひるがえって、第2章で述べるように、日本の海洋と温暖化の関係につい
ての教育も十分ではないといわざるをえない。こうした現実を受けて、第2
章では、東京大学の海洋教育促進研究センター（現在の東京大学大学院教育学
研究科附属海洋教育センター）のスタッフが中心になって行った海洋教育の実
践を紹介している。一つは、温暖化の進行についての、また温暖化によって
生じる気象災害についての、授業実践である。もう一つは、海洋ゴミが海洋
生物に与える負荷や危険についての授業実践、また海洋酸性化、貧酸素化が
海洋生態系に与える壊滅的打撃についての授業実践、さらに津波の発生メカ
ニズムや対処方法についての授業実践である。しかし、こうした試みも、ま
だ単発的であり充分に広がっていない。

　本論の第3章、そして終章で論じることは、二つにまとめられる。一つは、現行の海洋教育を、喫緊の課題である温暖化対策を十分に取り入れたものに再構成するべきである、という提言である。もう一つは、現代の教育思想の見地から、海洋教育を、新しい（本来の）人間性の概念を通じて再構成し、すべての人びとを、海洋ガヴァナンスの参画に誘うべきである、という提言である。意志決定に積極的に関与するための知識・技能としての「政治的リテラシー」を子どもたち・若者たちにいくら丁寧に教え込んでも、それを実際の活動につなぎ、その活動を支えるにふさわしい人間性が充分に涵養されていなければ、そのリテラシーは知識・技能のままか、空まわりするだけだろう。海洋ガヴァナンスが、政府や組織の専業ではなく、私たち一人ひとりが担うべき営みであるかぎり、海洋教育は、新しい人間性の概念のもとで再構成されるべきである。一人でも多くの人が、当事者意識をもちつつ、「みずから」海洋ガヴァナンスに参画し、温暖化に果敢に挑戦できるように。

文　献

Borgese, Elisabeth Mann　1998　*The Oceanic Circle: Governing the Seas as a Global Resource*. Tokyo/New York/Paris: The United Nations University Press. / 2018　ボルゲーゼ（笹川平和財団 海洋政策研究所訳）『海洋の環──人類の共同財産「海洋」のガバナンス』成山堂書店.

Gore, Al　2006　*An Inconvenient Truth: The Planetary Emergency of Global Warming and What We Can Do about It*. New York: Rodale Books. / 2007　ゴア（枝廣淳子訳）『不都合な真実──切迫する地球温暖化、そして私たちにできること』ランダムハウス講談社.

Gore, Al　2017　*An Inconvenient Sequel: Your Action Handbook to Learn the Sciene, Find Your Voice, and Help to Solve the Climaye Crisis*. New York: Rodale Books. / 2017　ゴア（枝廣淳子訳）『不都合な真実 2』実業之日本社.

Weiss, Edith Brown　1989　*In Fairness to Future Generations: International Law, Common Patrimony, and Intergenerational Equity*. Dobbs Ferry, NY: Transnational Publishers. / 1992　ワイス（岩間徹訳）『将来世代に公正な地球環境を』日本評論社.

第1章　世界の海洋教育を概観する

田口康大

〈概要〉

　これからの地球環境を考えるに、ひいては私たちの生存を考えるに「海」を無視することはできない。それでは、世界の教育現場において、「海」はどの程度、どのように扱われているのだろうか。17 カ国、22 地域の調査の結果、海にかかわる教育は、世界のいたるところで多種多様に実施されていることがわかった。教材として海が扱われる場合もあれば、海が教育の場所となる場合もあり、海そのものの利用を目的に教育が行われる場合もある。「教育」に力点が置かれていることもあれば、「海」に力点が置かれていることもある。また、海への力点の置かれ方も、経済的な視点から、環境的な視点、文化的な視点など、様々である。これからの海洋教育のあり方はどうあるべきなのだろうか。そのことを探求するために、本章では、世界の「海洋教育」の実施情況を概観してみたい。以下の記述は、2017 年に実施された調査報告をもとに、筆者なりの視点で整理したものである。詳細については、調査報告書を参考にしていただきたい。

1　系統的で組織的な海洋教育の実施①──台湾

　世界の海洋教育の中でも、特に明確な目的を据えて海洋教育を推進している地域がある。台湾と韓国である。これらの地域では、海洋教育がナショナルカリキュラムとして位置付けられており、組織的に推進している。では、どのような背景、どのような目的にて海洋教育が推進されているのか。まず

は、台湾の事例（附録2）を確認してみよう。

　台湾では、2014年に「12年国民基本教育課程綱要総綱」が公布され、国民小学校6年、国民中学校3年、高級学校3年の12年一貫教育カリキュラムが実施されている。これは日本の学習指導要領に相当するものである。カリキュラムとしては、地域の行政機関が設定し、生徒が身につけるべき中核能力を指し示す公式の課程と、学校や地域の特性に応じて各教育機関が策定する学校に基盤を置いた課程と2種類からなりたっている。中核能力の育成に向けて、環境、道徳、生活、エネルギー、防災、文化多様性など19の教育分野導入が強調されているが、「新12年国民基本教育指針」において、教育課程の主要な4課題の一つとして海洋教育が設定され、地域特性を問わず、全ての教育課程の中に織り込むべきものとされた。

　台湾が海洋教育を重要政策として掲げている理由は二つある。第一に、海洋を基盤とする産業開発—洋上風力、潮力、波力発電、海底の油田、ガス田、ガスハイドレートの開発、洋上観光、海洋バイオテクノロジーなどが、今後数十年にわたり価値が大きく伸びるという経済的理由である。第二に、海洋は多様な要素が組み合わさって、高度に統合された一個の体系であり、海洋教育によって積極的なチャレンジ精神や問題解決力など複数の能力を育むことができるということである。転機となったのは、2007年に教育部が発表した「海洋教育政策白皮書」であり、ここにおいて、海洋産業、漁業、水産養殖業の専門的な職業人の養成に重点を置いてきたそれまでから転換し、グローバルなパースペクティブのもとに海洋に関する知識や技能を有することの必要性が提案された。

　この動きを推進しているのは、教育部（文部科学省に該当）であり、2007年の「海洋教育政策白皮書」及び「海洋教育執行計画」に表されている。「海洋教育執行計画」では、以下が定められている（教育部 2007）。

(a) あらゆるレベルの教育行政機関は各地域の実情に応じて海洋教育計画を策定すること。
(b) あらゆるレベルの教育関連機関は抜本的な海洋教育改善に取り組むこと。

(c) 生徒及び生徒の父母に対しては海洋に関する正しい観点を提供すること。

(d) 産業界、政府、教育界、学術界が提供する海洋教育が互いに相乗効果を発揮し、産業ニーズに添った海洋専門家を育成しなければならない。

　海洋教育の課程編成においては、海洋レジャー、海洋社会、海洋文化、海洋科学技術、海洋資源及び持続可能な開発という 5 つの課題と、55 の中核能力指標を定めている。海洋教育は、自然科学と人文科学を横断する学際的な特性を有したものとして位置付けられており、その実践対象も初等中等教育をはじめ、職業学校、大学、公立海洋学校にまで広く及んでいる。

表 1-1　海洋教育課程の中核能力指針

	中核能力指標		
	小学校	中等学校	高等学校
海洋レジャー	・海の活動を楽しむとともに、とくに水辺の安全をしっかり学ぶ。 ・泳ぎ方を学び、自分の身の守り方を身につける。 ・水辺のさまざまな遊びを知り、遊び方を身につける。	・様々な海洋レジャーや水辺の活動に参加し、身の安全を守る多種多様な方法に習熟する。 ・安全な海洋エコツーリズムとは何かを理解し、参加する。 ・海辺や河川沿岸の居住環、住民の生活、娯楽を理解する。	・ウォータースポーツに親しみ、安全知識を身につける。 ・多様な水辺のレクレーションや観光の計画を立案し、参加する。 ・漁村とその景観保全の重要性、そして漁村の文化、習慣とエコツーリズムとの関係を理解する。
海洋社会	・自分の生まれた町と周りの水辺の環境について改めて知る。 ・台湾の古い歴史と海のかかわりをさぐる。 ・台湾が海の国であることを理解し、治める海について知る。	・様々なレベルの海洋産業の構造と発展を理解する。 ・台湾の領土、領海の地理上の位置について、その特性と重要性を理解する。 ・日常生活に関連する海洋法規を理解する。 ・海洋関連産業が台湾経済に与える影響を調査する。	・海洋産業とその技術的な発展を分析し、経済活動との関係を評価する。 ・海洋法規と海洋政策に注目し、理解を深める。 ・海洋に関する台湾と他国の歴史的進化を分析し、その類似点と相違点を評価する。 ・台湾の海洋権益と海洋政策を理解する。
海洋文化	・海にまつわる物語を読み、友達と共有し、自分でも書いてみる。 ・海とともに生きる人々の仕事、信じる宗教、日々の生活を理解する。 ・自分の身体を使い、声に出し、絵に描き、道具を使って、海を題材にした作品を作る。	・大洋を背景に書かれた文学作品を読み、友人と共有し、自分で創作する。 ・台湾と他国の海洋文化の類似点、相違点を理解する。 ・多様なメディアや手段を使い海が題材の芸術作品を創作する。 ・海洋民族の信仰、儀式と社会発展との関係を理解する。	・様々な文体と文章技術を駆使して、大洋を背景とする文学作品を創作してみる。 ・さまざまな海洋芸術の背景にある価値観、様式、文化を知る。 ・台湾と他国に居住する海洋民族が守る信仰の進化を比較する。

20

	中核能力指標		
	小学校	中等学校	高等学校
海洋科学技術	・海や川や湖などの大切な財産を知り、人々の生活とのかかわりを理解する。 ・海が生きていること、そして他の自然と密接な関係があることを理解する。 ・海上運送と技術の進歩の関係を理解する。	・沿岸部と沖合の地形の特徴を調べ、地域に被害を及ぼす災害の原因を調査する。 ・陸上の自然環境と日常生活に海洋が与える影響について調査する。 ・海洋生物と生態学的環境の関係について探求する。 ・船舶の形式、構造、動力原理について調査する。	・海洋には物理的、化学的資産が埋蔵されていることを理解する。 ・海洋の構造、海底の地形、海流が海洋環境に与える影響を理解する。 ・海洋環境の変動と気候変動の関係を調査する。 ・海水淡水化、海運、潮力発電、鉱物資源採掘などの海洋関連科学技術に精通する。 ・地球上の水圏と生態系と生物多様性の相互関連性を理解する。
海洋資源と持続可能な開発	・日々の生活のなかに多くの水産品があることを知る。 ・海水に含まれる成分(例えば塩)を知り、海の資源と日々の生活のかかわりを理解する。 ・川や海の資源は自分の町でふつうに見ることができることを知り、天然資源が大切であることを理解する。 ・自分の街にも海の汚れや魚の獲り過ぎなど環境問題があることに気付く。	・海洋生物資源の種類、利用目的、保護方法について知る。 ・非生物海洋資源の種類と利用法について理解する。 ・人間活動が海洋の生態系に与える影響について探査する。 ・海洋資源の有限性と海洋環境保全の重要性を理解する。 ・現在直面する海洋環境問題を理解し、深刻化する前に保護活動に進んで参加する。	・海洋生物資源をいかに管理し、持続可能な開発につなげるかを探る。 ・鉱物やエネルギーなどの海洋資源とその経済価値を理解する。 ・海洋環境汚染が引き起こす海辺の生活環境への廃棄物堆積問題を知り、その対処法を提案する。 ・わが町の海洋問題を理解し、積極的に海洋保全活動に参加する。

　教育部は海洋教育を推進していくために資金投入をし、カリキュラムの開発、教員養成、学習指導法の改革、設備更新、生徒の能力開発など幅広く拡充を図った。具体的には、全国各地に海洋教育資源センター（Taiwan Marine Education Center）の建設である。このセンターの目的は、地域ごとに海洋教育プログラムや学習指導計画の開発を可能にすることにあり、この取り組みによって地方政府は、海洋教育プログラムの開発や小中学校向け海洋教育の促進、そして一般大衆に向けた海洋科学知識の普及が可能になった。特徴的なのは、海洋教育を環境問題や生活問題、男女平等問題など、別の視点と組み合わせた教材が開発されているという点である。また、高等学校向けの海洋教育資源センターも設立されており、海洋教育担当教師の専門性の向上と、教材の設計や海洋教育プラン作成の支援を行っている。そのほかにも、学習活動の支援体制の構築、リーダーとなる教師の育成、学習指導戦略の考案チー

ムの組織化が行われている。そのほかにも、教員向けに、海洋に関わる重要
な問題、たとえば海洋エネルギーや気候変動、海洋生物の保全などといった
問題についての講座が開かれており、全国の教員が参加し、指導方法を共有
することも行われている。教科書については、全出版社の全教科の教科書に
は海洋教育の指針に沿った海洋に関する知識を組み入れることが求められ、
専門家による検定が行われる。

　台湾においては、海洋教育は学習内容、教材の一つということではなく、
より明確な目的のもとに国家規模で組織的に整備されている。

2　系統的で組織的な海洋教育の実施②——韓国

　台湾と同様の規模で海洋教育の実施を図っているのが韓国である（附録 3）。
韓国では、1981 年の海洋探求教育振興法案により、科学教育の一分野とし
て海洋の取り扱いが増加し、その後 1990 年代末には、生物多様性や沿岸利
用など海洋保護に関する国家政策が展開され始めた。全国民を対象とした海
洋教育の実施が本格展開するのは、2000 年に日本の学習指導要領に相当す
る「第 7 次教育課程」において、諸教科学習の一主題として海洋教育が導入
されたことにはじまる。2002 年には「海洋教育モデル学校」の指定、2005 年
には「青少年海洋教育活性化法案」（海洋水産部）、2015 年に「海洋環境教育に
関する総合計画」が策定されたことで、国家レベルでの体系的な海洋教育の
実施が組織化されはじめる。2017 年には、5 カ年計画の「海洋教育総合ロー
ドマップ」が発表され、「国民の海洋的素養の増進と海洋人材の育成」をビジョ
ンとして掲げ、学校教育及び社会教育における海洋教育の活性化と、海洋教
育政策及びインフラの拡充を通じた体制の構築計画を打ち出した。ここにお
いて強調されているのは、海は未来資源の宝庫であり、次世代の食糧である
海洋に対する教育は先進海洋強国へ跳躍するための必須要件であるという考
えである。体系的な海洋教育を実施するための法整備をはじめ、「国家海洋
教育センター」等の専門機関の設立、教育庁（教育委員会）との協力体系の強
化に取り組んで行く計画が立てられている。

22

海洋教育のモデル学校は、2009 年から毎年 20 校が指定され、2017 年段階では計 238 校が指定されている。モデル学校では、海洋教育のプログラム開発のために、毎年 1 千万ウォン（約 100 万円）の予算が 2 年間にわたって支援される。モデル学校は、各学校や地域の特色を生かせる運営計画を立て、カリキュラム及び体験学習プログラム等の開発に取り組む。たとえば、京畿道安山市にあるワドン中学校は、工業団地があり海洋生態の環境汚染問題を抱える地域にあり、「海洋生態環境保全意識の涵養」というテーマにてモデル校作りを進めている。海洋生態環境について学ぶために、いわゆる教科の学習と、課題学習や共同研究活動などを行う「創造的裁量活動」とを組み合わせ、年間 42 時間の授業計画を立てている。

また、小中高校の海洋教育担当教員の養成および海洋教育教材の開発を行う公共機関として、韓国海洋水産開発院の「海洋アカデミー」が作られている。その他、海洋教育のための教材資料や指導案などが提供されている海洋教育ポータルも作られているなど、多方面から海洋教育の推進が図られている。

表 1-2　海洋教育 5 カ年 (2017–2021) 総合ロードマップの主な内容

ビジョン	国民の海洋的素養の増進と海洋人材の育成
目標	・学校教育及び社会教育における海洋教育の活性化 ・海洋教育政策及びインフラの拡充を通じた体制の構築
3 大分野	9 つの推進課題
1. 公教育を通じた体系的海洋教育の実施	1-1. 教育課程における海洋分野の反映の拡大 1-2. 初・中等教育における海洋教育の機会の拡大 1-3. 教員の力量強化を通じた専門性の確保
2. 社会教育の拡大のためのインフラの造成	2-1. 海洋教育プログラムの充実化 2-2. 海洋分野における高級人材の養成 2-3. 地域基盤を活用した海洋教育の活性化
3. 海洋教育の活性化のための基盤構築	3-1. 海洋教育の制度・運営の基盤構築 3-2. 海洋教育専門機関及び施設の拡充 3-3. 海洋教育の協力体制の強化

3　国益重視のもとに推し進められる海洋教育

　台湾と韓国が、組織的に海洋教育の展開を進めている一方、中国はどのような状況なのか。端的に言えば、国家レベルでのカリキュラム、ナショナルスタンダードと言えるものは存在せず、海洋教育に関する明示的な政策は存在しないものの、1996年の「中国海洋21世紀アジェンダ」、2008年の「全国海洋経済発展計画要綱」などにみられるように、海洋経済の持続的な発展と経済の安定成長を重視した海洋強国戦略が敷かれている（附録1）。それにともない、海洋教育の必要性は当たり前のように認められている。以下は、「中国海洋21世紀アジェンダ」の海洋教育に関する一節である。

　　　海洋教育がごく少数の高等教育機関と研究機関に限られており、基礎教育と科学知識の普及及び海洋教育に対する重視が不十分であり、かつ普及のレベルも低いままにとどまっている。海洋教育に対する投資を次第に増やし、小中学校生徒に対する海洋常識と海洋に関する科学知識をすすめる基礎教育を強化する。

　上記でも明記されているように、この先、海洋教育の全体的にして統一的な展開が実施されることが予想される。現状においては、高校段階での地理選択必修2「海洋地理」のなかで、「海洋に関する知識の内容」「海洋資源の開発と利用」「人と海との関係」のアプローチから海洋地理の知識が取り扱われている。中学校段階の歴史科目においては「海洋国土」「海浜旅行資源」「海洋経済」「海洋国防」といった内容が学ばれる。

　中国の海洋教育の進展を見るに無視できないのは、浙江省や山東省、広東省などの沿海地区の取り組みだろう。中国では、2001年の「国家基礎教育カリキュラム改革指導要綱」にて、「国家、地方、学校の3レベルのカリキュラム管理モデルを打ち立てる」ことが明記され、地方や学校にカリキュラム設計の自主権が認められている。このことから、それぞれの地区及び学校では、地理的特徴を生かしたカリキュラムを作れるようになった。上記の沿海

地区はその地理性を生かし、海洋教育の展開を図っている。たとえば、浙江省舟山市普陀区においては、海洋教育のカリキュラム研究に取り組み、体系的なカリキュラムを作り上げている学校があるなど、国内の海洋教育のリード役となっている。それは、単に先進的であるという意味だけではないだろう。普陀区においては、国内でも最も早く海洋資源、海洋環境問題、環境保護の教育からはじめ、今日では、国家の海洋権益や海洋安全、現代海洋経済や海洋開発などが扱われている。すなわち、中央政府が提唱する海洋強国につながる教育を展開しているという点においても、リード役なのである。

台湾と韓国、中国の沿岸地域においては、組織的に海洋教育が展開されている。それぞれが、海洋教育を実施するための体制整備、カリキュラム・プログラム・教材の開発、教員の研修制度など、海洋教育を継続的に展開するために必要と考えられる様々な施策を行っている。これらの国・地域に共通しているのは、海洋教育を全体的に推し進めるその動機として、経済的な利益の獲得、国益の重視という課題が据えられているということである。私たちの生活の基礎としての海という視点は少なく、あくまで海は活用されるもの、すなわち資源としての海という視点が強調されている。実際の教育現場においては、それに留まることはないと思われるが、少なくとも海洋教育に関わる政策上では、地球規模の温暖化を取り上げたり、未来の世代の子どもたちのハビタビリティを意識するような文言は見られなかった。

4　科学教育、環境教育の一環として行われる海洋教育

本調査で対象とした他の国や地域においては、台湾や韓国、中国の一部地域の規模での海洋教育の取り組みは見られなかった。東アジアの地域を除き、「海洋教育」という明確な用語のもとに、海にかかわる教育が展開されている例は見られない。しかし、もちろん、「海洋」を学習内容として位置付けている国や地域は数多くある。興味深いのは、海洋の取り上げられ方のバリエーションである。その取り上げられ方からは、海洋をどのように捉えているのか、その認識の一端を見ることができるとともに、学校教育の目的をも

感じ取ることができる。いくつかの事例を見ていこう。

　台湾や韓国同様に東アジア地域に位置するインドネシアは、2014 年に「海洋国家構想」を打ち出し、世界の海洋の枢軸となることを目指している。その目的は、雇用創出、食料の確保、経済開発であり、海とその資源の活用でもって、それらを達成することが目指されている (附録 5)。現在は、台湾や韓国ほどに組織的体系的な形では海洋教育は展開されていないが、先駆的な事例が積み重ねられている。そのひとつが、豊かな海洋生態系を誇るコーラル・トライアングルに位置するインドネシア東部のラジャ・アンパット県である。ラジャ・アンパット県では、国際 NGO の環境教育プログラムとして、海洋環境に関するカリキュラムが開発されてきた。その後、このプログラムをベースに、ラジャ・アンパット県の教育局のもとで地域の文脈に根ざした形でのカリキュラム開発が模索された。2016 年には、県知事の署名のもとに、全小学 4 年生と 5 年生を対象にしたカリキュラムとして正式に導入されることとなった。目指されているのは、子どもたちが海洋や科学に関する知識を深めるだけでなく、海洋環境や資源を大切にする心を育てることであるという。ラジャ・アンパット県の事例は、すなわち、「環境教育」の一環として、身近にある海が地域教材として取り上げられていると整理することができるだろう。

　同様に環境教育の一環として海洋にかかわる教育を実施しているのは、例えばフィンランド、スウェーデンがある。

　インドネシア同様に海に囲まれた島国であるシンガポールでは、海洋教育を重視するような正式な枠組みは存在していない (附録 4)。その代わり、海洋にかかる内容は、「科学教育」に組み込まれて実施している。シンガポールはいわゆる STEM 教育に力を入れており、OECD の国際的調査 PISA においても、数学や科学のリテラシーにおいて常に上位に位置している。シンガポールでは、科学教育の目的を、優れた価値観を持つ有能な市民として、陸環境と海洋環境に配慮しながら、社会で働き、社会に貢献できるように生徒を教育することとしている。中学校においては、科学カリキュラムの枠組みが正式に設けられており、人間と自然との環境に焦点を当てることが目標と

して設定されている。特徴的なのは、科学を事実の集合体ではなく、社会的な努力が求められている分野であり、そのために必要な思考力を高めることが必要であるという認識を育成することに重点が置かれていることだろう。その際のトピックの一つとして、地球温暖化、気候変動、プラスティック汚染など、海洋に関する問題が取り上げられている。温暖化や汚染が、珊瑚礁や魚類に与える甚大な影響など、解決が求められる数多くある問題の一つとして海洋環境問題が扱われるということだ。最終的な目的は、それらの問題の考察を通して、生物と人間とのつながり、環境と人間とのつながりを理解することに置かれている。

　科学教育の一環として、海洋にかかわる教育の推進を図っているのはアメリカである（附録7）。アメリカでは、教育制度の多様性が大きく、州独自にカリキュラムを構成しているが、科学教育については1996年に「全米科学教育スタンダード」が作られており、現在では、ほとんどの州が、このスタンダードの内容を採用している。2013年には「次世代科学スタンダードNGSS（the Next Generation Science Standards）」が公布され、海洋に関する記述の充実や、気候変動などのトピックを扱うためのガイドラインが盛り込まれている。

　ドイツでは、「地理」の教科において、海洋が中心として取り上げられる（附録11）。ドイツにおける地理は、人間と環境を一つのシステムとみなしたうえで、そのようなシステムを自然科学的な領域と人文・社会科学的な領域とを融合するかたちで捉え、そのシステムが変化していく過程を視野に捉えようとする科目として位置づけられる。主要な目標は、「自然によって与えられた状況と社会的な活動との関連性を地球上のさまざまな空間において洞察することであり、またそのうえに構築していく空間に関する行動の資質・能力」の獲得である。ローカルな視点からグローバルな視点までを包含し、学問的な知識と現実の行動とを結びつけるがゆえに「教科横断的かつ教科連携的な教育課題に対して本質的な貢献をなす」（DGfG 2014: 7）ものとされている。ドイツでは、学校教育に関わる様々なスタンダードを設定することで質的向上を図っており、地理についても、ドイツ地理学会による「地理教育スタンダード」が策定されている。地理教育スタンダードにおいては、授業実践に

活用するための課題例が示されており、海洋に関するテーマも含まれている。一例として、「世界規模の異常気象—海面上昇の影響」というテーマでは、世界地図を用いて「海面上昇に脅かされる地域」を学び、「海面上昇の影響」を学習し、ドイツ、オランダ、マーシャル諸島を例として「1メートルの海面上昇で生じる被害の国際比較」を行い、さらに海面上昇の影響を大きく受ける北ドイツの「ジュルト島を例とした問題および対策」の具体例を検討するという流れが示されている。あわせて、海面上昇への対策に関する問いや、様々な立場に立っての対策への評価など、生徒が自分ごととして捉えられるような工夫が図られている。ドイツにおいては、「地理」という一つの教科のなかで、教科横断的な試みが行われ、「生態系保護に対する人間の責任」「人間による［生態系への］影響行使の可能性と限界」を深く考察することをめざしていると言えよう。

　海洋にかかわる問題は、教科横断的に知識を活用しながら、現実の課題解決を考える学習の教材として取り上げられることは多い。海洋という存在・現象が、政治、経済、自然科学など多領域にまたがる、総合的にして横断的なものであるからだろう。それゆえ、海洋にかかわる問題は、教科の枠組みを取り払い、統合的な学びを可能にするものとして位置付けられよう。

　上記で見てきたように、環境教育や科学教育など、ある志向に沿った教育活動のなかで、トピックの一つとして海洋が取り上げられていることがわかった。環境を考えるための海洋、人間と自然を考えるための海洋、考えるきっかけの一つとして海洋が位置付けられていると言えよう。多様な教育目標を達成するための教材として、海洋という素材だが、その時、海でなければいけない必然はあるのだろうか。海に特有の問題や特徴などは踏まえられているのだろうか。より先鋭化させて言えば、海よりももっと適当なきっかけがあれば、そちらの方がよく、海はあくまでいくつもある中の一つに過ぎないのだろうか。本調査においては、海洋が代替可能な教材なのか、それとも海洋でなければいけないものとして扱われているのかについては踏み込めなかった。しかしながら、このことは、「海洋教育」のこれからのあり方を考える上でクリティカルなものだろう。

5　海洋教育は、学校以外の教育現場で充実している

　今回の調査では、学校以外の教育現場における、海洋教育の情況も調査を行っている。総じて言えば、ミュージアムにおける海洋教育は、公営／民営を問わず、充実している。海洋をテーマとしたミュージアムは世界中いたるところにあり、水族館においては海洋生物や海洋環境、生物多様性などが、博物館においては船舶や航海の歴史や漁労文化などが扱われ、展示内容や提供されるプログラムは多様性に富んでいる。

　また、市民団体がプログラムを提供するケースも多い。ここでは、その中でも特徴的な例を取り上げたい。それは、船上での海洋教育である。

　インドネシアには、「海に浮かぶ教室」と呼ばれる環境教育船「カラビア」が存在している（附録5）。カラビアは、古いマグロ船を改装して作られたものであり、国際NGOとローカルNGOの連携で生み出されたプログラムを提供している。対象となるのは小学4〜6年生であり、船上や海外で環境問題に関する授業を受けたり、シュノーケリング、歌、舞踊、演劇などのプログラムが体験できる。

　アメリカのロードアイランド州では、「セーブ・ザ・ベイ（Save the Bay）」という団体が、海洋教育の専用船による海洋生態系の研究プログラムも提供している（附録7）。生徒たちはそこで、たとえば、プランクトンの採集と観察を行ったり、塩分、溶存酸素、水温躍層、透明度など、海の状態を示す重要な指標を測定したりし、海の抱えている諸問題を五感でもって理解することができる。

　船上での海洋教育は、学校教育においても実施されることがある。ドイツにおける「帆走する教室」である（附録11）。帆船で7カ月かけてドイツからカリブ海に向かう船上での海洋教育では、海事、海洋にかかわることだけでなく、人としての大切なこと、責務分担、課題対処、知識体感、他者との出会いなども学習される。また、船上では、全身で海を体験できるだけでなく、集中して具体的な探究活動を行うことで、喫緊の海洋問題への真摯なスタン

スを、自然に身につけられるという利点がある。それゆえ、本調査以外で確認した事例以外にも、数多く実践されているだろう。

　ミュージアムは、来館者に対して海洋に関する知識や体験の提供という機能に加え、もう一つ大きな機能を果たしている場合がある。それは、教師の力量形成、すなわち教師教育の機能である。たとえば、スウェーデンでは、自然保護協会により、海洋環境の保全についての理解を育むための小学校教師を対象としたセミナーを実施している（附録12）。セミナーでは、海の生態系をはじめとする理論的学習、実際の採集や観察など実践的学習、教室でできる活動の3点が取り上げられる。また、ロードアイランド州のセーブ・ザ・ベイにおいても、海洋教育にかかわる専門的能力の開発支援として教育者の職能開発プログラムも実施している（附録7）。教育者の育成や研修について、先に見た台湾や韓国の例を思い返せば、教育者の専門性の向上は、海洋教育推進のための全体的な展開・計画の中に位置付けられ、フォーマルな形にて実施されていた。それに対し、そうでない国や地域においては、ミュージアムがその機能（の一部）を担っているということである。

　近年、ミュージアムと学校とが相互に連携、協力して教育に取り組むいわゆる「博学連携」は、その重要性が主張されており、多様な教育実践とともにその教育効果が報告されている。端的に言えば、主として情報を通じた教育という特徴を持つ学校と、「もの」を通じた教育という特徴を持つミュージアムが相互に補完し合うことで、それぞれの特徴を生かした経験をもたらすことができる点に、博学連携の意義がある。子どもたちの学びの場や内容を広げたり、学習を一層深めるためにも、それぞれの興味や好奇心に従って学べるというミュージアムの特性を生かしていくことが、これからの教育においては重要だろう。

　海洋教育のこれからのあり方を考える上でも、博学連携という視点は不可欠である。特に、日本のミュージアムの数は数千を超えており、世界でも有数の充実した環境にある。しかしながら、現状の博学連携においては、その連携のあり方に課題があることは、しばしば指摘されている。学校とミュージアムとの十分な打ち合わせが行われないままに、ミュージアム側にプログ

ラム内容が任せきりだったり、子どもたちにとって理解が困難な話で終始するといった事例は数多い。博学連携を効果的に進める上では、学校とミュージアムの互いの特徴と教育目的の違いを理解し、連携する上での共通目標を明確にしておかなければならない。先に触れた、セーブ・ザ・ベイはまさにそれを実現している。セーブ・ザ・ベイでは、プログラムの制作にあたっては次世代科学スタンダード（NGSS）が踏まえられ、プログラムの提供にあたっても提供先の学校の目的や授業にそくした内容に作りかえられている。そのため、一回限定のプログラムだけではなく、年間や学期を通じて授業として継続的なプログラムの提供も行っている。つまり、学校教育が立脚する基準を踏まえているということである。日本に置き換えれば、学習指導要領に基づいたプログラムの制作、連携ということになるだろう。

　学校以外で海洋教育が充実しているのであれば、必ずしも学校で海洋教育に取り組まなくてもいいという意見もあるだろう。確かにあらゆる人が享受できるのであれば、その可能性を探ることもできるかもしれないが、その多くは有料であり、参加者が限定されるという問題がある。現状では保護者が海洋教育に関して高い意識を持っていて、経済的に恵まれていないと可能ではない。また、どのような目的や内容であれ、海洋教育の実施が増加すればいいのかという問いが残される。

6　生活圏に海がないところでは海洋教育への関心は薄い

　沿海部では、子どもたちの生活に即しつつ、海洋教育が行われる傾向にあるが、海から離れている内陸部では、海洋教育への関心は薄い。このことは、どの国、どの地域にも総じて言えることである。学校教育においては、身近なものを教材とすることが多いことから考えても、海から離れている学校では、他の身近な物事を教材とするだろうことは看取しやすい。教育的な効果を高めるためにも、教師は実際に身近にある物事を取り上げ、子どもたちがリアルに感じ、考えられる教材を扱おうとすることは、当然のことである。だが、温暖化の進行とともに、海洋の状態が悪化しており、地球規模で生物

の生存が危機にさらされている。このことは、内陸・沿岸に関わらない問題であるのだが、子どもたちだけでなく教師にとっても、身近に感じられないがゆえに、リアルではないのかもしれない。

7　Ocean Literacy というスタンダード

　調査報告書をもとに、世界の海洋教育の状況を概観してきた。「海洋教育」を、海洋にかかわる教育という広義で捉えれば、国や地域によって程度の差や位置付け、内容の違いはあれ、海洋教育は行われていると言えよう。実施されている目的も多種多様である。国益のため、地域文化のため、子どもたちの能力育成のためなど。しかし、そのほとんどは、海洋の一面を切り出して取り上げているに過ぎず、私たちのハビタビリティの基礎である海洋が危機的状況にあること、それゆえにハビタビリティが損なわれようとしている現実の課題を取り上げてはいなかった。教科「地理」の課題例として地球温暖化の問題を明示しているドイツが先進事例だろう。この調査は 2017 年に実施されたものであるため、現在はまた異なった状況が生まれているとは思われる。だが、2019 年 9 月に国連主催にて行われた「ユース気候サミット」に 600 名以上の若者が参加したこと、そこで演説したグレタ・トゥーンベリ（Greta Thunberg）さんの訴えからは、若者たちの間に温暖化への関心が高まっていると捉えられるとともに、学校・社会教育における温暖化への取り組みが不十分であるということの証左ではないだろうか。

　その状況下で、最後に確認しておかなければならないのは、Ocean Literacy という概念である。Ocean Literacy は、アメリカの海洋学者と教育関係者が協働し、全米科学教育スタンダードをもとに作成された海洋教育のスタンダードと言える。Ocean Literacy とは、「海洋が人々に与える影響と、人々が海洋に与える影響を理解すること」と定義されており、小学校から高校までの 12 年間にて身につけるべき能力や態度が定められている。アメリカ発の Ocean Literacy は、今日、世界的に広がりを見せている。契機となったのは、2017 年に、UNESCO・IOC 主催のもとに、Ocean Literacy に関する国際会議が開催され

たことである。この会議においては、SDGs の達成に向け、Ocean Literacy を基軸としたグローバルな海洋教育を推進するための協働活動に取り組むことが確認された。

　すでに Ocean Literacy の受容は世界的にも進んでいる。たとえば、イギリスでは、Ocean Literacy の普及活動に努める多くの機関や財団が存在し、ナショナルカリキュラムのコア教科に Ocean Literacy を取り入れるべきと政府に提言している（附録 10）。現状においては、ナショナルカリキュラムには反映されてはいないものの、Ocean Literacy に基づいた教科書は作成され、ナショナルカリキュラムに先行する形で教育現場で実際に普及している。カナダのノバスコシア州では、11 年生の理科の選択科目「海」において、Ocean Literacy を身につけた人材の育成が目的とされており、ブリティッシュ・コロンビア州においても、Ocean Literacy を意識した学習が重要であるとの意識が広まっている（附録 9）。

　この Ocean Literacy は、これからの海洋教育のあり方を考える上で、重要な指針となることは間違いないだろう。だが、国や地域によって、海洋との関わり方は異なってくるがゆえに、Ocean Literacy はローカライズされる必要があることが指摘されている。また、Ocean Literacy は、自然科学的な記述に偏りがあり、文化や歴史への視線が薄い。それは、単に科学教育スタンダードをベースとして作られたからというわけではないだろう。Ocean Literacy の根底には、海洋は、よりよくマネージメントされる対象に過ぎず、「人類」のために活用される客体に過ぎないという認識が据えられているように思われる。はたして、そのような認識にて、急速に進む温暖化とハビタビリティの危機に対応していくことは可能なのだろうか。Ocean Literacy という概念が、多くの国や地域が「連帯」するための単なるスローガンに陥らず、温暖化に対抗していく活動を推し進めるための批判的な力をもつためにも、この概念自体を批判的に検討していくことが必要だろう。

8　世界の海洋教育は機運の高まりを見せている

　ここまで、報告書をもとに、世界の海洋教育の現状を概観してきた。経済利益の確保のように海洋教育自体に明確な目的が込められている場合もあれば、海洋に関する科学的な情報を伝達するのみの海洋教育もある。「海洋教育」を明示的に展開している国や地域もあれば、そうでないところもあった。海洋教育は多種多様な形で実施されているのが実際である。しかし、すでに序章にて述べているように、SDGs をかかげ、温暖化対策を前提とした海洋教育はほとんど行われていなかった。温暖化の問題が取り上げられている事例は数少ないながらも存在したが、海洋と温暖化の関係に着目する事例はなかった。しかしながら、海洋教育の機運は高まりを見せている。その象徴とも言えるのは、2015 年の国連サミットにて採択された SDGs の目標群の中に、目標 14「海の豊かさを守ろう」として、海洋と海洋資源を持続可能な形で保全し、持続可能な形で利用することが示されたことにある。

　だが、その機運を高めた最も大きな要因の一つは、海洋プラスチック問題であろう。亀の胴体に絡まったプラスチック、鯨の胃から大量に発見されたビニール袋など、ビジュアル的にも可視化されたことで、この問題の深刻さが多くの人の気づくところになったことである。国際動向としても、2017 年 7 月の G20 ハンブルク・サミットでは、はじめて海洋ごみが首脳宣言で取り上げられ、「海洋ごみに対する G20 行動計画」の立ち上げが合意された。同年 12 月には、国連環境総会 (UNEA3) にて、「海洋プラスチックごみ及びマイクロプラスチック」に関する決議が採択され、問題対策の専門家グループが組織された。2018 年 6 月には、カナダで開かれた G7 シャルルボワ・サミットで「海洋プラスチック憲章」が承認された。2019 年 6 月の G20 大阪サミットでは、2050 年までに海洋プラスチックゴミによる新たな汚染をゼロにすることを目指す「大阪・ブルー・オーシャン」が合意された。海洋プラスチックゴミの問題は、教育現場においても取り上げられるようになっている。

　他方、地球温暖化の問題はどうか。「はじめに」でも書いてあるように、2019 年 9 月の「ユース気候サミット」で、600 人を超える若者たちがニューヨークの国連本部に集い、気候変動問題への対応を議論したことに見られるように、少しずつながら、問題自体への関心は高まっているように思われる。

その象徴とも言えるのが、グレタ・トゥーンベリさんの演説であるが、彼女の演説が世界的にも多くの人々の関心を引き起こした。教育現場でも、今後、気候変動、地球温暖化が取り上げられていくことが望まれる。

文　献

Santoro et al. (eds) 2017 *Ocean Literacy for All - A toolkit*, IOC/UNESCO & UNESCO Venice Office, Paris (IOC Manuals and Guides, 80 revised in 2018).

第2章　日本の海洋教育の試み──温暖化に挑む

1　日本の海洋教育の現状　　　　　　　　　　　　　田口康大

〈概要〉

　海洋プラスチックゴミの問題が焦点化されるのに伴い、世界的に海洋教育の機運は高まっている。しかしながら、地球温暖化対策を前提とした海洋教育は行われていない。日本ではどうか。結論を先に言えば、世界と同様に日本においても、海洋プラスチックゴミ問題は人口に膾炙し、教育現場でも取り上げられるようになってきたが、地球温暖化は十分に取り上げられているとは言い難い状況にある。この状況を受けて、東京大学の海洋教育促進研究センター（現在の東京大学大学院教育学研究科附属海洋教育センター）のスタッフが中心になり、温暖化を主題としたカリキュラムを開発、実践してきた。本章においては、日本における海洋教育の現状を素描するとともに、今後の海洋教育の再構成に向けた授業実践の一例を提案することとする。

日本の海洋教育の根拠法

　まずは、日本の海洋教育の実施を支える法制度について確認しておきたい。
　根拠法とも言えるのは、国連海洋法条約に基づき、2007年に制定された海洋基本法である。そこでは、「我が国の経済社会の健全な発展及び国民生活の安定向上を図るとともに、海洋と人類の共生」を目的に、海洋に関する教育の推進がはじめて明示的に謳われた。

　　第二十八条　　国は、国民が海洋についての理解と関心を深めることができるよう、学校教育及び社会教育における海洋に関する教育の推進、（略）、海洋に関するレクリエーションの普及等のために必要な措置を講ずるものとする。

　海洋基本法における理念は、2008年の第1期海洋基本計画にて具体化され、政府が総合的かつ計画的に講ずべき施策の一つとして「海洋に関する国民の理解の増進と人材育成」が取り上げられた。具体的には、「海洋に関する理解と増進のための高校・大学を通じた専門教育」、「海洋科学技術を支える研究者・技術者育成のための高校・大学等における産業界と連携したカリキュラムの充実」として示された。海洋基本計画では、海洋に関する全般的な教育の充実と、海洋人材の育成教育という2つの方向性と定められた。東日本大震災を経た2013年に改定された海洋基本計画では「海洋教育」という文言が使われるようになった。重要であるのは、海洋基本法で規定されている6つの基本理念に加え、あらたに「(7)海洋教育の充実及び海洋に関する理解の増進」が示されたことである。海洋に関する理解の増進のための施策として教育が位置付けられていた第一次計画に対し、「小学校、中学校及び高等学校において、学習指導要領を踏まえ、海洋に関する教育を充実させる。また、それらの取組の状況を踏まえつつ、海洋に関する教育がそれぞれの関係する教科や総合的な学習の時間を通じて体系的に行われるよう、必要に応じ学習指導要領における取扱いも含め、有効な方策を検討する」と、「海洋教育」の充実そのものが目的とされた意義は大きい。すなわち、海洋教育が理念レベルで示されたということである。

　2016年には、海洋教育の取り組みを強化していくための、産学官による海洋教育推進組織「ニッポン学びの海プラットフォーム」の構想が打ち出され、「2025年までに、全ての市町村で海洋教育が実践されること」を目指すことが示された。

学習指導要領における海洋教育

　2017 年に公示された学習指導要領において、すなわちナショナルカリキュラムの中では、「海洋教育」はどのように取り扱われているのだろうか。

　「海洋教育」という文言がはじめて登場するのは、2016 年 11 月の中央教育審議会第 25 回特別部会においてである。そこで配布された特別部会審議資料「答申に向けて記述の充実を図る事項（案）」に、「2. 教科横断的な視点に基づく資質・能力の育成」として「海洋教育」の項目が立てられている。この資料は、「次期学習指導要領に向けたこれまでの審議のまとめ」への意見募集（パブリックコメント）の結果がまとめられた資料であり、パブリックコメントにおいて海洋教育に関する要望が多かったことを受けての対応である。資料では、以下のように記述されている。

- 多数の島から構成され、四面を海に囲まれている海洋国家である我が国の教育においては、海運など海事関連の産業が国民生活と日本経済を根底で支える重要な役割を担っていることが正確に理解されるようにする必要がある。
- グローバル化が進む社会という観点から、領土や国土に関連しての領海・EEZ など海洋の重要性や意義の理解に関する内容が盛り込まれることが必要である。

　ここでの海洋の取り扱われ方は限定された内容ではあるが、海洋教育の重要性がパブリックな形で認識されてきたということの現れであると言える。しかし、同年 12 月の第 26 回特別部会にて提出された最終答申案においては、海洋教育の文言はなくなり、「現代的な諸課題に対応して求められる資質・能力」という項立ての中で、次のように記述された。

　グローバル化の中で多様性を尊重するとともに、現在まで受け継がれてきた我が国固有の領土や歴史について理解し、伝統や文化を尊重しつつ、多様な他者と協働しながら目標に向かって挑戦する力

　これらの記述の中に海洋教育の含意を読み取れないことはないものの、極めて断片的な内容へと矮小化されたという印象を覚える。また、社会科において、見直すべき視点の中に「海洋国家」という視点が新たに盛り込まれることとなり、最終答申がまとめられ、学習指導要領が公示された。結果的に、海洋教育に関連する内容の目立った増加は見られず、領土・領海に関する記述が強調される形となった。海洋教育という文言はなくなったものの、『学習指導要領解説―総則編』においては、「付録 6: 現代的な諸課題に関する教科等横断的な教育内容についての参考資料」として「海洋に関する教育」が記載されている。それは、「総則」第 2 に示されている「教科等横断的な視点に立った資質・能力の育成」と、第 3 に示されている「主体的・対話的で深い学びの実現に向けた授業改善」を達成するためのものとして位置付けられている。ここに記載されているのは、「海洋に関する教育」について育成を目指す資質・能力に関連する各教科等の内容のうち主要なものの抜粋である。教科等横断的な教育内容として位置付けられてはいるが、学習指導要領上の海洋に関する内容が抜粋されたところで、記載されている内容は、領土・領海など「海洋」の一面でしかない。「海洋に関する教育」の「海洋」はきわめて狭小なものとなってしまっていると言わざるを得ない。

海洋教育の実施状況調査

　それでは、教育現場における海洋教育の実施状況はどうだろうか。すでに、いくつかの定量的な全国調査が行われているので、それらを概観することで、状況を描出してみたい。

　まず、笹川平和財団海洋政策研究所 (旧・海洋政策研究財団) が 2012 年に実施した「小中学校の海洋教育実施状況に関する全国調査」である。全国の国公立および私立の小学校 21,371 校、中学校 10,639 校を対象に行われたアンケート調査である。調査内容としては、海洋教育の実施度と内容、学校のロケーション地域による海洋教育の実施度の偏り、海洋教育に対する期待やニーズ、海洋基本法の認知度、東日本大震災による海洋教育への影響等であ

る。調査結果として興味深いのは、「海洋教育」という言葉の認知率が 29.2%
であり、海に近い学校ほど、海洋教育という言葉の認知度が高いということ
である。海洋基本法の認知度は 23.9% であり、海洋教育の推進が謳われてい
る第 28 条について知っているのは、わずか 4.3% だった。実施状況について、
教科書の範囲で実施している学校が 62.8% と大部分を占め、総合的な学習の
時間での実施率は 16.7% である。総合的な学習の時間で海洋教育に取り組ん
でいる学校のうち、72.0% は海の体験学習を行っており、83.1% が学校外の
機関や団体と連携している。つまり、教科書以外の内容にて海洋教育を実施
する上では、外部機関との連携が必要とされているということである。海に
関して子どもたちが学ぶべきこととして選択率が最も高かったのは海の環境
に関する内容で 60.9% であった。海洋教育に関する初めての全国調査である
が、ほとんどの学校では教科書に記載されている内容のみの対応であり、沿
岸部の学校では総合的な学習の時間などで海洋教育を実施しているというこ
とが明らかとされた。

　次に、東京大学海洋アライアンス海洋教育促進研究センター（現、大学院
教育学研究科附属海洋教育センター）にて、2014 年に実施した「全国海洋リテラ
シー調査」である。この調査では、海洋リテラシーを「海洋に関する共通教
養」と狭義で捉え、学習指導要領のもとに実践されている初等中等教育を通
して、児童・生徒がいかなる海洋リテラシーを身につけているのかを調査し
たものである。つまり、子どもたちの海洋に関する知識・認識の全国調査と
いえよう。例えば、津波発令時の行動、排他的経済水域、ツバルの温暖化に
よる被害などが、問題として設定されている。標本抽出については、日本全
国から偏りなく調査対象者が選定されるように調査設計されている。この調
査において明らかとなったことは、学習指導要領に記載されているかどうか
で、設問の正答率が変わるということである。たとえば、エルニーニョ現象
の発生海域については、小学校・中学校ともに記載がないため、正答率は小
学・中学ともに大幅に変わらない。他方、地球温暖化による影響は中学校の
みに記載があり、小学から中学にかけて正答率が大幅に上昇する。学習指導
要領に記載があるものの正答率が高いのは当然のことと言えるが、逆に捉え

れば、記載がないトピックについてはほとんど知られることがないということである。学校以外でも、子どもたちは学習したり学んだりしているとはいえ、学習指導要領に記載されているかどうかが知識獲得に大きな影響があるということが明らかになった。

　海洋教育は学校のみで実施されているわけではない。公益財団法人日本海事科学振興財団は、全国の博物館で実施されている「海洋教育」の現状や課題、問題点を把握することを目的に、2014年に「全国の博物館における海洋教育実施状況調査」を実施した。全国の博物館(総合博物館、歴史博物館、美術館、科学博物館、海事博物館、水族館、動物園・植物園等)を対象にアンケート調査を実施し、534館の回答を得ている。回答数のうち、約半分が海洋教育の要素を含んだ活動を実施しており、実施内容(複数回答可)としては、企画展としての実施が72.5%、教育普及事業としての実施が66.9%、常設展での実施が41.8%となっている。教育普及事業としては、海浜植物観察会、磯の生物観察会、ビーチコーミング体験、貝化石をテーマにした観察会や海底地層の見学、小学校等への出前水族館などが挙げられた。その中でも、磯や干潟などでの観察会が最も多く、次いで各種講座やセミナーの実施が多く見られた。実施回数としては、全体の半数以上の施設が、毎年、何らかの海洋教育の活動を実施している。特筆すべきは、それら活動が、学校教育と関連したものかを問う設問である。回答のうち、58.1%が「学校教育や学校のカリキュラムとは関連していない」と答えており、学習指導要領とは無関係に実施されていることがわかる。この結果は、1章でも触れたように、博学連携のもとに海洋教育を実施する際の課題ともつながっているだろう。学校と博物館のそれぞれの特徴と教育目的の違いを、博物館が学校教育の文脈に合わせた形で連携するのか、学校側が博物館を活用するための能力を身につけるのか、サイエンスコミュニケーターのようにそれぞれをつなぐ役割の人材を育成するのか。今後に向けた課題が明らかになっていよう。

　もう一つは、一般社団法人大日本水産会が2016年に実施した「小学校の海洋・水産教育と体験学習に関する調査」である。この調査は、水産・海洋に関する授業をより多くの学校で実施するための条件整備として必要なこと

を明らかにするために行われた。東名阪の大都市圏および全国の政令指定都市の小学校管理職を対象として、全5,014校に調査票を発送し、1,101件（回収率22.0％）が回収された。この調査においても、約8割が教科書の範囲内で海洋教育を行っていることが明らかになった。博物館等への訪問・見学授業は約6割の学校が実施しており、そのうち約6割の訪問・見学先は水族館であった。実施上の課題として、「施設が近くに無い」「経費の負担が大きい」「時間を生み出せない」などが挙げられている。

学習指導要領に記載されているというインパクト

　これら調査が詳らかにしたことをまとめれば、日本の多くの学校では、教科書の記載にしたがって海洋教育が実施されているが、教科書以外の内容については実施されていないということである。また、学習指導要領に記載がない内容については、ニュースや新聞等で報道されているとしても、十分な理解は育まれないということである。このことを踏まえ、単純に考えると、学習指導要領に記載がなく、教科書でも取り上げられていない内容のうち、喫緊で理解を育んでいく必要があるものについて、どのように対応するのかが課題といえよう。もちろん、授業において、学習指導要領に記載がないものを取り扱うことが禁止されているわけではないが、それらは個々の教員に委ねられている。学力形成という目的達成と、様々な業務の対応で忙殺される傾向にある教員が、学習指導要領および教科書外の内容を十分に取り扱うことができるのだろうか。

　このような状況下で、海洋プラスチックゴミ問題は、メディア報道でも問題が取り上げられることが多く、話題になったこともあり、多くの授業でも取り上げられるようになった。2019年11月29日に岩手県洋野町で実施された「第5回海洋教育こどもサミット」の児童・生徒によるポスター発表においても、海洋プラスチックゴミに関わる数多くの発表があった。プラスチックは誰しもが日常的に使用していることもあり、学びの動機付けがしやすく、課題解決に向けた行動を身近からはじめやすい。授業との親和性が高いということだ。学習指導要領では記載がないが、環境問題や道徳の時間との相性

がいいトピックであることから、授業でも取り入れやすいだろう。それでは、地球温暖化についてはどうか。小学校の学習指導要領においては本文および解説でも記載はないが、中学校では 2008 年改訂の学習指導要領から地球温暖化が記されている。だが、地球温暖化は、普段の生活の中では問題を感じづらいということもあってか、喫緊で対処すべき問題として捉えられていないように思われる。現実にすでに危機的な状況を引き起こしているにもかかわらず、自分に関わる切実な問題とはなっておらず、社会全体が強い関心を示しているとは言えないだろう。この状況は、教育現場においても同様だろう。事実、私が所属する東京大学大学院教育学研究科附属海洋教育センターには、地球温暖化の問題を授業でどのように扱ったらよいのか、という教育現場からの相談が多く寄せられている。そこで、次節では、海洋教育センターのスタッフによる温暖化に関する説明と授業実践例を紹介したい。これからの海洋教育のあり方を考えるための一つの事例として、参考にしていただきたい。

文　献

一般社団法人大日本水産会　2016　『小学校の海洋・水産教育と体験学習に関する調査報告書』https://www.suisankai.or.jp/topics/minutesarchives/2017/minutes20170205.pdf （2019 年 12 月 14 日最終閲覧）

公益財団法人日本海事科学振興財団　2014　『全国の博物館における海洋教育実施状況調査報告書』http://uminomanabi.com/wp-content/uploads/2015/08/140828_enquete_result.pdf （2019 年 12 月 14 日最終閲覧）

小国喜弘・東京大学海洋アライアンス海洋教育促進研究センター編　2019　『日本の海洋教育の原点―（戦後）理科編』一藝社

東京大学海洋アライアンス海洋教育促進研究センター編　2015　『全国海洋リテラシー調査―最終成果論文集』

東京大学海洋アライアンス海洋教育促進研究センター編　2019　『新学習指導要領時代の海洋教育スタイルブック：地域と学校をつなぐ実践』小学館

日本財団・海洋政策研究財団　2012　『小中学校の海洋教育実施状況に関する全国調査報告書』https://www.spf.org/_opri_media/publication/education/pdf/201212_questionnaire.pdf （2019 年 12 月 14 日最終閲覧）

2　地球温暖化により激甚化する気象災害　　　　茅根　創

〈教師への要約〉

　地球温暖化によって、台風や豪雨などの災害が激甚化することが予想される。2018年夏には、猛暑、西日本豪雨、台風21号で、多数の方が亡くなった。2019年には、9月の台風15号の強風により房総半島と伊豆諸島が甚大な被害を受けた。その復旧も終わっていない10月には猛烈な台風19号が、400〜1000mmの雨を降らせ、東日本の各地で河川の堤防が決壊して氾濫し、4万5千棟以上の住宅が浸水し、100名近い死者がでた。これまで100年に1度しか起こらなかったような災害が、地球温暖化がこのまま進むと2050年には毎年起こるようになるという予想もある。

　地球温暖化によってなぜ降雨が増えるのか、将来どうなるのか、こうした気象災害に対して、私たちがどのように対処したらよいのか。本節では、それらについて、私がこれまでに小学校、中学校、高校、大学で行った授業をもとに、実際の授業同様に解説する。

授業実践（[　]は教師への補足。[　]内の数字は、3章の補足に対応しています）

1）地球温暖化と台風

　今年（2019年）の9月に、台風19号で大量の雨が降り、東日本の71もの河川が氾濫して、おおぜいの方が命をおとし、たくさんの家が浸水しました[1]。雨の降り方も、河川の氾濫も「観測史上はじめて」、「異常気象」などと報道されていました[2]。こうした異常気象は、地球が温暖化したことが大きな要因であると考えられるようになってきました。

　地球が温暖化すると、どうして台風が大きくなったり、豪雨が増えるのでしょうか。

　空気が含むことができる水蒸気（飽和水蒸気といいます）の量は、温度が高いほど多くなります。**図2-2-1**は、1立方メートルの大気が、何グラムの水を含むことができるかを示したグラフです。1立方メートルの空気に、15度

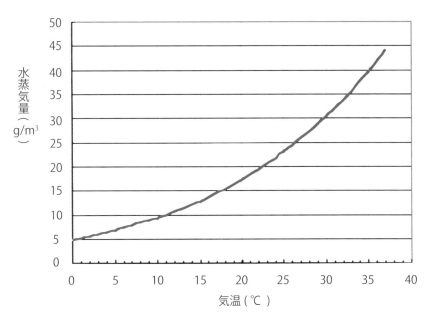

図 2-2-1　気温と飽和水蒸気量の関係

では 13g、20 度では 17g、25 度では 23g、30 度では 30g の水を、水蒸気（気体）として含むことができることがわかります [3]。地球が温暖化すれば、それだけ大気が含むことができる水が増えます。

　とはいっても、水のない砂漠でいくら気温が高くても、大気に水は供給されません。世界最高気温を記録したアメリカのデスバレーも、気温が 50 度を超えても湿度は 10% 程度です。地球の表面で水がいちばん多いのはどこでしょう。そう「海」ですね。台風は暖かい海から蒸発した水を、上昇気流で吸い上げて発達して、陸地に雨を降らせます。

　図 2-2-2 は、19 世紀末以降の台風（米国ではハリケーン、インド洋ではサイクロン）の経路をまとめたものです。線が赤いほど台風の強度が強いことを示しています。台風は熱帯の暖かい海で産まれ、発達しながら北半球では右回りに移動します。経路におおわれて分かりませんが、日本は台風の進路の終点にあたることを確認して下さい [4]。

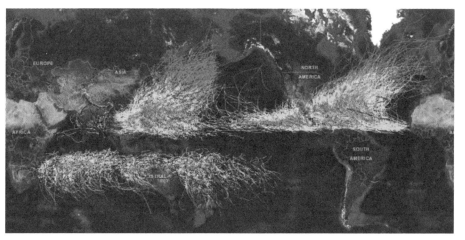

図 2-2-2　19 世紀末以降の台風（ハリケーン、サイクロン）の経路。米国大気海洋庁

出典：https://www.bwsailing.com/cc/2016/05/noaas-historical-hurricane-tracks/

　台風は海面水温 27 度以上で発達します。台風は日本の南方で発生、発達
して、北上してきました。気象庁は、日本近海の日々の海面水温を公表して
います（https://www.data.jma.go.jp/gmd/kaiyou/data/db/kaikyo/daily/sst_HQ.html）。

　日別海面水温のページで、2019 年の台風 19 号が日本に上陸する直前 10 月
10 日を選んで、水温をみてみましょう。27 度の水温が日本列島の南岸まで
達していることがわかります（図 2-2-3）。平年差のボタンをクリックしてみ
て平年との差をみると、1 度から 2 度高いことがわかります。つまり平年で
あれば、台風は勢力を弱めながら日本に上陸したはずなのに、2019 年は水
温が高かったため、上陸直前まで勢力を維持し、強めながら上陸したため、
多量の雨が降ったのです。ちょうど日本列島のすぐ南の海から、バケツで水
をすくってぶちまけたようなものです。

　実際にどれほどの雨が降ったのか、計算してみましょう。この台風による
降水量は、400mm から最大 1000mm でした。関東地方の面積が 32,420km^2 で
すから、少なめの 400mm として関東地方にどれだけの量の雨が降ったか計
算してみましょう。［各自に計算させる］。関東地方だけで 130 億立方メートル
もの雨が降ったことになります。よくたとえに使われる東京ドームの体積は

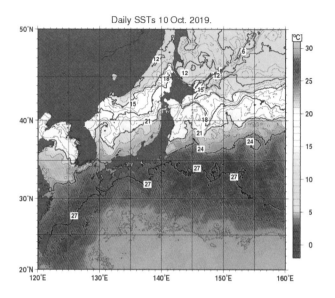

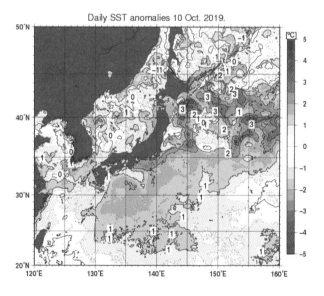

図 2-2-3　気象庁の日別海面水温による、2019 年 10 月 10 日の水温 (上) と、そのと
　　　　きの平年値からの差 (下)

124万立方メートルです。この雨の量は東京ドームいくつ分になりますか。[各自に計算させる]。そうです「1万個分」ですね。

これまで日本は台風が勢力を弱めながら到達する終点でした（図2-2-2）。温暖化によって台風の勢力が強まるだけでなく、勢力の強い位置が北に（南半球では南に）ずれることが予想されています。2019年の台風19号などのような強力な台風が、発達しながらいきなり関東や関西に上陸する可能性が高くなっているということです。

2）河川の氾濫と低地の地形

これだけ大量の雨が降ったため、東日本の河川はいたるところで、堤防が決壊して氾濫しました。氾濫が起こった地点のニュース映像を見て下さい。[ネットから適当なニュース映像を見せる]。堤防の間際まで建つ住宅が、広い範囲に浸水していることが分かります。

こうした場所は、自然の状態では雨が降る度に増水して氾濫して、山から運ばれた土砂が埋め立ててできた低地です。このような低地は、私たちの住んでいるまわりにもあります[5]。この学校がある地図を配りますので（図2-2-4）、グループごとにこの地図に、急な坂道や崖の位置を記入してみて下さい。坂道や崖は、線をひいて高い方から低い方へ短い線を「ひげ」のように入れて表します。[グループに分けて、坂や崖の位置をいれさせる]。

私が、あらかじめ地形図をみて、実際に歩いて確認して作成した、正解を配ります（図2-2-5）。

実は、坂道や崖はつながっていて、その下が低地、上が台地になります。低地にはもともと川が流れていて、その川を埋め立ててできた湿地だったところです。同じ範囲の100年前の地図を配りますので、比べてみましょう（図2-2-6）。低地には川が流れていて、田が広がっていたことが分かります。低地は、洪水で氾濫しやすく、また湿地の泥が埋め立ててできた土地なので、地震のときも揺れが大きくなります。

今回氾濫した土地も、河川が氾濫して埋め立ててできた、地形学の用語では「沖積低地」と呼ばれる地形で、氾濫した地域は「氾濫原」と呼んでいま

48

図はＸＸ（左は忍岡小，右は東大駒場キャンパス）とその周辺の地図です．この地図に，坂や崖を記入して下さい．

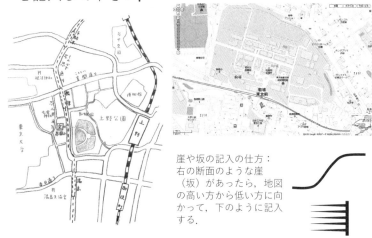

崖や坂の記入の仕方：
右の断面のような崖（坂）があったら，地図の高い方から低い方に向かって，下のように記入する．

図2-2-4　等高線の入っていない学校周辺の地図

※左は東京大学本郷キャンパス（忍岡小）、右は東京大学駒場キャンパス。小学生にはグーグルは読み取りにくいので、手描きで作成した。

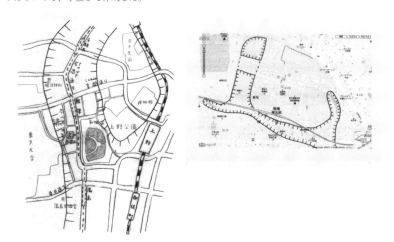

図2-2-5　坂道や崖をいれた正解

※急な坂道や崖がつながっていて、台地と低地を分けていること、低地が谷底にあたることが分かる。どちらもこのあと、実際に生徒と現地を歩いて、崖の位置を確かめたり、昔の川の跡をたどった。どちらにも川跡には蛇行した道があり、本郷（根津の谷）では染め物や橋の跡、駒場（目黒側の支流、空川）では学校が授業で使う田や沼が見られる。駒場ではさらに北東の渋谷川の谷を歩いた。適宜、歴史的な事象（根津の谷では鷗外や漱石、渋谷では春の小川やキャットストリートの水車など）を紹介した。

今から120年ほど前（明治30年頃）の地図

図 2-2-6　図 2-2-4、5 と同じ範囲の明治時代の地形図

※右は全体を分かりやすくするため、範囲が広い。台地上に当時から屋敷や馬場が、低地は主に田であったことが分かる。しかし根津では低地の南にすでに下町の住宅地が広がっている。

す [6]。増水のたびに氾濫するため、昔から堤防などさまざまな工夫をして川を安定化させてきました。それでも氾濫原は主に、田や湿地だったところですが、下水処理場、ゴミ処理場、コミュニティセンターや運動場など公共施設が、さらに都市化にともなって住宅や市街地も作られ、それを守るためにしっかりした堤防が建設されました。しかし堤防は、数 10 年に 1 度の降雨に耐えることはできますが、それ以上の雨と増水には耐えきれず、決壊して、災害になったのです。

3）わたしたちはどうしたらよいのか

　地球の平均気温は、産業革命前に比べて、すでに 1 度上昇しました。平年より 1 度から 2 度高い水温は、温暖化で説明できます。今世紀末までに、温暖化をどんなに抑制してもあと 0.5 度、最悪あと 3 度温暖化すると予想されています [7]。最悪のシナリオをたどると、2050 年には、これまで 100 年に 1 度だった異常気象が、毎年起こるようになると警告している専門家もいます。

　みなさんが大人になる頃には、こうした「災害」が日常的に起こり、その

規模も頻度もより大きくなる可能性があります。皆さんは、どうしたらよい
でしょうか。グループごとに議論して、発表して下さい。[発表した意見を、地
球温暖化と災害について、それぞれ黒板にまとめる]

地球温暖化について

- 温暖化をできるだけ抑制する。そのために、省エネしたり、再生可能エ
  ネルギーに転換する。[具体的な省エネや再生エネルギーを生徒に発表させ、不
  足があったら補足する。]

省エネや再生可能エネルギーへの転換は必要ですが、私たちの日常生活
のためには、どうしても石油や電気が必要です。再生可能エネルギー（水力、
太陽光、風力など）も、この10年拡大していますが、それでも発電量の15%
でしかなく（うち半分以上は、昔からの水力発電です）、残りは化石燃料の燃焼
によってまかなっています。2011年福島原発事故以降、原子力発電所は危
ないということで、稼働を止めました。その代わりに、日本は温室効果ガス
を石油や天然ガスより多く排出する石炭火力を大幅に拡大して、電力をまか
なっています。

温暖化をこれまでの+1度から+0.5度に抑制するためには、いままさに前
年度比で化石燃料の燃焼（二酸化炭素の排出）を同じにして、今世紀末には0
にしなければなりません。しかし世界の二酸化炭素排出は、毎年前年比で2
〜3%増加しています。化石燃料を転換して、再生可能エネルギーを拡大す
るには、どうしたらよいのでしょうか。

災害について

- 守る　堤防を強化して、氾濫が起こらないようにする。
- 逃げる　氾濫が起こったら、命をまもるために、避難する。
- 復興する　災害が起こった地域を、すみやかに復旧・復興する。
- 移転する　危険な低地には住まないようにする。
- あきらめる　自然にはさからえないので、あきらめて受け容れる。

「守る」には、遊水地の機能も重要です。また、地下遊水地やダムもあり
ます。総合的に守らなければなりません。しかしこれまでの防災は「守る」
ことだけを考えて設計されていましたが、地球温暖化による災害の激甚化と、

さらに災害を受ける場所に市街地ができるなどの都市化が進んだことによって、守り切ることができないときの避難、復興、移転も含めた、災害をできるだけ軽減する減災が求められています。

　守り切ることはできない場合、命を守るためには、災害を予測して、すみやかに「逃げる」(避難する)ことが重要です。各地区にハザードマップが配られていますので、住んでいる場所の危険性を調べて、避難場所を確認します。また避難警報がどのように出させるのかを調べましょう。

　命を守ることはできても、住宅や道路などは浸水したり、流されたりしてしまいます。被災したインフラをすみやかに復旧することも、考えなければなりません。あきらめることはどうでしょう。実際、様々な災害を受ける度に、日本の経済や文化は発展してきたという歴史もあります。だからといって地球より重い、尊い命を犠牲にしてよいのか。私も答えがありません。皆さんで考えて下さい。

教師への補足

　[1] 授業は2019年の災害を例にしましたが、以後こうした災害が起こったら、直近のものに置き換えて下さい。2018年の災害について、地理・地図資料2018年度3学期号「地球温暖化と気象災害」(帝国書院)にまとめましたので、参考にして下さい。

　[2] 観測史上というのは、それぞれの観測点で観測された中で最大の、異常気象(専門用語では極端気象)は過去30年間の平年値を大きくはずれる気温や降水のことです。どちらも、自然の変動の中で数10年に1度起こってもおかしくはありません。それぞれの極端気象は、エルニーニョや偏西風の蛇行など、様々な要因によるもので、極端気象＝地球温暖化と直結することはできません。しかし、様々なコンピューターシミュレーションから、地球温暖化によってこうした極端気象が、頻繁により極端に起こることが予想され、近年の異常気象がその現れであると考える研究者が増えてきました。

　[3] このときビーカーに対応する量の水をいれて生徒に示すと、イメージ

しやすいでしょう。また、1 立方メートルあたりでなく、教室の体積分の水を用意すると、よりイメージしやすいです。たとえば面積 60 ㎡、高さ 3m の教室でしたら、飽和水蒸気量は 15 度でおよそ 2.3L、30 度でおよそ 5.4L になります。実際に含まれている水の量は、これに湿度(%)をかけた量になります。

[4] 水温の高い赤道上で台風が発生しないのは、地球の自転によるコリオリ力が働かないため、風の回転(渦)が起こらないためです。コリオリ力とは、地球が北極側から見ると反時計(左)回りに自転しているため、直進するもの(大気も海も大砲の弾も)は右まわりに回転することで、そのため台風に吹き込む上昇気流も右にずれて渦になります。台風の進路も右回りになります。台風が多く発生するのは、水温が 27 度以上で、南北の貿易風がぶつかって上昇気流になり、雲が発生する熱帯収束帯です。水は、大気から熱をもらって蒸発して水蒸気になります。水蒸気が上昇して水に戻るとき、この熱(潜熱)をエネルギーとして台風に与えます。台風は、潜熱とコリオリ力によって、猛烈な強さに発達します。

[5] 川や海の働きによって、地学的に「現在も」形成されている低地を、沖積低地と呼びます。ここでは、東京都台東区立忍岡小学校と、東京大学の大学生に実践した例を紹介しますが、日本では多くの地域に沖積低地はありますので、この授業を応用することができます。

[6] 地球は、寒冷な氷期と温暖な間氷期を 10 万年のサイクルで繰り返してきました。本授業でとりあげた関東地方の地形の変遷を図 2-2-7 にまとめました。12 万年前に温暖な最終間氷期には、現在の東京湾から鹿島灘まで続く古東京湾が広がっていました。このときの浅瀬が、その後 12 万年の間に隆起して、現在の下総台地や、皇居・国会議事堂から都庁、横浜の台地になります。氷期に向かって寒冷化するとともに、多摩川の扇状地が広がり、現在の武蔵野台地を作りました。2 万年前が氷期の最盛期で、海面は現在より 120m 以上低下して、この海面(侵食基準面)に向かって深い谷が刻まれました。その後氷期が終わって温暖化して海面が上昇して、深い谷の縦断形が緩やかになって、河川は浸食作用から堆

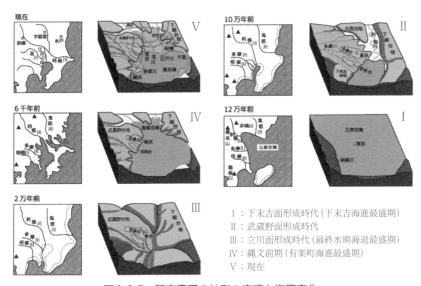

図 2-2-7　関東平野の地形の変遷と海面変化

出典：貝塚爽平 (1964)『東京の自然史』紀伊國屋書店、p.120 の図をもとに筆者が作成。

　　積作用に変わり、海面近くでは入り江が、内陸部では湿地が埋め立てら
　　れて、沖積低地を作りました。その意味では、災害に対してぜい弱な低
　　地の地形も、海が造ったことになります。

[7] 気温と海洋の pH、海水面のこれまでの将来予想を、**図 2-2-8** に示しま
　　す。IPCC（気候変動政府間パネル）は、将来の気候を RCP の 4 つのシナリ
　　オで示しています。RCP とは、代表的濃度経路 (Representative Concentration
　　Pathways) の略で、産業革命以降に人為的に排出された温室効果ガスが
　　1 ㎡あたり何ワット（W/㎡）の温室効果（放射強制力）を追加するかを表
　　しています。現在、地球は平均して 340W/㎡の太陽放射を受けており、
　　自然の大気も温室効果をもっています（そのため地表は平均 15℃に維持さ
　　れている）。化石燃料の燃焼などによって排出された二酸化炭素などに
　　よって、RCP2.6 は +2.6W/㎡の温室効果が加えられる（二酸化炭素換算の
　　温室効果ガス濃度は 450ppm まで増加、気温上昇は産業革命前に比べて今世紀
　　末に 1.5℃に抑制、海面上昇は +43cm）ことを、RCP8.5 は +8.5W/㎡の温室
　　効果が加えられる（二酸化炭素換算の温室効果ガス濃度は 900ppm まで増加し

54

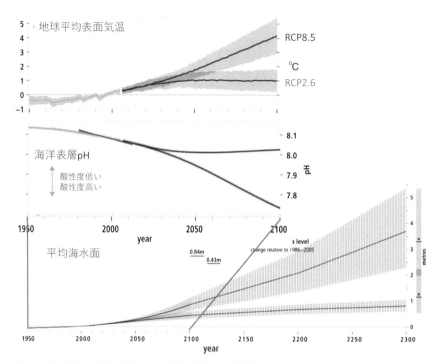

図 2-2-8　地球の平均気温 (℃)、海洋表層 pH、平均海水面 (m) の、これまでと将来予想

※ 1986-2005 年を 0 とする。茶色はモデルによる、紫は観測による、過去の変化。赤は RCP8.5、青は
RCP2.6 による将来予想（RCP については本文参照）。気温変化と pH は 2100 年までの、海面上昇は
2300 年までの予想を示しているのは、今世紀、二酸化炭素上昇と気温上昇が頭打ちになっても、海面
上昇は数世紀後まで続くため。IPCC(2019) 気候変化における海洋・雪氷圏特別報告書 SPM1 より抜粋。

て、気温は 4℃ほど上昇、海面上昇は +84cm）ことを示しています。RCP2.6
は温室効果を最大限抑制した場合、RCP8.5 はこのまま毎年化石燃料の
燃焼を拡大して、温暖化がもっとも進む最悪のシナリオに対応してい
ます。授業では，豆電球を使って温室効果を実感させることができま
す。0.3A の豆電球を 1.5V の電池で点灯すると 0.45W になります。つま
り、RCP2.6 は 1 ㎡ にこの豆電球を 5.8 個、RCP8.5 では 18.9 個の豆電球
がともす温室効果があるということです。あらかじめ教室の面積を調べ
ておいて、教室全体にそれぞれいくつの豆電球がともすのかを計算さ
せるとよいでしょう。たとえば、60 ㎡の教室なら RCP2.6 のとき 348 個、

RCP8.5 のとき 1134 個となります。

おわりに

　忍岡小学校の防災授業では、不忍池につながる根津の谷が低地で、洪水や地震に対してぜい弱であることを説明したところ、児童たちは口々に「うちは台地の上だから安心だ」「えっ、うちは低地だからやばいよ」という発言が上がった。また、日本が気象災害だけでなく、地震・津波など、世界でもっとも自然災害の多い国土であることを教えると、児童たちからは「じゃあ、先生、どこに住んだらよいんでしょうか」と質問を受けた。どちらの問いにも、私は答えることができなかった。日本にはどこも安全なところはない、でもそうした災害を乗り越えて、日本人は文化を創ってきたというのも答えのひとつではないだろうか。

　気象庁も研究者も、「地球温暖化予測」という言葉を使うが、「予測」の英訳は「prediction」だろう。しかし地球温暖化予測をしている IPCC の報告書を検索すると、「prediction」という単語をほとんど使っていない。将来について使っているのは「projection」である。「projection」は、スクリーンに映像を映写する「プロジェクター」で分かるように、「現在の状態を変えることによって、将来も変えることができる」というメッセージが含まれている。しかし、日本語では、これに対応する「projection」の訳がない。かといって「予想」と訳してしまうと、競馬の予想のようなあやふやな訳語になってしまうことを怖れて、科学的な根拠に基づくという意味を込めて地球温暖化「予測」という訳語を与えている。だが、この訳は、将来は科学的に決まっていて、変えることはできないという誤解を生んでしまっているのではないか。

　将来を決めるのは、私たちと、まさにあなたたちである。唯一の正しい答えを、教師ももっていないというメッセージを、生徒たちに伝えることが教育なのではないかと、私は思っている。現場での実践を積んで、児童や生徒たちからフィードバックをもらうとともに、本節を読まれた教師の皆さんが地球温暖化や災害の授業をする中で、受けたフィードバック、学ばれたことがらを、皆さんと共有ができることを期待している。

3　海の地球温暖化問題とは？　　　　　　　　　　　　丹羽淑博

〈概要〉

　地球温暖化は私たちが生活する陸上の問題だけでなく、海洋とも密接なつ
ながりを持っている。本節では海洋と地球温暖化の関係、特に、地球温暖化
によって生じる海洋の危機について解説する。その上で、海洋の温暖化問題
をテーマに学校の授業で行った簡単な実験やパソコン実習の内容について紹
介する。

地球温暖化の現状

　地球温暖化は、18世紀後半の産業革命以降、人間が石油や石炭など化石
燃料を大量に燃やして大気中に二酸化炭素 CO_2 を排出し、それが持つ温室
効果によって地面が暖められることによって生じるものである（日本気象学
会・地球環境問題委員会, 2014）。**図 2-3-1** は極域の氷床に閉じ込められた空気
から復元した過去1万年の CO_2 濃度の変化である（IPCC, 2004）。近年の CO_2
濃度がいかに急激なペースで上昇しているかがよく分かる。CO_2 濃度は 2016
年に 400ppm を突破し、現在（2019年）もペースを変えず上昇を続けている（気
象庁, 2019a）。現在の CO_2 濃度は過去 80 万年で最も高いレベルにある。さらに、
CO_2 濃度の上昇速度に関しては、少なくとも過去3億年にさかのぼっても前
例がなく、地球史的に見ても異常な事態になっている（Hönish et al., 2012）[補注]。

　図 2-3-2 は 1890 年から現在までの全世界で平均した地上気温の変化を示
している。気温は年ごとに変動するが、そこに重なって直線的に上昇する長
期的なトレンドが地球温暖化のシグナルを表している。地球温暖化によっ
て産業革命から現在まで世界平均気温は約 1℃ 上昇した。地球温暖化シミュ
レーションの結果によると、これからも化石燃料に依存した経済活動が続い
て CO_2 排出が増加し続けると（RCP8.5 シナリオ（海洋政策研究所, 2019a））、現在
の子どもたちが老人になる今世紀末には世界平均気温が産業革命以前の状態
に比べ 5℃ 近くも上昇すると予測されている（図 2-3-4 (a) の赤線グラフに対応）。

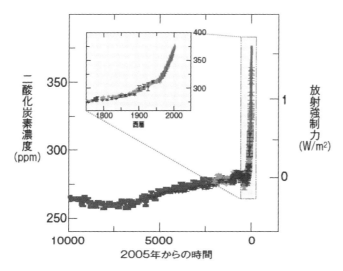

図 2-3-1　過去 10000 年の大気中の二酸化炭素 CO_2 濃度の変化

※挿入グラフは西暦 1750 年以後の CO_2 濃度の変化を拡大したもの。赤色印は大気の直接観測データ、それ以外は氷床コアに閉じ込められた気泡から推定したデータ。

出典：IPCC 第 4 次評価報告書 (https://www.data.jma.go.jp/cpdinfo/ipcc/ar4/ipcc_ar4_wg1_spm_Jpn.pdf) から引用。

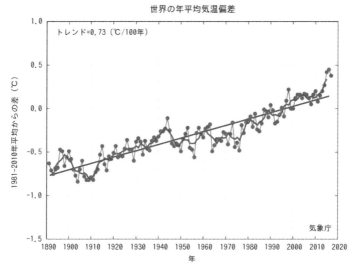

図 2-3-2　1890 年から現在までの世界平均気温の変化（細線）

※ 1981 ～ 2010 年の 30 年平均からの 偏差を示す。青線は 5 年移動平均、赤線は長期変化傾向を表す。

出典：気象庁 HP(https://www.data.jma.go.jp/cpdinfo/temp/an_wld.html) から引用。

このような急激な温暖化を回避するため、2015 年に日本を含む世界 175 カ国の間で「パリ協定」と呼ばれる約束が結ばれた。この協定では、先進国・発展途上国によらず全ての締約国が CO_2 排出量を厳しく制限し、さらに森林などの CO_2 吸収源を増やすことで、今世紀後半までに実質的な CO_2 排出量をゼロにして、世界平均気温の上昇を産業革命以前に比べ +2℃より低く保ちつつ、さらに +1.5℃以内に抑える努力を追求することが求められている。

(補注) 高校の地学基礎でも習うように、大気中の CO_2 濃度は長い地球史を通じて大きく変化してきた。例えば、巨大な恐竜が存在した白亜紀（約 1 億 4500 万年〜 6600 万年前）では CO_2 濃度が現在の 4 倍〜 8 倍もあり、平均気温も 10℃以上も高かったと推測されている（田近, 2011）。ただし、このような時代でも CO_2 濃度は数千年〜数百万年の長い時間をかけてゆっくり変化しており（日本海洋学会, 2017）、それと比較すると、現在の約 100 年の時間スケールでの CO_2 濃度の急速な上昇は地球史的に見ても特異なものになっている。

海洋が地球温暖化に与える影響

海洋がたたえている大量の水には、物質を溶かし、熱を吸収して蓄積する能力がある。そのため、海洋は地球温暖化に二つの面で大きな影響を与えている。

一つ目は、熱の吸収源としての役割である。地球温暖化によって地球全体に蓄積された熱の実に約 9 割もが海洋によって吸収されていると推測されている（気象庁, 2019b）。地球温暖化とは大部分が海洋の温暖化だと言える。過去 40 年間で表層から深層まで海洋全体で平均した水温は約 0.037℃上昇した（IPCC, 2007）。わずかな水温上昇に思えるが、海洋全体の熱容量（海洋全体の水温を 1℃上げるのに必要な熱量）が大気全体の熱容量の約 1050 倍にもなることに注意すべきである[補注]。このことは、もし海洋が熱を吸収しなければ、大気の温度が 0.037℃× 1050=38.85℃も上昇することを意味している。いかに海洋が大量の熱を吸収して陸上の温暖化をやわらげていることが分かる。

二つ目は、大気中の CO_2 の吸収源としての役割である。炭酸水の例からも分かるように水は CO_2 をよく溶かすことができる。海洋は陸上の森林と共に CO_2 の主要な吸収源となっており、化石燃料の燃焼や、森林伐採や焼

畑農業など土地利用の変化によって人為的に放出された CO_2 の約 25% が海洋によって吸収されている (気象庁, 2019c)。もし、海洋が CO_2 を吸収しなければ大気中の CO_2 濃度はもっと高くなり、地球温暖化がさらに早く進むことになる。

> **(補注)** 海洋が大気に比べ熱容量が大きいのは、第一に海全体の海水の質量が大気全体の空気の質量の約 260 倍あることに起因している。これは 1 気圧 (= 面積 $1m^2$ あたりの大気の空気の重量) が水深 10m の海水の水圧にほぼ対応すること、海洋の平均水深が約 3700m あり海洋が地球の 71% の面積を占めることから計算できる。さらに、海水の比熱 (海水 1kg を 1℃ あげるのに必要な熱量) が空気の比熱の約 4 倍あること、すなわち、同じ質量の海水が空気より約 4 倍暖まりにくい効果も効いている。この二つの効果が掛け合わさることで、海洋の熱容量は大気に比べ約 1050 倍も大きくなっている。

地球温暖化が海洋に与える危機

上で述べたように、海洋は地球温暖化の効果をやわらげるクッションの役割をはたすことで、私たちが陸上で生活することを可能にしている。しかしながら、その代償として、海洋環境が世界規模で変質し海洋生態系がむしばまれつつあることが、最近認識されるようになってきた。IPCC (国連気候変動に関する政府間パネル) も 2019 年に海洋の変化に特化した初めての報告書を公表している (IPCC, 2019)。

図 2-3-3 は大気中の CO_2 濃度の上昇に伴って生じる様々な海洋の変化である。さらに、**図 2-3-4** には IPCC がまとめた海洋の様々な指標の変化とその将来予測を示している。図 2-3-3 に示した「海洋温暖化」「海洋貧酸素化」「海洋酸性化」の三つが海洋の危機のキーワードになるものであり、海洋の三大ストレスや死のトリオなどと呼ばれている。地球温暖化によって海洋は単にゆっくり一様に暖まるのではなく、これらトリオが複合的に作用することで海洋生態系に深刻な影響を与えつつある。以下にそれぞれ三つのキーワードについて簡単に説明する。さらに詳しい説明は日本海洋学会 (2017) を参照してほしい。

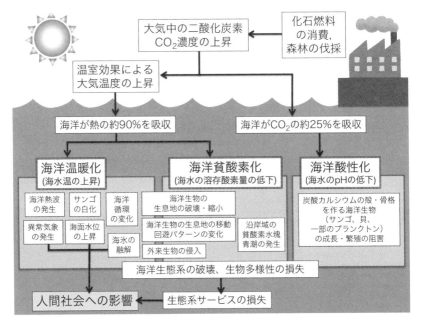

図 2-3-3　大気中の二酸化炭素濃度の上昇によって引き起こされる様々な海洋の変化

1）海洋温暖化

　大気の熱は海面を通して海に吸収されるため、海洋の温暖化のシグナルは海面付近にもっとも強く表れる。図 2-3-4 (a) は全世界で平均した地表の気温の変化、図 2-3-4 (b) は海表面の水温の変化を示している。黄色線のグラフが1950 年から現在までの変化を表し、赤色線のグラフが CO_2 排出を制限しない場合（RCP8.5 シナリオ）の 2100 年までの予測、青色線のグラフがパリ協定の求める様な厳しい CO_2 排出制限をした場合（RCP2.6 シナリオ）の予測を示している。海面水温（図 2-3-4 (b)）も地上気温（図 2-3-4 (a)）と同様の上昇推移をたどることが分かる。ただし、海面水温の上昇は気温に比べると小さくなっている。これは海面で吸収される熱が、海面付近にとどまらず海洋の内部へと徐々に浸透していくためである。このことは、図 2-3-4 (d) が示すように、海洋の内部に蓄積される熱量が上昇していることからも分かる。

　第 2 章 2 節で茅根が論じているように、海面水温が上昇すると海水の蒸発が活発になり、それに伴い、台風が巨大化したり集中豪雨が激化したりする

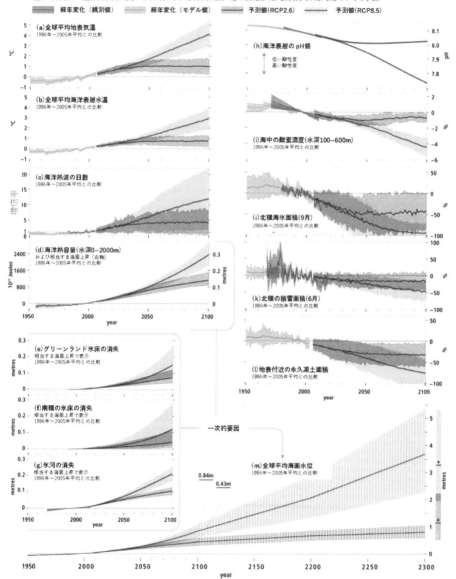

図 2-3-4　海洋と雪氷圏に関する様々な指標の 1950 年から現在までの変化と今後の予測

出典：IPCC Special Report on the Ocean and Cryosphere in Changing Climate(https://www.ipcc.ch/srocc/) から引用した図を海洋政策研究所が訳したものを示す。

など極端な異常気象が多発して深刻な被害が生じる。また、第4項で説明するように、海洋温暖化は海面水位の上昇や北極海の海氷融解を引き起こすことでも、人間社会に大きな影響を与える。

海水温の上昇はわずかな変化であっても海洋生物に大きな影響を与える。これは海洋生物の大部分が変温動物で水温の変化に敏感なこと、さらに海中には陸上とは異なり日影や洞窟のような暑さをしのげる場所がないためである。一般に、地球温暖化によって生物の生息分布は高緯度方向にシフトする。陸上生物の生息分布は10年間で平均約6kmのペースで高緯度側に移動していることが示されている。それに対して、大西洋や北海での調査により貝やヒトデなど潮間帯の生物や底生魚の生息域が10年間で約50kmと陸上生物よりずっと早いペースで移動していることが報告されている（高柳 2009）。また、サンマやサケなどの回遊魚の回遊パターンや漁場の位置が、温暖化に伴う水温変化によって大きく変化すると予測されている（水産総合研究センター, 2009）。

海洋生物は海水温が短時間に急激に変化するととりわけ大きなストレスを受ける。これに関して、最近「海洋熱波」と呼ばれる現象が注目されている（海洋政策研究所, 2019b; Hobday et al., 2016）。海洋熱波とは、海洋表層の水温が平年値に比べ数日以上にわたって異常な高温になる現象である。この海洋熱波が世界各所で発生して、サンゴの白化、沿岸生物の大量死、海中のケルプの森の喪失、海洋動物の移動、漁獲量の減少などが引き起こされている（Welch, 2016）。海洋熱波の発生回数は過去30年で倍増した（Frölicher et al., 2018）。図2-3-4 (c) が示すように、海洋温暖化が進行すると、海洋熱波の発生日数がさらに増えると予測されている。

2) 海洋貧酸素化

海洋貧酸素化とは、文字どおり、海洋に溶け込んでいる溶存酸素量が減少して、海洋生物が呼吸する酸素に貧するようになる現象である。海洋中の酸素も熱と同じく海面から海に溶け込み、海洋内部に徐々に浸透していく。海洋貧酸素化の要因は、地球温暖化による水温上昇によって海水に溶け込むこ

とができる酸素濃度の上限（= 飽和酸素濃度）が減少するためである。もう一つの要因は、表層の海水温が上昇すると、海洋全体が低密度な海水によってフタをされた様な状態（海洋成層の強化）になり、それによって鉛直方向の混合が抑制されて海洋内部への酸素の浸透が弱くなるためである。

　図 2-3-4（i）は、海洋の内部領域で平均した溶存酸素濃度の変化を示している。海洋中の溶存酸素濃度は過去 50 年間に約 2% 減少し、今世紀末までに温暖化の進行に依存して 0.6% ～ 3.9% 減少すると予測されている。一見小さな数字に思えるが、この海洋貧酸素化によって海洋生物が酸欠で生息できない領域が大きく拡大しつつある。**図 2-3-5** は水深 200m で酸素濃度が 70 μ mol/kg 以下になる領域を示している。溶存酸素濃度が 60 μ mol/kg を下回ると、魚類や甲殻類の生存に支障が現れると言われているため、図 2-3-5 に示した領域は海洋生物がぎりぎり生存できるかどうかの境界に対応する。図 2-3-5 の貧酸素領域の面積が、過去 50 年間に 450 万平方 km 拡大した（Breitburg et al., 2018）。この拡大面積は EU の面積とほぼ同じ大きさ、日本の面積の 11

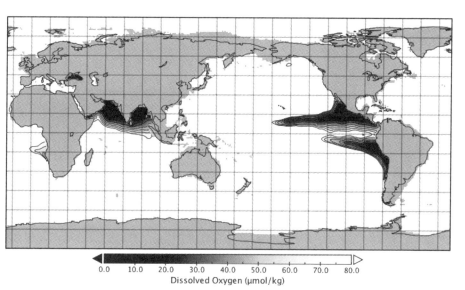

図 2-3-5　水深 200m における溶存酸素濃度の全球分布

※ 70 μ mol/kg 以下の貧酸素領域のみを表示。
出典：World Ocean Atlas 2018(https://www.nodc.noaa.gov/OC5/woa18/) のデータから作成。

倍にも対応する。また、同期間に貧酸素領域は鉛直方向にも厚みも増して、体積が4倍になったと推測されている。

　図2-3-5の貧酸素領域が東太平洋の南米ペルー沖に広がっているが、この海域は世界有数の漁業生産力が高い海域であり、そこで獲れるアンチョベータ（カタクチイワシ）は重要な動物性タンパク源として世界中で利用されている。海洋貧酸素化が進行することで、このアンチョベータ漁に深刻な影響がでることが懸念されている。

　一方、日本近海の北西太平洋については、貧酸素水領域が水深500m以下の深い場所にあるため海洋生態系への影響は比較的小さいと考えられている。しかしながら、北海道沖や三陸沖で獲れるタラが、貧酸素領域の上昇に合わせて生息水深を浅い場所に移動させていることが報告されている（Gilly et al., 2013）。

　それに対して、日本海では状況が深刻になる可能性がある。日本海には、そもそも水深2000mを超える深層にまで高酸素濃度の海水が存在している。これは酸素を豊富に含む表層海水が、冬季にウラジオストク沖で強く冷却されて密度が重くなり深層にまで沈降するためである。近年、この対流循環が地球温暖化によって弱まりつつあり、それに伴い日本海深層の溶存酸素が急速なピッチで減少していることが捉えられている（蒲生, 2016, 2019）。このままの状態が続くと、100年後には無酸素状態になってしまうことが心配されている。

　さらに海洋貧酸素化は、人間の生活圏に近い沿岸海域でも問題になっている。沿岸海域では、人口増加や温暖化による降水量の増加によって生活排水や肥料を含む栄養豊富な河川水の流入が増え、その結果、植物プランクトンが異常発生し、その死骸を微生物が分解するのに酸素が大量に消費されるため貧酸素水塊が発生する。**図2-3-6**の丸印は沿岸域の貧酸素水塊の発生箇所を示している。現在、全世界の500カ所以上の沿岸域で貧酸素水塊が確認されており、その数は1950年代から10倍以上に増加した（Breitburg et al., 2018）。

　日本でも都市に隣接する多くの内湾で夏季を中心に貧酸素水塊が発生する。特に、東京湾、三河湾、大阪湾では貧酸素化が進行し酸素がほとんどない無

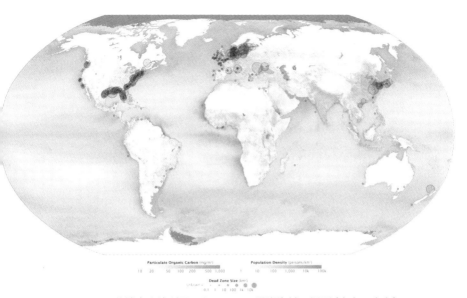

図 2-3-6　貧酸素水塊が見つかっている沿岸海域の場所（赤丸、青丸）

※赤丸の大きさは貧酸素水塊の規模を表す。小さな青丸は規模が不明な貧酸素水塊の場所を示す。
出典：Wikipedia"貧酸素水塊"(https://ja.wikipedia.org/wiki/ 貧酸素水塊) から引用。

図 2-3-7　東京湾（千葉県幕張付近）で発生した青潮

※無酸素水塊が風の作用で岸近くの表層に引き上げられ、そこに含まれる硫化水素と大気の酸素が反応
　すると海が青白く変色する。

66

酸素水塊が形成され、それが海岸に湧昇すると起きる「青潮」現象（図 2-3-7）が毎年発生している。

沿岸域で貧酸素状態が長く続くと、沿岸漁業に大きなダメージを与える。東京湾や三河湾では青潮の発生によって、アサリなどの貝類の大量死が起きている。さらに、海洋貧酸素化によって生態系の構成メンバーも急速に変化する。例えば、東京湾では低酸素環境に比較的強い耐性をもつ北米大陸原産の外来種であるホンビノス貝が 1998 年に発見され、それが爆発的に増えて数年間で定着し、現在ではアサリに代わる地元漁師の重要な漁獲対象として白ハマグリなどと名付けて販売されている（山本, 2015）。

3）海洋酸性化

前述のように、人間が大気に排出した CO_2 の約 25% は海洋によって吸収されている。海洋酸性化とは、人為起源 CO_2 の吸収により海水の CO_2 濃度が上がり、それに伴い海水の酸性度が強くなる現象である。CO_2 の温室効果とは関係なく CO_2 の化学的作用によってもたらされる現象で、もう一つの CO_2 問題として 2000 年代中頃から急速に関心が高まっている（Doney et al., 2009）。

中学校 3 年の理科で習うように、水溶液の酸性度は水素イオン（H^+）の濃度で決まり、その大きさは水素イオン指数 pH で表される。食塩水（塩化ナトリウム NaCl 水溶液）は中性（pH=7）だが、海水には塩化ナトリウムの他にも様々な成分が溶けているため pH が 8 程度の弱いアルカリ性を示す。図 2-3-4（h）は全世界で平均した海表面の海水の pH の変化である。1950 年から現在までに pH は約 8.15 から 0.1 程度低下した。CO_2 排出がそのまま続くと（RCP8.5 シナリオ）、今世紀末に pH はさらに 0.3 程度低下すると予測されている。海洋酸性化で、弱アルカリ性の海水がいきなり酸性（pH<7）になるわけではないので注意が必要である。pH の 0.1 〜 0.3 の低下はわずかに見えるが、pH は対数スケールなので H^+ 濃度にすると約 1.25 倍〜 2 倍もの増加に相当することにも注意が必要である。

海洋酸性化が進行すると、**図 2-3-8** に例示したような、炭酸カルシウム

炭酸カルシウムを形成する海洋生物

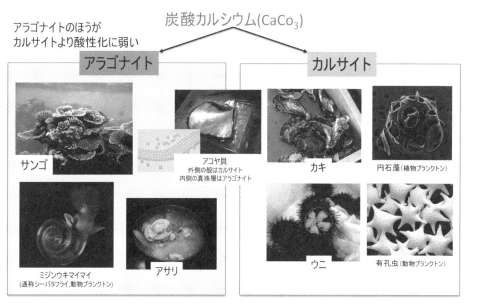

炭酸カルシウム(CaCo₃)

アラゴナイトのほうが
カルサイトより酸性化に弱い

アラゴナイト　　　　　　　**カルサイト**

サンゴ

アコヤ貝
外側の殻はカルサイト
内側の真珠層はアラゴナイト

カキ　　円石藻(植物プランクトン)

ミジンウキマイマイ
(通称シーバタフライ,動物プランクトン)　アサリ

ウニ　　有孔虫(動物プランクトン)

図 2-3-8　海洋酸性化の影響を受ける炭酸カルシウムの殻や骨格を持つ海洋生物の例
※海洋生物が形成する 炭酸カルシウムには結晶形の違いによりアラゴナイトとカルサイトの二種類があり、アラゴナイトのほうが溶けやすく酸性化に弱い。

（CaCO₃）の殻や骨格を作る海洋生物、サンゴ、貝、ウニ、一部の植物プランクトンや動物プランクトンなどが真っ先に影響を受ける（Kolbert, 2011）。これは海水の pH が低下すると、海水中のカルシウムイオン（Ca^{2+}）と結合する炭酸イオン（CO_3^{2-}）の濃度が減少して、炭酸カルシウムの殻や骨格の形成が難しくなるためである(補注)。海洋生物が作る炭酸カルシウムにはアラゴナイトとカルサイトと呼ばれる結晶構造が異なる二つのタイプがあり（図2-3-8)、アラゴナイトの方が溶けやすく酸性化の影響を強く受けることが知られている。
　炭酸カルシウムの形成のしにくさを表す指標に、炭酸カルシウム飽和度Ωがある（蒲生, 2014）。Ωが小さいほど炭酸カルシウムの形成が難しくなり、Ωが 1 未満（Ω <1）になると未飽和になって殻や骨格の溶解が始まる。**図 2-3-9**は現在のアラゴナイトの炭酸カルシウム飽和度Ωの全球分布を示している（海洋政策研究所, 2019b; Feely et al., 2009）。北極と南極の周辺が最も酸性化が進ん

でおり、この海域では飽和度Ωが1未満の未飽和に近い状態（赤色トーンの領域）になっている。これは、炭酸水の気が温度が上がると抜けることからも分かるように、水温が低いほどCO_2が海水に溶けやすいためである。さらに、極域では氷床や海氷の融解により（北極域では河川流入にもよって）淡水が流入して、pHが低下すると共にカルシウムイオン（Ca^{2+}）と炭酸イオン（CO_3^{2-}）の濃度が減少するという要因も重なっている。二酸化炭素排出が現状のペースで続けば、今世紀末には炭酸カルシウムが未飽和状態に近い海域が北海道沖合にまで拡大してくることが予測されている（海洋政策研究所、2019c）。

　海洋酸性化の問題が顕在化した例に、太平洋をはさんで日本の対岸にあるアメリカ西海岸のオレゴン州とワシントン州で2005年から数年間に渡って発生した養殖用カキの稚貝の大量死がある（Washington State Blue Ribbon Panel on

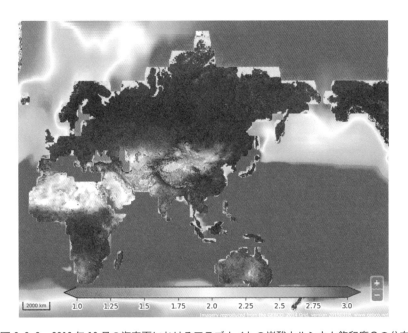

図 2-3-9　2019年10月の海表面におけるアラゴナイトの炭酸カルシウム飽和度Ωの分布

※ 海洋研究開発機構地球システムモデル「MIROC_ESM」の結果を示す。赤色の領域が、炭酸カルシウムが形成されないΩが未飽和（Ω <1）の状態に近い領域を表す。

出典：海洋政策研究所・海洋危機ウォッチ から引用。

Ocean Acidication, 2012）。この事件は、深海にある pH の低い海水が風の作用で沿岸域にまで湧昇して脆弱なカキの幼生の成長を阻害して引き起こされたことが明らかになっている（Feely et al., 2008）。

さらに、海洋酸性化の危機の象徴としてよく取り上げられる存在にミジンウキマイマイ、通称シーバタフライ（海の蝶）がある（図 2-3-8）（Kintish, 2014）。全長数 mm 程度の動物プランクトンで、カタツムリのような形の殻を持っており、殻から出した翼を蝶のように動かして海中を泳ぐためシーバタフライと呼ばれている。シーバタフライの殻は薄いアラゴナイトからできており、同じプランクトンでもカルサイトの殻を持つ有孔虫や円石藻（図 2-3-8）よりも酸性化の影響を強くうける。実際、**図 2-3-10** の写真が示すように、今世紀末の環境に合わせた pH が低い海水にシーバタフライの殻を浸すと薄い殻が溶けて 45 日後にはほとんど消滅してしまう。現実の海洋でも酸性化が進行している北極域、南極域、カリフォルニア沖で採集された生きたシーバタフライの中に殻が溶解して変形した個体が多く見つかっている（JAMSTEC, 2016; Bendnaršek et al., 2012, 2014）。

シーバタフライは極域から亜寒帯に広く存在し、海洋生態系の食物連鎖を支える重要な役割を担っている。特に、シーバタフライは重要な水産資源であるサケやサンマやニシンが食べる主要なエサの一つになっている。さらに、極域ではクジラ、アザラシ、海鳥のエサにもなっている。また、海の天使と

図 2-3-10　ミジンウキマイマイの殻を今世紀末に予測されている pH=7.7 の海水に浸したときの、45 日間の殻の変化
※海洋酸性化により炭酸カルシウムの殻が徐々に溶けていく様子を示している。
出典：NOAA PMEL Carbon Program(https://www.pmel.noaa.gov/co2/ɔle/Pteropod+shell+experiment) から引用。

呼ばれるクリオネが唯一食べるエサであり、シーバタフライがいなくなるとクリオネも直ぐさま絶滅の危機に直面することになる (山崎, 2017)。このように海洋酸性化がシーバタフライに与える影響は、食物連鎖を通じて生態系全体に損失を引き起こし、漁業資源に変化を及ぼして人間社会を脅かすことが懸念されている。

さらにサンゴもシーバタフライと同じく酸性化に弱いアラゴナイトを形成する代表的な海洋生物である。図 2-3-9 が示すようにサンゴが生息する水温の高い温帯・熱帯域は飽和度 Ω が未飽和 ($\Omega < 1$) から遠い状況にあり大丈夫なように見えるが、サンゴは酸性化に対する耐性が弱く飽和度 Ω が 2.3 以下になると生存できないと考えられている。そのため、海洋酸性化が進むとサンゴが生息できる北限が大きく南下し、それに海洋温暖化に伴う白化現象が加わることで、今世紀後半には日本近海にサンゴが生息できる海域がなくなってしまう可能性が指摘されている (Yara et al., 2012)。

(補注) 海水に二酸化炭素 CO_2 が溶けると、**図 2-3-11** に示す 3 つのステップの反応を通じて、炭酸 H_2CO_3、炭酸水素イオン HCO_3^-、炭酸イオン CO_3^{2-} ができる (蒲生, 2014)。この反応のとき水素イオン H^+ ができるため水素イオン濃度 pH が低下し、海水が酸性化する。

現在の pH=8 程度の海水の中には、二酸化炭素 CO_2、炭酸 H_2CO_3、炭酸水素イオン HCO_3^-、炭酸イオン CO_3^{2-} が、それぞれおおよそ 1:0.001:100:10 の割合で溶けて平衡が保たれている。炭酸 H_2CO_3 は力学的に不安定なので、割合が非常に小さくなっている。**図 2-3-12** のグラフが示すように、各成分の割合は pH に依存して変化する (H_2CO_3 はごく微量なので CO_2 と合わせて示してある)。このグラフから、海洋酸性化によって CO_2 が増加して pH が低下すると、炭酸イオン CO_3^{2-} が減少することが分かる。

この変化は高校の化学で扱う pH 緩衝作用が表れたものである。緩衝作用とは pH(H^+ 濃度)が変化すると、その変化を抑えようとする作用である。酸性化によって CO_2 が増えると、図 2-3-11 の反応 (2) によって H^+ が増加するが、緩衝作用でこの H^+ の増加を抑えるために、H^+ を使う反応 (3) の逆方向の反応、

$$CO_3^{2-} + H^+ \rightarrow HCO_3^-$$

が起きる。この反応によって増加した H^+ の一部を使って CO_3^{2-} から HCO_3^- が作られるため、CO_3^{2-} が減少することになる。

海洋生物の骨格や殻を構成する主成分である炭酸カルシウム $CaCO_3$ は、炭酸

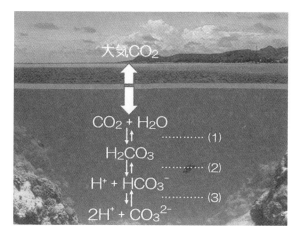

図 2-3-11　海洋酸性化に関わる化学反応

※海水中に溶け込んだ二酸化炭素（CO_2）が水（H_2O）と反応して段階的に炭酸（H_2CO_3）、炭酸水素イオン（HCO_3^-）、炭酸イオン（CO_3^{2-}）が生じる。これらの反応に伴って水素イオン（H^+）が解離して、海洋が酸性化される。

出典：気象庁 HP（https://www.data.jma.go.jp/gmd/kaiyou/db/mar_env/knowledge/oa/acidification.html）から引用。

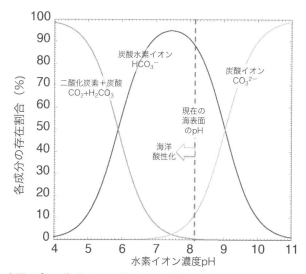

図 2-3-12　水温 25℃、塩分 35‰の海水に二酸化炭素 CO_2 が溶けたときの、二酸化炭素＋炭酸 ($CO_2+H_2CO_3$)、炭酸水素イオン (HCO_3^-)、炭酸イオン (CO_3^{2-}) の存在割合の pH 依存性

※破線は現在の海表面の 海水の平均的な pH の値を示す。

イオン CO_3^{2-} とカルシウムイオン Ca^{2+} とが反応して作られる。

$$Ca^{2+} + CO_3^{2-} \rightarrow CaCO_3$$

カルシウムイオン Ca^{2+} は塩分の要素の一つとして海水中に豊富に存在するため、海洋酸性化により炭酸イオン CO_3^{2-} が減少すると、炭酸カルシウム $CaCO_3$ が生成しにくくなる。

学校での授業実践例

海洋の温暖化問題をテーマに、小学校 6 年生を対象にして、地球温暖化に伴う海面水位上昇と海洋酸性化の現象を簡単な実験を行い調べる授業を実施した。さらに、中等教育学校 4 年生(高校 1 年生に相当)を対象に、温暖化による海氷融解をパソコンを使ったデータ解析で調べる授業を行った。本項では授業で扱った海面水位上昇と海氷融解の現象を説明した上で、それぞれの授業の内容について紹介する。

1) 地球温暖化による海面水位上昇

地球温暖化が引き起こす危機の中で、特に海面水位の上昇は人間社会に直接影響を与える非常に大きな問題である。小学校 6 年社会科で扱うように、南太平洋のキリバスやツバルなどの島嶼国では、海面水位上昇によって国土の大部分が失われて将来人が住めなくなってしまうことが問題になっている。日本でも日本最南端の沖ノ鳥島 (**図 2-3-13**) が水没することが心配されている。さらに、人口が集中する沿岸域では、海面水位上昇に伴って台風による高潮や地震津波など突発的な水位変動による自然災害のリスクが非常に高くなる。これまで 100 年に 1 度のレベルで発生していた顕著な高潮災害が、今世紀半ばから末には毎年発生するようになる可能性も指摘されている (IPCC, 2019)。

海面水位の上昇の要因には、海水温の上昇による熱膨張(図 2-3-4 (d) の右軸)、グリーンランドの氷床の融解(図 2-3-4 (e))、南極大陸の氷床の融解(図 2-3-4 (f))、山岳氷河の融解(図 2-3-4 (g))がある。海面水位の変化に寄与するのは陸上にある氷床・氷河の融解であり、北極海や南極海の洋上で形成される海氷の融解は水位変化に寄与しないので注意が必要である。図 2-3-4 (d) - (g) を比較す

図 2-3-13　地球温暖化による海面水位上昇によって水没することが懸念されている日本最南端の沖ノ鳥島

ると、上記の 4 つの要因のうち海面水位の上昇への寄与が最も大きいのは熱膨張であり、山岳氷河、グリーンランド氷床、南極大陸氷床の融解と続く。

　図 2-3-4（m）は全ての要因の寄与を足した 2300 年までの海面水位の変化である。海面水位は今世紀末までに約 0.4m ～ 0.8m 上昇すると予測されている。ここで注目すべきことは、パリ協定が求める厳しい CO_2 排出制限をしても（図 2-3-4（m）青線グラフ、RCP2.6 シナリオ）、気温の上昇は止められるが（図 2-3-4（a））、海面水位の上昇は止められず 2300 年まで上昇し続けることである。これは温暖化した大気の加熱強制に対して、海洋や氷床・氷河は大きな熱容量を持つため数百年を超える長い時間スケールで応答するためである。この例からも地球温暖化が何世代にも渡って継続する問題であることが分かる。

2）海面水位上昇の実験の授業

　宮城県気仙沼市の公立小学校 6 年生の総合の学習の時間において、海洋の温暖化問題をテーマとした授業を行い、その中で海面水位上昇の実験を実施した。上述したように、海面水位上昇の主要な要因となるのが海水の熱膨張である。水の熱膨張は小学校 4 年理科の単元「ものの温度と体積」の中で既に扱っている。ただし、多くの理科の教科書では、熱膨張による水のわずか

74

な体積増加を拡大するために、丸底フラスコに細いガラス管を挿した実験装置を使っている（ガラス温度計と同じ原理）。そのため、水の熱膨張と水位上昇との関係がかえって見えにくくなっている。

そこで本授業では、シンプルに熱膨張による水面上昇を直接観察する実験を行った。図 2-3-14 に示すように、目盛り付きメスシリンダーに 10cm 程度水を入れ、それをビーカーのお湯で湯煎して、メスシリンダー内の水面位置が上昇する様子を観察するものである。わずかな水面上昇なので、タブレットのカメラで水面を拡大して観察を行う。図 2-3-15 に示すように、約 1 分間湯煎すると水面が 1mm 程度、上昇する。今回の授業ではタブレットを大型モニターに接続して、水面がゆっくり上昇する様子を全員で観察した。

この実験で大切なことは、メスシリンダーが海を表していることを、児童にしっかり認識させることである。そうすると、現実の海の水位上昇がどれ位になるのかという疑問が自然に生まれる。そこで、海の平均水深が約 4000m あることを伝えると、児童たちは 5 年算数で習う比例の概念を使って、海の水深がメスシリンダー（10cm）の 4 万倍あることから、実験で得られた

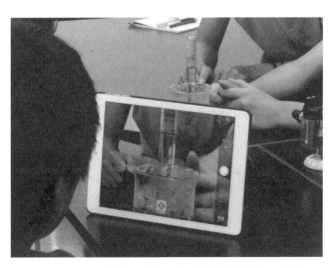

図 2-3-14　海洋温暖化による水位上昇を調べる実験

※メスシリンダーに入れた水をビーカーのお湯で暖めて、熱膨張によって水面の位置が上昇する様子を
　タブレットのカメラで拡大して観察する。

図 2-3-15　水位上昇実験の結果
※約 1 分間お湯で暖めることによって、メスシリンダーの水面の位置が 1mm（1 目盛り）程度上昇する。

約 1mm の水位上昇が海では 40m もの上昇にもなることを導きだすことができる。

　現実の海面上昇はこれよりもずっと小さいが、重要なことは、実験では気が付かないほどわずかな水位上昇が、現実の海では大きく拡大されて人間に大きな影響を及ぼすことに気がつくことである。海が何万倍も大きいことに気がついてぞっとした、という感想を述べた児童がいた。この様な感想からも、人間に比べて海洋がいかに巨大な存在なのかという児童の海洋観に変化が起きたことが示唆された。

3）海洋酸性化の実験の授業

　前目の海面水位上昇の実験と同じ授業の中で、海洋酸性化の実験も実施した。この実験では、初めに水を 1/3 程度入れたペットボトルにスプレーで CO_2 を吹き込み（図 2-3-16）、フタをして良く振るとペットボトルがへこむことを見ることで、CO_2 が水に吸収されることを確認した。その上で、ペットボトルの水に青色リトマス試験紙を浸し赤く変色することを見て、CO_2 を吸収することで水の性質が変わる（酸性化する）ことを確認した。なお、この実験では CO_2 による水溶液の性質変化を見ることを第一の目的としたので、

76

図 2-3-16　海洋酸性化の実験

出典：ペットボトルに水と二酸化炭素を入れて、フタをして振るとペットボトルが凹むことから、二酸
　　　化炭素が水に溶けることを確かめる。さらに、リトマス試験紙を使って、二酸化炭素が溶けた水が酸
　　　性化することを確認する。

弱アルカリ性の海水は使わず、準備が簡単な水道水を使用した。

　この実験自体は、小学校 6 年理科の単元「水溶液の性質」でよく行われる
一般的なものである。これまでの実験との違いは、ペットボトルの水と空
気が海洋と大気に対応すること、CO_2 注入が化石燃料の燃焼に対応すること、
ペットボトルを降ることが風や波で大気と海水が混ざることに対応すると
言った具合に、現実の現象の対応を児童にしっかり認識させながら実験を進
めたことである。授業では、この実験の後に、第 3 項で述べた海洋酸性化が
もたらす危機についての解説を行った（その中で海水が弱アルカリ性であること
についても言及した）。

4）地球温暖化による海氷融解

　地球上で温暖化が最も速いスピードで進行しているのが北極域である。**図
2-3-17** は過去 50 年間の気温の変化の全球分布である。他の地域に比べて北
極域の気温上昇が著しく高いのがよく分かる。北極域では全世界平均の 2 倍
以上の速度で温暖化が進行しており、今世紀末には北極域の平均気温は 7℃

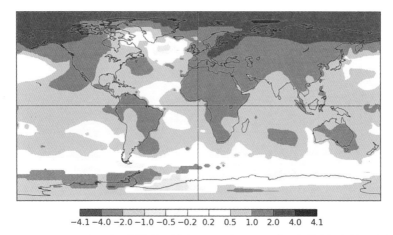

Annual J-D 2014-2018　　　L-OTI(°C) Anomaly vs 1951-1980　　　　　0.88

−4.1 −4.0 −2.0 −1.0 −0.5 −0.2 0.2 0.5 1.0 2.0 4.0 4.1

図 2-3-17　1951 〜 1980 年の平均値に対する 2014 年〜 2018 年の平均気温偏差の分布図
出典：GISS Temperature Analysis NASA (https://data.giss.nasa.gov/gistemp/maps/) から作成。

以上も上昇すると予測されている。この北極域の温暖化に伴って海氷の融解が進行している。**図 2-3-18** は 2018 年夏の北極海の海氷分布で 1981 年〜2010 年の平均分布と比べると海氷が大きく後退していることが分かる。北極海の海氷面積は 1970 年 〜1980 年代に比べて半分近くに減少した（図 2-3-4 (j)）。同様に、北極域の積雪面積（図 2-3-4 (k)）と永久凍土の面積（図 2-3-4 (l)）も減少している。

　真っ白い海氷は太陽光を効率よく反射するため気温の上昇を抑制する効果がある。さらに、海氷は海面にフタをするため海水温の上昇も防いでいる。したがって、地球温暖化によって海氷が融解し消滅すると、気温や海水温が上昇して、さらなる海氷の融解・消滅をもたらすことになる。北極域で温暖化が速いペースで進行しているのは、このような海氷融解と気温・水温の上昇とが互いに強め合う正のフィードバック作用が働いているためである。

　北極海の海氷の融解は、生態系や人間社会に大きな影響を与えている。ホッキョクグマは一生の多くを海氷上でエサをとって過ごすため、海氷融解によって生息地喪失と食糧不足の危機に直面している。生態系の頂点に位置するホッ

78

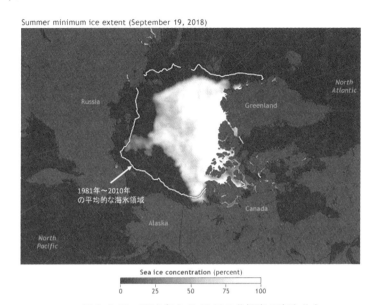

図 2-3-18　2018 年 9 月 19 日の北極海の海氷分布

※ 1 年間で最も海氷領域が減少した日の分布を表す。図の黄色線は 1981 年〜 2010 年で統計を取った 9 月 19 日の平均的な海氷領域を示す。

出典：NOAA climate.gov (https://www.climate.gov/news-features/understanding-climate/climate-change-minimum-arctic-sea-ice-extent) から引用。

キョクグマの減少は生態系全体にも大きな影響を与える可能性がある。また、海氷の融解は北極圏の先住民族で狩猟生活をするイヌイットの暮らしにも大きな影響を与える。一方で、北極海の海氷がこのまま減少を続けると、海氷に阻まれずに船舶が自由に航行できるようになるため、太平洋側と大西洋側を結ぶ新たな輸送航路（北極海航路）ができたり、海底資源や水産資源の開発ができるようになって世界経済にも大きな影響を与えると考えられている。

5) 海氷融解のデータ解析の授業

　温暖化による海氷融解をテーマにした授業を、東京都にある大学附属中等教育学校 4 年生（高校 1 年生に相当）の数学 I の単元「データの利用」において実施した。生徒の大部分にとって、この授業は現実世界の大量データをコンピュータ（PC）を用いて解析するはじめての機会となるものである。この授

業では現実世界のデータとして、1979 年～ 2009 年の 31 年間の北極と南極の
海氷面積の 5 日毎の時系列データ (データ個数約 2200) (National Snow and Ice Data
Center, 2019) を取り上げた。このデータを生徒一人ひとりが情報処理教室の
PC のエクセルを操作して処理を行った。最初に地球温暖化と海氷について
簡単な説明を行い、その上で 1 年間の海氷面積データを渡して、教員の指示
に従い、データのグラフ化と温暖化のトレンドを調べるため回帰直線を引い
た。そうすると、生徒から季節変動が大きいため 1 年間データではトレンド
を捉えるには短すぎるとの意見が出るので、そこで 30 年間の海氷面積データ
を渡して同様の解析を行った。

　図 2-3-19 は生徒が授業で作成したグラフである。予想どおり北極域の海
氷面積には明確な減少トレンドが見られる。それに対して、南極域の海氷面
積には予想に反して明確な減少が見られず、回帰直線はほんのわずかに増加
する結果が得られる。この結果を受けて、表 2-3-1 に示すように、生徒同士
の間で多様な意見の交換や試みが自発的に行われた。このように現実のデー
タを扱うことによって、主体的・対話的な学び (アクティブラーニング) が促
される様子が確認できた。

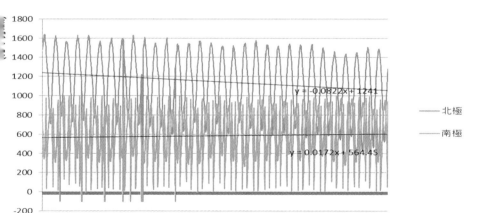

図 2-3-19　海氷融解をテーマとする授業において、生徒が作成したグラフの一例

※ 北極 (青) と南極 (赤) における 1979 年～ 2009 年の海氷面積の時系列データのグラフと回帰直線を示す。
　北極の海氷面積には明確な減少トレンドが見られるのに対して、南極の方には見られないことに注意。

80

表 2-3-1　海氷面積データの解析結果を見た生徒の意見・反応

・北極で減少、南極で増加なので、海氷面積は地球温暖化の影響を受けていないとの意見。
・北極の減少に対して南極の増加が少ないので、地球全体では海氷面積は減少しているとの意見
・5 年毎にグラフ化して回帰直線を求め、30 年間の増減が一定でないことを示した生徒もいた。
・気象庁 HP から南極と北極の気温の変化を調べる生徒もいた。
・回帰係数がどれだけ正しいか検定が必要との意見。

　この授業では現実データの解析を通じて生徒の自発的な議論を引き出し、探究的な学びを促すことを目的としていたため、なぜ南極の海氷面積に明確な減少傾向がみられないのかについて授業で詳しい解説は行わなかった。図 2-3-17 の気温偏差の分布を見ても、南極海では、北極海とは対照的に顕著な温度上昇が起きていないことが分かる。これは南極海では表層から深層に達する深い対流が起きており、地上の温暖化の熱が海洋の深層へと効率的に運ばれているためである (Stouffer and Manabe, 2018)。実際、**図 2-3-20** は 4000m 以深の深層の水温変化の分布を示しているが、南極海の水温変化が最も大きくなっている。このように南極海で熱が深層に輸送されることで、海氷の融解が抑制されるとともに、第 2 項で述べたように陸上の温暖化が大きく緩和されている。

おわりに

　地球温暖化は私たちが暮らす地上の問題にとどまらず、目に見えない海洋の中にも大きな影響を与えている。本節で説明したように、海洋の温暖化問題の危険性は、海水温が単に上昇するだけでなく、貧酸素化と酸性化とを引き起こすことで海洋生物の生存基盤を直接脅かすところにある。海洋は大気に比べ桁違いに大きな質量・熱容量を持つため、地球温暖化に対してゆっくり応答する。そのため、海洋の温暖化問題の影響は、これからさらに進行して顕在化し、長期間にわたって継続するものと予想される。海洋はあまりに大きく、問題が深刻化する前に早急に対策を行う必要がある (Lubchenco and

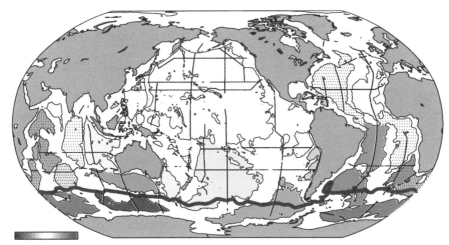

図 2-3-20　1992 年〜 2005 年における 4000m 以深の海盆ごとの温度上昇率（10 年間の温度変化）

※温度上昇率が誤差の範囲内である海盆にはドットを付けている。黒の実線は 4000m の等深線を示す。
出典：IPCC Climate Change 2013: The Physical Science Basis (https://www.ipcc.ch/report/ar5/wg1/) から引用

Gaines, 2019）。

　地球温暖化問題の解決のために、2015 年のパリ協定で CO_2 排出ゼロの脱炭素社会への移行に向けた目標が定められた。しかしながら、その実現のための具体的な方策は未だ模索段階にある。その一方、CO_2 の排出削減がなかなか進まない中、地球気候を人為的にコントロールする気候工学（ジオ・エンジニアリング）（杉山ほか、2011）への関心が高まりつつある。例えば、大気成層圏に太陽光を遮る微粒子（エアロゾル）を散布して地球を強制的に冷却することが、安価で即効性ある地球温暖化対策として注目されている。しかし、このような方法では私たちが暮らす地上の気温は下げられるが、CO_2 濃度は下がらないので海洋酸性化の改善には全く役に立たない。

　地球温暖化の問題は、これからの人類に課された最大の課題である。人間のことだけでなく海洋も含めた地球全体を考慮して対策を進めていく必要がある。そのために、私たちは、海が私たちに与える影響、私たちが海に与え

82

る影響を理解して（Alldredge et al. 2017）、地球生態系の一員として地球全体の
将来を総合的に考え行動できるようになる必要がある。このことこそが海洋
教育の真の目標だと考えられる。

参考文献・参考 Web サイト

Alldredge, A. et al.（2013）Ocean literacy-the essential principles and fundamental concepts of ocean sciences for learners of all age, http://www.coexploration.org/oceanliteracy/documents/OceanLitChart.pdf

Bendnaršek, N., G.A. Tarling, D.C.E. Bakker, S. Fielding, E.M. Jones, H.J. Venables, P. Ward, A. Kuzirian, B. Lézé, R.A. Feely and E.J. Murphy（2012）Extensive dissolution of live pteropods in the Southern Ocean, Nature Geoscience 5, 881-885.

Bendnaršek, N., R.A. Feely, J.C.P. Reum, B. Peterson, J. Menkel, S.R. Alin and B. Hales（2014）Limacina helicina shell dissolution as an indicator of declining habitat suitability owing to ocean acidication in the California Current Ecosystem, *Proceedings of the Royal Society B* 281, DOI:10.1098/rspb.2014.0123

Breitburg et al.（2019）Declining oxygen in the global ocean and coastal waters, *Science* 359, DOI: 10.1126/science.aam7240

Doney, S.C., V.J. Fabry, R.A. Freely, and J.K. Kleypas（2009）Ocean acidication-the other CO_2 problem, *Annual Review of Marine Science* 1, 169-192.

Feely, R.A., C.L. Christopher, L. Sabine, J.M. Hemandez-Ayon, D. Lanson, B. Hales（2008）Evidence for upwelling of corrosive "acidified" water onto the continental shelf, *Science* 320, 1490-1492

Feely, R.A., S.C. Doney, S.R. Cooley（2009）Ocean acidication: present conditons and fugure changes in a hign- CO_2 world, Oceanography 22, 36-47.

Frölicher, T.L., E.M. Fisher and N. Gruber（2018）Marine heatwaves under global warming, *Nature* 560, 360-364.

蒲生俊敬（編・著）（2014）『海洋地球化学』講談社 .

蒲生俊敬（2016）『日本海 その深層で起こっていること（ブルーバックス）』講談社 .

蒲生俊敬（2019）「日本海のはなし」『月刊たくさんのふしぎ』2019 年 9 月号 .

Gilly, W.F., J.M. Beman, S.Y. Litvin, and B.H. Robison（2013）Oceanographic and biological effects of shoaling of the oxygen minimum zone, *Annual Review of Marine Science* 5, 393-420.

Hobday A. J. et al.（2016）A hierarchical approach to dening marine heat waves, Progress in Oceanography 141, 227-238.

Hönisch, B. et al.（2012）The Geological record of ocean acidication, *Science* 335, 1058-1063.

IPCC（2004）IPCC 第 4 次評価報告書統合報告書政策決定者向け要約 , http://www.

env.go.jp/earth/ipcc/4th/syr_spm.pdf（最終閲覧日 2019 年 12 月 10 日）

IPCC（2007）Climate change 2007: The Physical Science Basis, https://www.ipcc.ch/site/
　　assets/uploads/2018/05/ar4_wg1_full_report-1.pdf（最終閲覧日 2019 年 12 月
　　10 日）

IPCC（2019）Special report on the ocean and cryosphere in a changing climate, https://www.
　　ipcc.ch/site/assets/uploads/sites/3/2019/11/03_SROCC_SPM_FINAL.pdf（最
　　終閲覧日 2019 年 12 月 10 日）

JAMSTEC（2016）北極海で観測された有殻翼足類（ミジンウキマイマイ）の殻溶解現
　　象, http://www.jamstec.go.jp/j/hot_pictures/?439（最終閲覧日 2019 年 12 月
　　10 日）

Lubchenco, J. and S.D. Gaines（2019）A new narrative for the ocean, *Science* 364, 911-911.

海洋政策研究所（2019a）海洋危機ウォッチ—海洋熱波—, https://www.marinecrisiswatch.
　　jp/mcwatch/archives/2019/09/-marine-heat-waves.html（最終閲覧日 2019 年 12
　　月 10 日）

海洋政策研究所（2019b）海洋危機ウォッチ—海の予測情報—, https://www.marinecrisis
　　watch.jp/mcwatch/prediction/cmip/index.html（最終閲覧日 2019 年 12 月 10 日）

Kintish, E.（2014）'Sea Butterfiies' are a canary for ocean acidication, *Science* 344, 569.

Kolbert, E.（2011）The acid sea, National Geographic April 2011 / 2011 エルザベス・コル
　　バート, 酸性化する海, ナショナル・ジオグラフィック日本版 2011 年 4
　　月号 .

気象庁（2019a）二酸化炭素濃度の経年変化, http://ds.data.jma.go.jp/ghg/kanshi/ghgp/
　　co2_trend.html（最終閲覧日 2019 年 12 月 10 日）

気象庁（2019b）海洋への熱の蓄積について, https://www.data.jma.go.jp/gmd/kaiyou/
　　data/db/climate/knowledge/glb_warm/ohc.html（最終閲覧日 2019 年 12 月 10
　　日）

気象庁（2019c）海洋の炭素循環, https://www.data.jma.go.jp/gmd/kaiyou/db/mar_env/
　　knowledge/global_co2_fiux/carbon_cycle.html（最終閲覧日 2019 年 12 月 10 日）

National Snow and Ice Data Center（2019）Sea ice data and analysis tools, https://nsidc.org/
　　arcticseaicenews/sea-ice-tools/（最終閲覧日 2019 年 12 月 10 日）

日本海洋学会（編）（2017）『海の温暖化—変わりゆく海と人間活動の影響—』朝倉書
　　店 .

日本気象学会・地球環境問題委員会（編）『地球温暖化—そのメカニズムと不確実性
　　—』朝倉書店 .

Stouffer, R.J. and S. Manabe（2017）Assessing temperature pattern projections made in 1989,
　　Nature Climate Change 7, 163-165.

杉山昌弘・西岡純・藤原正智（2011）「気候工学（ジオエンジニアリング）」『天気』58,
　　577-598.

水産総合研究センター （編著）（2009）『地球温暖化とさかな』成山堂書店 .

田近英一（2011）『大気の進化 46 億年 O_2 と CO_2』技術評論社 .

高柳和史（2009）「地球温暖化の漁業および海洋生物への影響」『地球環境』14, 223-230.

Washington State Blue Ribbon Panel on Ocean Acidification（2012）Ocean acidification: from knowledge to action, https://fortress.wa.gov/ecy/publications/documents/1201015.pdf（最終閲覧日 2019 年 12 月 10 日）

Welch, C.（2016）The Blob that cooked the Pacific, *National Geographic* September 2016 / 2016 クレイグ・ウェルチ「太平洋不吉な熱い波」『ナショナル・ジオグラフィック日本版』2016 年 9 月号 .

山本智之（2015）『海洋大異変 日本の魚食文化に迫る危機（朝日選書）』朝日新聞出版 .

山崎友資（2017）企画展「クリオネと海洋酸性化」開催について , Ocean Newsletter 401, https://www.spf.org/opri/newsletter/401_3.html（最終閲覧日 2019 年 12 月 10 日）

Yara Y., M. Vogt, M. Fuji, H. Yamamoto, C. Harui, M. Steinacher, N. Gruber, and Y. Yamamoto（2012）Ocean acidification limits temperature-induced poleward expansion of coral habitats around Japan, *Biogeosciences* 9, 4955-4968.

第3章　公共善としての海へ——呼応的な人間性
The Ocean as Res Publica: Coresponding Humanity

田中智志

〈概要〉

　本章では、現代の海洋教育の実践・情況を踏まえつつ、**ヒューマニズム批判**とともに、「**人間性とは何か**」と問う**現代の教育思想**の見地から、喫緊に必要である**海洋教育の基本理念**を示す。それは、教育の重心を、理性的主体の産出から、「**おのずから**」の呼応性を基礎にしつつ、**人間性を探究する活動**へずらし、そうすることで、海洋ガヴァナンスへの「**みずから**」の関与を、海洋リテラシーの形成に支えられながら、醸成することである。この教育は、自然科学的な知見を踏まえつつも、学習者・教育者がともに現代的な意味で「**人間的**」であること、すなわち**呼応的かつ活動的な主体**であることをめざす。私たち一人ひとりが、海洋教育をつうじて人間性の探究を心がけることで、海は「**公共善**」として把握され、海洋ガヴァナンスへの、すなわち**温暖化対策**への、**主体的関与**が生じるだろう。

1　人間性の探究としての教育

あらためて「人間性とは何か」と考える

　「人間的」(human) という言葉は何を意味するのか。いいかえれば「人間性」(humanity) はどのように定義されるのか、人の「人間性」を測るものは何か。そもそも「人間性」は定義できるのか。「人間性」をめぐるこうした問いは、古くから西洋の哲学者の関心事であった。一例を挙げれば、中世ヨーロッパのある思想家 (エックハルト) は、「人間の自然本性は、分有されたもの、すべ

ての人に等しく固有である」(humana natura commnis et aeque propria omnibus) と考えた。

「『人間性』という言葉は何を意味するのか」という問いは、哲学的問いであるだけでなく、教育学的問いでもある。教育学が説く教育は、表現の仕方はさまざまであるが、結局のところ、ある人が他者の生を支え助けること——その生をよりよくしようと考え行う支援——であり、他者をより「人間的」にしようとする営みである、といえるからである。すなわち、「よりよく生きる」ことと、「より人間的である」ことは、およそひとしい、といえるからである。

なるほど、多くの教育実践は、「社会化」や「道徳化」の諸実践として位置づけられ、そうした実践の主要な関心は、子どもたちや新しい参入者を既存の文化的・社会的な秩序に組み込むことである。しかし、教育という営みは、ただたんに既存の秩序の従僕であるのではない。少なくとも教育学が語る教育の思想・実践には、時流や趨勢に対抗する倫理的な生動性 (vitality) がふくまれてきた。そのような教育の課題・目的は、「社会化」や「道徳化」といった言葉で理解されている営みではなく、現代ヨーロッパの教育学者、ビースタ (Gert Biesta) の言葉を借りれば、「個人の人間性の涵養」(cultivation of individual's *humanity*) に向かう営みである。

近代教育思想が語る人間性

この人間性の涵養に向かう教育は、かつてビルドゥング (*Bildung*) と呼ばれた。ビルドゥングは、ドイツ語圏の近代教育思想の中心概念の一つである。日本の場合、この概念は、明治期に移入され、「陶冶」と訳され、長く用いられてきた。この概念は、「人間性とは何か」という問いに対する一つの解答であるが、その意味とともにその営みを規定している。

たとえば、18世紀後半から19世紀前半のドイツの哲学思想、すなわちカント (Immanuel Kant, 1724-1804)、ヘルダー (Johann Gottfried von Herder, 1744-1803)、ペスタロッチ (Johann Heinrich Pestalozzi, 1746-1827)、フンボルト (Friedrich Heinrich Alexander von Humboldt, 1769-1859) の哲学思想においては、ビルドゥングは、自

分の理性によって「みずから」行う自己再構成であった。つまり、「みずから」「理性的」となることが「人間的」であった。「理性」によって「みずから」行う自己再構成が「人間の自然本性」(human nature) に固有な営みである、と考えられた。

　このビルドゥングの「みずから」の理性的営みは、たとえば、カントにとっては「自由な思考」であり、この自由な思考は、人を「超越論的主体」すなわち自分以外の何かに条件づけられないで活動できる主体にする基礎であった。拡大解釈をすれば、この「自由な思考」は、自分の意思で思考し行動する人という近代的な意味の「主体」の基礎である。近代教育は、この人間の自然本性に基礎づけられつつ自律的個人としての「主体」を育成する営みであった。

　確認しておけば、この主体、すなわち人間性は、現代社会の諸制度の基礎である。たとえば、現代法の基礎概念としての「人権」も、少なくとも法概念としての「成人」も、この近代的な人間性を前提にしている。また、現代の社会通念としての「社会人」も、企業が求める「有用な人材」も、この近代的人間性をおよそ前提としている。したがって、現実の公教育 (法的に規定された学校教育) も、およそこの近代的な人間性を目的として行われてきた。

問われている近代的な人間性

　しかし、私たちは、この近代的な人間性 (＝主体性) に基礎づけられた制度の存在理由を認めつつも、そのなかにただとどまるべきではないだろう。なぜなら、この近代的な人間性は、十分に人間的ではないからである。近代的な人間性の本態である「自由な思考」が、目的合理性に大きく傾き、過大に有用性を帯びてしまい、もともとの理性 (ロゴス＝言葉) にふくまれていた呼応性が捨象されてきたからである。いいかえれば、「自己」(エゴ) を超えて他者や他のいのちの呼び声に応えるという「人間の自然本性」が看過されてきたからである。

　近代的な人間性がこの呼応性を看過していることは、ヒューマニズムが「存在」を看過していることと類同的であるといえるだろう。ドイツの哲学者、ハイデガー (Martin Heidegger, 1889-1976) は、『ヒューマニズムについての手紙』

(1947)において、ギリシア哲学に傾斜している近代のヒューマニズムは「人のフマニタス［＝人間性］を十分に気高いものとして定めていない」と述べている。ハイデガーにとって、人間の〈存在〉(Being/Sein)、すなわち人間が世界で実存することの本態は、他者と「ともに在ること」であるが、理性的主体性を重視するヒューマニズムは、人間の〈存在〉を問い求めることなく、人間をモノ化してきた、と。

　近代的な人間性の問題は、人の根源的な営みに呼応性を見いださないことであり、その結果、何らかの近代的な人間性の尺度に即して生きていない、ないし生きられない人を社会から排除してきたことである。いいかえれば、近代的な人間性の問題は、それが、共存在という人間性の事実が実際に顕現するまえに、人間性の内容を矮小化したことである。すなわち、子ども、学生、新しい参入者に〈私は何にならなければならないのか〉をあらかじめ限定してしまい、彼（女）らに〈私はだれを支えるのか〉を考える機会を与えていないことである。

　ようするに、近代的な人間性の問題は、それが、教育を社会化・道徳化に、また目的合理的な自律的個人の形成を基礎づけていることではない。なるほど、近代的な人間性が、たとえば、子どもや若者が、新しいマザー・テレサになるかもしれない、新しいネルソン・マンデラになるかもしれない、といった可能性を抑圧するかもしれない。しかし、新しいことを始める力は、そうたやすく封殺されたりしない。むしろ、近代的な人間性の問題は、それが、個々人の固有性が呼応的な共存在のなかで顕現するという事実を看過していることである。つまり、近代的な人間性の問題は、それが存在論的事実を無視していることである。

2　呼応性と人間性

「人間の終焉」のなかに立ち現れる人間性

　ここで私が提案することは、近代的な人間性から区別される、存在論的な人間性である。それは、十分に基礎づけられた人間の本質ではなく、あくま

で措定された人間の本態である。〈人間性が存立するとすれば、このような
ものではないか〉と考えるときの「このようなもの」である。この措定された
人間性は、しかし、とりあえず提案されるのではなく、人間性の認識可能性
に対する問いを真摯に受けとめつつ、提案される。すなわち〈人間は認識の
源泉であると同時に認識の対象でもありうるのか〉という根本的な問いを踏
まえつつ、提案される。

　人間性の認識可能性は、フランスの哲学者フーコー（Michel Foucault, 1926-
1984）に依れば、近代的な人間性に付きまとう、ある矛盾をともなっている。
その矛盾は、人間が、さまざまな事実のなかの一事実として現れるとともに、
すべての事実を認識する可能性を成り立たせる超越論的条件としても現れる、
という矛盾である。この矛盾を重視したフーコーは、『言葉と物』（1966）の最
後で、近代的な人間性は「波打ち際の砂に描かれた顔のように」消えるだろう、
と述べている。私はここで、フーコーのこの「人間の終焉」という予言を受
けとめつつも、まさにそのなかでこそ新たに立ち現れるだろう、存在論的な
人間性を示したい。

　この存在論的な人間性は、修行や瞑想の果てに見いだされる何らかの「終
極」ではなく、日常的実践のなかで求められる主題である。すなわち、人は
どのように生きるべきか、という問いへの答え、すなわち「生の意味」が対
立し競合し混乱しているこの世界のなかで、私たち一人ひとりが敢えて担い
考えるべき主題である。したがって、それはまた教育の主題でもある。教育
者は、新たな参入者をたんに社会化し道徳化し既存の秩序に組み込むだけで
なく、そうした営みを超えて新たな参入者一人ひとりの唯一特異性に応答す
る責任を負っているからである。

呼応性という存在論的基礎

　私が提案する存在論的な人間性は、この応答する責任に見いだされる。教
育者は、新しい参入者に応答しなければならないが、その応答は、基本的に
参入者の呼び声に応えることである。ただし、その呼び声は、かならずしも
耳に聞こえる呼び声ではない。その呼び声は、しばしば耳に聞こえない呼び

声である。教育者は、この聞こえない呼び声を「心」(mens) で聴かなければ
ならない。この心は、端的に述べれば、想像力豊かで気遣いに満ちた心である。

　他者の呼び声を心で聴くことは、広い意味で教育に携わる人の責任である。
その責任は、職務としての責任ではなく、心に迫る責めとしての責任である。
意図することなく、聞こえない声を聴いてしまい、「その声に応えなければ」
とつい思ってしまう、という責任である。この呼応の責任は、さかのぼれ
ば、1世紀のころから、原始キリスト教思想において語られてきた。たとえば、
パウロが、会ったこともないナザレのイエスの声を、荒野のなかで聴き、そ
の声に応えると、「眼からウロコのようなものが落ちた」と、語られている
ように。

　しかし、この応答の責任は、キリスト者だけが担うべき責任ではない。そ
れは、すべての私たちがすでに担っている責任である。とりわけ、新しく参
入する人の教育に携わっている人たちが、すでに担っている責任である。そ
れは、学ぶ人の「○○になりたい」「××をしたい」という欲望の声を聴くと
いう責任ではなく、彼(女)らの言葉にならない不安、苛立ち、怒りの奥底に〈よ
りよく生きたい〉という声を聴くという責任である。それは、「責任」と訳さ
れる responsibility の本来の意味、すなわち「応答可能性」(response-ability) を具
現化することである。

　意識していないが、この応答の責任をすでに担っている状態、すなわち
私たちに内在する応答可能性、いいかえれば、私たち相互の「呼応性」(co-
respondingness) が、ここで提案したい、人間性の存在論的基礎である。そして、
この呼応性は、私たちがだれかを支え助けようとするとき、「みずから」発
動させるというよりも、「おのずから」発動するといえるだろう。いいかえ
れば、呼応性が「おのずから」発動しないような教育者が、子どもたち・若
者たちにそれを「みずから」発動させることを教育することは、矛盾してい
るし危ういことだろう。

プラクシスのなかの呼応

　「おのずから」呼応する人間性は、たとえば、先にふれたドイツの哲学者、

ハイデガーが、またアメリカの哲学者、ハンナ・アレント (Hannah Arendt, 1906-75) が語る「行為」に、古い言葉を使えば「プラクシス」(praxis) に見いだされる。簡単に確認しておこう。

　プラクシスは、ヨーロッパで古くから論じられてきたギリシア語の「テオリア」(theoria 観想) ――ラテン語の「コンテンプラティオ」(contemplatio 観照) ――から、また「ポイエーシス」(poiesis 制作) ――ラテン語の「ファクトゥーラ」(factura 制作) ――から区別される概念である。それは、超越的であるテオリアでもなければ、実用的であるポイエーシスでもなく、感性的で顧慮的な営みである。ここで私は、古代ギリシアのプラクシス概念を、またハイデガー、アレントの議論を踏まえつつも、私なりにそれを、ある情況における他者に対する適切な行為であり、そうすることで、自分自身の固有性が出来する行為である、と規定しよう。

　確認しておけば、ハイデガーは、『ヒューマニズムについて』において、「行為」(Handeln) をプラクシスとして捉えなおしている、といえるだろう。彼にとって、行為は、基本的に「存在の呼び声に傾聴する」ことであり、そうすることで自分の固有性を考える営みである (GA9, WM, Hum: 313)。この「存在」は、不動の実体ではなく、「生起」(Ereignis) すなわち「出来」である。したがって、行為は、いわゆる理論／実践という区別が設けられる以前の、自己を超越する他者が出来し、その声に応答することであり、それによって自分自身の固有性に向かうことである。

　ハイデガーの思想を継ぐアレントは、1960年の『活動的な生』(英語版『人間の条件』) において、人の「行為」(Handeln) は、その人に固有なかたちで他者に対し、何か新しいことを始めること、固有なやり方で世界に対し、何か新しいものを招来することである、ととらえている。アレントはそこで、アリストテレスが「生」(bios) を「プラクシス」と形容していることを引きつつ、「行為」のもつ固有な新しさという特徴を「創始」(Anfang/begining) と形容している (VA: 116/116)。この創始としての他者・社会に対する行為を支えているのは、つきつめていえば、私は他者・社会のために何をなすべきか、という「純粋な思考」である (VA: 414/424)。

　こうしたプラクシスは、さらに当人の行う行為に応じる他者の行為を必要としている。「私」が他者の呼び声に応えて何かを始めても、その他者や他の人がそれに応じなければ、「私」のプラクシスは終わってしまうが、だれかがそれに応じることで、「私」のプラクシスは展開していく。その意味で、プラクシスは、自・他の呼応の関係が続くことである。むろん、他者の応答は、「私」に予想不可能なものであるとはかぎらない。その意味で、私たちは、自分のプラクシスの唯一の主人であり続けることはできない。しかし、その予測不可能な他者の応答が生じるという事実こそが、人びとがこの世界へ参入する条件である。

他者への応答責任が創りだす、他者と「ともに在る」世界

　この呼応性という存在論的基礎を踏まえることで、私たちは、近現代教育の通念に替わる、新しい教育の理念を提案することができる。すなわち、教育は理性的・自律的な人格の「生産」であり、教育者は人間の理性的潜在力を「解放」することを責務としている、という理解に替わる、呼応性に基礎づけられた教育の理念を提案することができる。この提案は、理性を拒否することではなく、さまざまな合理性が人間性の唯一の尺度ではないことを意味している。

　私たちが固有本来の、そして唯一特異な実存として現出するのは、私たちが他者と「ともに在る」世界においてである。この「ともに在る」世界は、いわゆる「世界」ではなく、「ともに在る」こと、すなわち実際の呼応の関係が、創りだす広がりである。この広がりは、人間が実存として現出しうるための必須の条件であるだけでなく、厄介な条件でもある。というのも、この広がりが、眼に見えないからであり、相手に対する態度次第で、消えたり現れたりするからである。職場であれ、学級であれ、家庭であれ、何らかの場所にそうした世界の広がりがあるとき、その場所には、阿吽の呼吸があり、諍いや過ちを水に流せる冗長性（心のゆとり）がある。

　こうした「ともに在る世界」のなかで行われる教育においては、教育者の役割は、技術者の工夫でも、産婆術的な手助けでもなく、篤信者の敢然であ

る。すなわち、授業研究のように、授業の仕方を作り込むことでもなければ、ソクラテスのように、学習者の誤りを問い質すことで相手の思考を洗練していくことでもなく、眼前の他者、すなわちこの世界に出来する固有本来で唯一特異な他者への応答責任を諦めず、どこまでもそれを担い続けることである。見えないこの世界は、相手のよさに向かう可能性を諦めることで、完全に消失し、二度と恢復しないだろう。

　この世界のなかで生きること、すなわち他者と「ともに在る」ことは、いわゆる「共同体」の共同性ではない。いわゆる「共同体」は、言語、思想信条、趣味趣向、地縁血縁などの共通の同一性によって構成されているが、他者と「ともに在る」ことは、同一性の有無・多寡にかかわらず、自他のラディカルな複数性と差異を受けとめつつ、「ともに在る」ことである。それは、共通性なき共同、媒介項としてのメディアをともなわない共同（commune-without-media）である。

人間性の学習ではなく、人間性の探究へ

　先に区別した「おのずから」と「みずから」の違いを確認しておこう。「おのずから」は、呼応性の性状であり、「みずから」は、先に述べたビルドゥングの性状である。「みずから」は、自分から、意図し、思惑をめぐらし、考え行うことである。そこには、「自己」が前提にされている。これに対し、「おのずから」は、まさに自然に、意図しなくても、思惑をめぐらさなくても、考え行うことを形容する言葉である。そこに「自己」は前提にされていない。

　人が生きることは、この「みずから」と「おのずから」の矛盾を生きることかもしれない。たとえば、西田幾多郎（1870-1945）が「絶対矛盾的自己同一」と呼ぶ営みは、生の本態であり、この二つの矛盾を生きることだろう。西田は、『日本文化の問題』(1940) で、「事に当たって己を尽くす」ことと「自ずから然らしめるもの」の背反性を語っている。後者は「外から自己を動かすのではなく内から動かすものでもなく、自己を包むものでなければならない」（西全 12, 日文：369）。前者は「みずから」、後者は「おのずから」と見なせるだろう。この背反性を生きることは「回避すべからざる行為の問題」をともな

94

い、その問題は「概念的思惟を越えたものである」（西全12, 日文：369）。つまり、正答のない問いである（なお、竹内 (2010) は、この「おのずから」と「みずから」を基礎概念としつつ、日本的思想の可能性を論じている）。

　ともあれ、「おのずから」という人間性の性状を踏まえるなら、「おのずから」の呼応性は、いわゆる「教育内容」「リテラシー」ではありえない。すなわち、何らかの教科のなかの何らかの単元に位置づけられた価値規範・知識技能ではない。「おのずから」の呼応性は、命題化された価値規範、方法化された知識技能としてのそれではなく、何らかの具体的な情況において実際に自分が「おのずから」人間的であること (*naturally* being human) それ自体である。それは、真摯な想いとともに「人間的」と形容されうる営みを、具体的な活動——たとえば、苦しんでいる見ず知らずの人に思わず声をかけ、手を差し伸べること、捨てられたイヌやネコを無視できず、家に連れ帰ること、他人の苦境を見て見ぬふりをする自分をふりかえること、愛玩のためだけに生きものを飼う（買う）自分を疑うことなど——のなかで、探究し続けることである。

　ようするに、呼応性は、価値規範・知識技能として学習される内容ではなく、理想・目標がないままに探究されることである。この探究は、過去の哲学思想の歴史を繙くことでも可能であるが、先に例示したように、具体的な生活場面でも、もちろん可能である。そうした探究は、意図せざる結果として二酸化炭素を排出し、温暖化を引き起こし、その結果、死滅に追いやられた生きものの声を聴くことに通じていくだろう。脱炭素化社会に向かうために大量生産・大量消費の行動を批判し抑制することは、こうした呼応性に裏打ちされてこそ、具体化されるだろう。

　こうした知識の学習と人間性の探究の区別を、海洋リテラシーについても、試みてみよう。

3　海洋リテラシーによる教育

海洋リテラシーについて

　「海洋リテラシー」(ocean literacy) は、厳密には定義されていないが、字義ど

おり理解するなら、海洋にかんするリテラシーすなわち知見である。その知見は、大きく二つに分けられる。一つは、実在としての海洋（地表の 70 ％を占めること、海水から構成されること、潮汐・海流・深層大循環・物質循環などの物理現象を示すこと、など）であり、もう一つは、海洋のさまざまなはたらき（たとえば、水の循環の中心を占めること、気象気候を大きく規定すること、人間をふくむ生命の生存環境であること、生物多様性や生態系を物質的に支えていること、人間の文化に深く影響していること、など）である。こうした知見の中心は、自然科学的である。

　地球温暖化にかかわる海洋リテラシーを簡単にふりかえっておこう。第 2 章で詳しく論じられているように、地球温暖化は、18 世紀後半に始まった産業革命以降、人間が石油・石炭など化石燃料を大量に燃やすことによって大気中に放出した二酸化炭素などが、地球全体を覆い、温室のようなものを作りだし、地表を暖めることで、生じている。産業革命から現在までの 200 年間に、世界の平均気温は、約 1 度上昇しているが、これからも化石燃料に依存した生産活動が続き、大量生産・大量消費の経済活動が続くことで、二酸化炭素が排出され続ければ、21 世紀末には、世界の平均気温は、さらに 4 度近く上昇する、と予測されている。

　こうした地球温暖化のなかで、海は、水温を上昇させ、二酸化炭素を吸収している。温暖化によって地球全体に蓄積された熱の約 9 割は、海に蓄えられている。その意味で、地球温暖化は海洋温暖化である。また、人為的に放出された二酸化炭素の約 3 割は、海に吸収されている。いいかえれば、海は、大量の熱と二酸化炭素を吸収し、陸上の温暖化を抑制している。しかし同時に、海は、そうすることによって、海洋の生態系に大きな打撃を与えている。すなわち、水温上昇、それにともなう貧酸素化（海水に溶けている酸素濃度の低下）、そして酸性化（二酸化炭素が多く溶け込むことによる海水のアルカリ性の低下）によって、多くの海洋生物が死滅している（ちなみに、過去 50 年間に広がった貧酸素領域は、日本の面積の 11 倍になる）。

　しかし、こうした温暖化にかんする海洋リテラシーがたんなる知見にとどまるかぎり、それは、人が海洋とともに生きることを保証しない。知見は、

およそ客体的・表象的なものであり、ともに生きることは、「おのずから」
呼応的にかかわることだからである（ちなみに、「リテラシー」(literacy)という言
葉は、ラテン語の「リテラ」(littera)に由来し、この「リテラ」は「文字、読み書き、文書」
などを意味し、「活動的」ではない）。したがって、海洋リテラシーを、海洋にか
んする知見であるとすれば、それは、海洋に深くかかわる活動と一体でなけ
ればならない。そしてその活動は、海洋リテラシーをよりよく機能させるこ
とになるだろう。すなわち、海洋教育は、海洋にかんする確かな知識として
の海洋リテラシーを用いつつも、学習者に対し、海洋に「おのずから」呼応
的に関与する活動を喚起しなければならない。

　さしあたり、知識としての海洋リテラシーを教えることと、海洋リテラシー
を通じて海洋に「おのずから」呼応的に関与する活動を区別し、前者をたん
に「海洋リテラシーの教育」(Education about Ocean Literacy)と呼び、後者を「海
洋リテラシーによる教育」(Education through Ocean Literacy)と呼ぶことにしよう
（後者の「教育」は、通念の「教育」、すなわち知識技能の伝達・習熟ではなく、教育学
のいうそれ、すなわち「人間形成」ないし「自己創出」である）。

海洋リテラシーと呼応する人間性

　序章で述べた海洋ガヴァナンスを念頭に置きつついえば、海洋リテラ
シーによる教育は、海洋ガヴァナンスに向けて次世代を「準備させること」
(preparing)である。海洋ガヴァナンスを「みずから」担う個人を創出するうえ
で必要な教育形態は、一人ひとりが海洋リテラシーを習得するとともに、自
分のなかに呼応的な人間性を育む教育形態である。この教育は、自然科学的
であると同時に存在論的である。いいかえれば、海洋にかんする客観的事実
に即しつつ推論すると同時に、未然にとどまるだろう人間性を探究し続ける
活動である。

　「みずから」何かを始めることは、これまで、理性的であれ、感性的であ
れ、あるいは啓蒙的であれ、浪漫的であれ、個人主義的に語られてきた。た
しかに、「みずから」何かを始めること、近代的な意味で主体的であることは、
重要である。主体的であることが、批判的で自律的な判断力をともなうから

である。しかし、従来の個人主義的な「みずから」始める主体という概念は、この主体を可能にする条件を、個人の所有する「能力」——「理性」「合理性」——に求めてばかりで、人びとをつないでいる呼応性——「感受性」「心情」——に求めてこなかった。

　海洋ガヴァナンスに「みずから」参加する主体を構成する人間性は、人が個人として孤立している状態ではなく、呼応する生活者として、「おのずから」他者とともに在る状態を通じてのみ、生み出されるだろう。このともに在る状態は、自・他の「相互活動」(interaction) のなかで生じる。この相互活動は、互いの活動が、その活動のなかで修正され、整序されるような協働 (cooperation) である。この相互活動は、さきにふれた「プラクシス」(固有性の発現に通じる情況内対他行為) に彩られている。このプラクシスに満ちた相互活動のなかでのみ、さまざまな認知のパターンが形成され、変容し、意味が共有され、再生されるだろう。「みずから」という主体性は、個々人の内在性によってではなく、自・他の相互活動によって規定される。

　この、一人ひとりが「みずから」相互活動することは、一人ひとりが自分の主体性を他者の声への聴従に見いだすことである。いいかえれば、私たちが、一人ひとり呼応する人格であることである。それは、コミュニケーションの技法を駆使し、自分の卓越性を誇りたいといった、「自己」に支配されたまま語り続けることではなく、温暖化によってハビタビリティの危機に晒される未来の世代の声なき声を、また死滅していく生物の声なき声を聴こうと、真摯に努めることである。饒舌に語り続けているときに、私たちは、他者の声を聴いていないのではないだろうか。私たちが、教育の場を、個々人を将来に向けて準備させる場とみなすかぎり、その場は、呼応する人格をもつ個々人が、怯えることなく、生き生きと活動できる場であるべきだろう。

　このように考えるとき、教育学的問いは、呼応する人格をどのように「産出」するのか、ではなく、人はどのような条件のもとで「おのずから」呼応するのか、である。「みずから」活動することと、「おのずから」呼応することは、異なる位相に位置しているので、区別されるべきである。前者は機能論の位相にあり、後者は存在論の位相にある。機能論の位相については、「産出」

に傾く旧来の教育が成り立つが、存在論の位相については、新しいタイプの教育が必要である。それは、何らかの知識技能を伝達し受容させる教育ではなく、学ぶ人が、それぞれに潜在する呼応の力を喚起するような、人間性を探究する活動である。その「活動」は、実際に何かをする実践をともないながらも、基本的に、自分が他者に呼びかけられ、それに応える場面をふりかえりながら、「何が人間的と呼ばれるのか」と問い考える活動である。

起源をひとしくする「いのち」

　海洋教育に引きつけていえば、この呼応的な人間性探究の活動は、海洋にかんする知識技能を、モノを渡すように、子ども・若者に伝えることではない。その伝達し受容する教育は、機能論的な位相における教育である。それも必要であるが、探究し活動する教育も必要である。呼応的に人間性を探究し活動する教育は、海洋リテラシーを踏まえつつも、人が「人間性」を問うことであり、「人間としていかに生きるべきか」を考えることである。

　その思考活動は、まず、人間を「いのち」として象ることだろう。人間を「いのち」として象ることは、人間以外の「いのち」の声を聴くことである。私たちは、一人の人間は一つの「いのち」である、と思っているが、台所を這いまわるゴキブリが自分たちと同じ一つの「いのち」である、とは思っていないだろう。通念において、「いのち」は、位階的に位置づけられている。人間の「いのち」は、さまざまな「いのち」のなかで、おそらく最上位に位置づけられている。この人間中心主義は、私たちの日常生活の「あらゆるところ」に組み込まれている。人間を「いのち」として象るために必要なことは、この人間中心主義を廃絶することではなく、人間に殺され、食べられ、絶滅に追いやられる「いのち」が呼びかける、声なき声を聴くことである。

　他の「いのち」の声なき声を聴くことは、妄想ではなく、〈想像〉（imago）である。声なき声を聴くという〈想像〉は、フランスの哲学者、エマニュエル・レヴィナス（Emmanuel Lévinas, 1906-95）が『存在の彼方へ』(1974) で「感受性」（sensibilité）という言葉で語ったことに重なる。レヴィナスの「感受性」は、「感応性」「可傷性」「応答性」とも形容されているが、それは「我執から超越する

ときに、根拠も報酬もない感謝の気持ちにおいて」「どんな受動性よりも受
動的な受動性として」生じる。それは「自己の同一性」なるものが棚上げされ
て、「他者に対し自分が晒されている」状態であり、他人の喜びだけでなく「苦
しみにすら自分を供与する」ことである（A: 30-31）。いいかえれば、「感受性」は、
あかの他人の喜びや哀しみ、傷みや苦しみに、いかなる思惑も意図ももたず
に、「おのずから」共鳴共振してしまうことである。

　レヴィナスが『存在の彼方へ』で語っている「感受性」は、他の人間に対す
るそれに限定されているように見えるが、私たちの経験が教えてくれるよう
に、私たちの感受性は、他の動物にも、植物にも、開かれている。たとえ
ば、子どもが捨てられた子ネコを拾って帰るように、また切り倒される木に
痛みを感じてしまう人や、白化していくサンゴに憤りを覚える人がいるよう
に。意識ではなく身体が創りだす感受性は、あの人間中心主義とは無縁であ
る。この感受性が暗示していることは、人間と動物が、さらに植物が、起源
をともにする「いのち」である、ということかもしれない。これは、声なき
声を聴くという〈想像〉が引き寄せる、もう一つの〈想像〉であるが、この〈想
像〉は、海洋学が語る生命の誕生論と、かなり重なっている。

　海洋学は、人間だけでなく、すべての生きものが、原始の海（「原始海洋」
と呼ばれている）から生成した、という。いのちの母胎は、およそ 46 億年前
にできた原始の海である、と。その生命の生成を、だれも見たことがない
が、およそ次のように語られている。原始の海で、まずアミノ酸や核酸など
が、次にたんぱく質や遺伝子などが生まれ、さらに生命体が生まれた。それは、
地球に原始の海が誕生してからおよそ 6 億年後、今から 40 億年前であるら
しい。そして動物が生まれるのは、さらに 35 億年後、5 億万年くらい前である、
と（詳しくは、田近英一の研究（田近 2009）、またラングミューアとブロッカーの研究
（Langmuir and Broeker 2012）を参照）。ちなみに、人体や血液を構成する主要な成
分（元素の組成）も、胎児を包んでいる羊水の成分も、海水の成分とよく似て
いる。

向自然の感性、畏敬の念、贈－与の関係

　もうすこし〈想像〉をめぐらせるなら、私たちが「自然を大切にしたい」と素朴に思うことは、海が「いのち」の源であったからかもしれないし、私たちが大切にしたいと思う「自然」は、元をたどれば、原始の海だったのかもしれない。すくなくとも「海や山をゴミだらけにしてはいけない」という私たちの向自然の感性は、それが「観光資源」だから、「生業の場」だから、といった理由だけで、説明されるものではない。なぜ私たちが向自然の感性をもつのか、いいかえれば、なぜ私たちは自然を「美しい」と直観するのか、だれもその理由を知らないだろう。私たちの向自然の感性は、目的合理的に説明できることではないのかもしれない。そこには、いわく言いがたい、自然に対する「畏敬の念」があるように思われる。

　確認するなら、この向自然の感性は、「自然に親しむことで自然に生じる」ものではないだろう。日本の環境政策は、この「自然に親しむ」ことを「自然保護活動」の起点に位置づけてきた。すなわち、子どもたちは、「自然体験活動」によって、「自然への愛着」という感情を生じさせ、その感情のもとで「自然の保護」という欲求を生じさせ、さらにその欲求とともに、「自然保護活動」に実際に参加する、と考えてきた。しかし、教育学者の岡部美香が論じているように、「自然体験活動」と「自然保護活動」とは、直線的につながっていない。そのあいだには、自然と「共に在る」という体験が介在していなければならない（岡部 2012: 167, 179）。

　これまで述べてきた呼応論に即しつつ、この「共に在る」という体験を、私なりに敷衍してみよう。子どもたちが「自然保護活動」を「みずから」実践するようになる第一段階は、子どもたちが――「自然体験活動」をつうじてであれ、読書体験活動（?）をつうじてであれ――自分と他者（他の生きもの）の呼応の営みを経験し、その呼応の営みが意図し思惑する「自己」を超えて「おのずから」生じると認知することである。第二段階は、この「おのずから」の呼応において呼びかける相手が――〈想像〉によってであれ、〈天啓〉によってであれ――他者や生きものを超えた彼方に位置づけられることである。いいかえれば、自分に呼びかけるもの――「神」であれ、「存在」であれ――が、

この社会の意味・価値を超越することである。

　自然に対する「畏敬の念」は、こうした呼応と超越によって生じると考えられる。自然が贈り人が与えるという贈-与の関係も、こうした呼応と超越によって生じるのではないだろうか。

教える人の役割

　ともあれ、私たちが、私たちの呼応性を繰りかえし思考されるべき人間性の特徴と理解するなら、この呼応的な人間性の探究は、たんに学校の教師だけが担うべき探究ではないだろう。それは、社会全体で、未来を深く思い遣りつつ試みるべき探究だろう。そうであるなら、私たちは、私たちが呼応的な人間性の探究を行うためにはどのような社会が必要だろうか、と「みずから」問いかけるべきだろう。呼応的な人間性の探究を可能にする方法は、社会をより「人間的」にすることであり、そうすることで、この探究の機会をより多く創りだすことだろう。

　むろん、学校においても、人間性探究の活動が行われるべきである。そうするために学校の具体的な授業に求められることは、人間性についての知識をただ身につけることではなく、人が呼応的に活動する／した事実を学ぶことである。たとえば、人は、見ず知らずの他人を助けることができる。できなければ、悔やみ、自分の無力を嘆く。たとえば、自分の生命を危険にさらしても、人びとを救うべく、人生を賭けた人がいる。そうした呼応的活動の事実を知ることは、呼応的活動の意味を深く体感することである。そうした意味の体感は、呼応的に活動できない、できなかったという現実と対比されることで、より鮮明なものとなるだろう。他者の声なき声を無視したという経験は、だれしも経験したことのある経験だろうが、この経験の苦さを深く考えることで、私たちは、その声なき声に応えるという経験の意味を、より深く甘受するだろう。

　したがって、学校においてであれ、家庭においてであれ、職場においてであれ、教える人の役割は、学ぶ人に呼応的に活動する機会をただ用意することではない。人間性をともに探究する人としての教える人は、呼応的活動が

生じた情況だけでなく、呼応的活動が妨げられた情況を取りあげ、なぜそうなったのか、学ぶ人ともに考えるべきである。そうした反省のなかで、呼応的活動が、目的合理的に保証される活動ではなく、不安定で矛盾的な情況に条件づけられていることが、わかるだろう。いいかえれば、一筋縄でいかない厄介なことだ、ということが。

　つまるところ、人間性をともに探究する人＝教える人が担うべき役割は、呼応的な人間性に基礎づけられつつ生きることが、なんとも厄介であるが、不断に試み続けるに値する、と語り示し続けることである。呼応的活動は、それが厄介な営みだからこそ、教育の主題である。

4　おわりに

おのずからの呼応によるみずからの活動

　18世紀末期のヨーロッパに登場した啓蒙思想において、教育は「理性」に司られた「主体」を「産出」する営みである、という考え方が登場してから、現代にいたるまで、この教育の概念は、長く受け継がれてきた。この近現代的教育の概念は、機能主義（道具主義）や個人主義に染まる傾向にあった。現代の教育思想は、そうした近現代的教育の考え方を批判し、新しい教育、たとえば、ここで述べてきたような、呼応的で活動的な教育を構想している。

　その呼応的で活動的な教育は、まず、人の「おのずから」の呼応性を喚起する教育である。人は、本来的に他者・生きものに応答する力（感受性）をもっている。その伏在する力を呼び覚まし、活性化することが、呼応的な教育である。そして、この呼応的な教育は、「理性的な主体」の「産出」をただめざすのではなく、活動的な主体の存立条件の拡充もめざす。活動的な主体は、あらかじめ定められた学習にただ勤しむのではない。活動的な主体は、人が「みずから」活動的に生きざるをえない事実に向かいつつ学習する。つまり、ハビタビリティの危機という事実に「みずから」向かい、「みずから」挑み、生存の可能性を広げようとして、学ぶ。

　すなわち、呼応的であることと活動的であることは、密接に連関している。

人を活動的にするのは、生存の危機に晒されるだろう現在の子どもたち、そしてこれから生まれ来る子どもたちの声なき声に応えるという呼応性である。この呼応性は、教育の成果、すなわち伝達型の教育によって産出される成果ではなく、教育の基礎、すなわち活動的な教育を支える基礎である。見ず知らずの、まだ生まれていない他人のいのちを護ろうとする主体的な意志・活動は、この呼応性のなかでのみ生成する。現代の教育思想のもとでは、主体性は、もはや経済的合理性・工学的合理性のような「理性」に司られたものでもなければ、制度化された学校の授業で作りだされるものではない。主体性は、「おのずから」の呼応性に支えられた「みずから」の活動そのものである。

一人ひとりが担うべき教育責任

　このような呼応的で活動的な主体性、あらためて「人間的」と形容されるだろうこの主体性は、学校だけでなく、社会全体で喚起されるべきである。人を人間的にする教育的な営みは、社会全体が担うべき責任である。教育機能は学校が担うべきだから、学校が人間的教育を行い、人間的市民を「産出」すればよいと考えることは、はなはだ無責任といわなければならない。この人間的＝主体的な教育は、学校だけでなく、この社会、この世界を構成する多くの人びとが、自分に対し、自分の子どもたちに対し、いまだ見ぬ人びとに対し、試み続ける営みである。

　その人間的＝主体的な教育は、かならずしもいわゆる「授業」という形態をとる必要はない。それは、私たち一人ひとりが、呼応的で活動的であることを具体的に体現するという形態であるなら、十分に人間的＝主体的な教育でありうる。そして、私たちが呼応的で活動的に生きることは、何らかの具体的な生活の場面において、たとえば、大都市の高層ビルの職場においてであれ、オフグリッドのログキャビンにおいてであれ、病室で眠る人の傍らにおいてであれ、そして私たちが、どのような立場や、役職や、情況にあっても、少なくとも遂行可能である。

　妨げるものがなければ、私たちが呼応的で活動的でありうるという事実を「存在論的事実」と呼ぶなら、この存在論的事実を妨げるものが、批判の対

象である。それは、有用性に大きく傾く現代社会の構造（「機能的分化」）である。そうした社会の構造は、たとえば、人を、「コミュニケーション能力」や「キー・コンピテンシー」といった有能性だけで価値づけてしまう価値観を自明化してしまう。いささか大仰な言い方をすれば、私たち一人ひとりが呼応的で活動的に生きることを妨げている現代社会の価値観、すなわち有能性へ大きく傾くそれは、この世界の存続、つまるところ未来の多くのいのちの存続を危うくしている、といえるだろう。

　この現代社会の構造は、日々、私たちの制度化され習俗化された言動によって創りだされている（いいかえれば「構造化されている」）。したがって、呼応的で活動的な教育に対する究極の責任は、この社会を日々再生産している私たち一人ひとりにある。いいかえれば、学校に呼応的で活動的な主体性の生成を全面的に委託することは、避けるべきである。私たちは、学校とともに、呼応的で活動的な主体性を可能にする社会の再構成を試みるべきだろう。

呼応的で活動的な主体が参画する海洋ガヴァナンス

　序章で述べた「海洋空間計画」は、海洋教育のなかでは、呼応的で活動的な主体性を可能にする主要で喫緊の営みとして、位置づけられるだろう。すなわち、一部の関係者たちが作成し実施する事業計画などではなく、すべての人が担うべき具体的な海洋ガヴァナンス（Ocean Governance）として。海洋ガヴァナンスとしての「海洋空間計画」は、海の近くで生きていようと、海から離れて生きていようと、私たちが「この地球に生きているかぎり」、一人ひとりが「みずから」参画する多様な活動から、複合的に構成されるべきである。

　海洋ガヴァナンスに参画する人びとの活動を支えているのは、領有権のような、海に対する権利としてのオーナーシップではなく、「畏敬の念」のような、海に対する感性に彩られた当事者意識である。この当事者意識の大切さは、これまでにも説かれてきたが、それは、いかにして醸成されるだろうか。この当事者意識は、困難ではあるだろうが、先に述べた呼応的で活動的な主体性のなかで、そして社会全体に広がる呼応的で活動的な教育を通じて

醸成される、といえるのではないだろうか。そして、この当事者意識が人びとのあいだで広がるなら、海は「公共財」(public good) としてではなく、「公共善」(res publica) として意味づけられるだろう（この概念は、ボルゲーゼのいう「グローバル・リソース」と重ねることができる (Borgegse 1998/2018: 59)）。

　最後に、いささか楽観的な見通しを述べておきたい。まず、呼応的で活動的な主体性を通じて、「人間中心的・自己中心的」な考え方、また「資源としての海」「管理の対象としての海」を最優先にするという考え方から、脱却することができるだろう。また、そうした主体性を通じて、「身近な海」「地域の海」「領土の海」だけでなく、グローバルに広がり、すべてのいのちの根源である海を、心に描くことができるだろう。さらに、「オーシャン・ブラインドネス」(Ocean blindness) から解放され、私たちの・すべての生きものの生存を支える基礎としての海を、心で感じることができるだろう。加えていえば、私たちは、学校教育と社会教育の連関、産官学の連携が海洋教育に不可欠であるということも、実感をもって理解できるだろう。

文献

井上有一・今村光章編　2012　『環境教育学――社会的公正と存在の豊かさを求めて』法律文化社.

岡部美香　2012　「無為の生み出す豊かさ」、井上・今村編 2012 所収.

鬼頭秀一　1996　『自然保護を問いなおす』筑摩書房.

竹内整一　2010　『「おのずから」と「みずから」――日本思想の基層』春秋社.

田近英一　2009　『地球環境 46 億年の大変動史』化学同人.

西田幾多郎　1978　『西田幾多郎全集』全 19 巻 岩波書店. ［西全と略記］

　　　日文＝「日本文化の問題」西全 第 12 巻.

Arendt, Hannah　2002　*Vita activa oder Vom tätigen Lweben*. München/Zürich: Piper Verlag. / 2015　アーレント（森一郎訳）『活動的生』みすず書房. [**VA** と略記]

Biesta, Gert　2006　*Beyond Learning: Democratic Education for a Human Future*. Boulder, CO/ London: Paradigm Publishers. / 近刊　ビースタ（田中智志・小玉重夫監訳）『学習を超えて――人間の未来へのデモクラシー教育』東京大学出版会.

Borgese, Elisabeth Mann　1998　*The Oceanic Circle: Governing the Seas as a Global Resource*. Tokyo/ New York/Paris: The United Nations University Press. / 2018　ボルゲーゼ（笹川平和財団 海洋政策研究所訳）『海洋の環――人類の共同財産「海洋」のガバ

ナンス』成山堂書店.

Heidegger, Martin 1975- *Martin Heidegger Gesamtausgabe*. Frankfurt am Main: Vittorio Klostermann. = 1985- ハイデガー（辻村公一 / 茅野良男 / 上妻精 / 大橋良介 / 門脇俊介ほか訳）『ハイデッカー全集』全 102 巻（予定）創文社. ［**GA** と略記］

    Hum = "Brief über den Humanismus," in Wm, GA, Bd. 9.

    Wm = *Wegmarken*, GA, Bd. 9.

Heidegger, Martin 2001 *Sein und Zeit*. Tübingen: Max Niemeyer Verlag. / 2013 ハイデガー（熊野純彦訳）『存在と時間』4 分冊、岩波書店［**SZ** と略記］.

Langmuir, Charles H. and Broecker, Wally 2012 *How to Build a Habitable Planet: The Story of Earth from the Big Bang to Humankind*. Princeton/Oxford: Princeton University Press. / 2014 ラングミューアー・ブロッカー（宗林由樹訳）『生命の惑星──ビッグバンから人類までの地球の進化』京都大学学術出版会.

Lévinas, Emmanuel 1990 *Autrement: Qu' etre ou Au-delè de l' Essence*. Paris: Librairie Générale Française. / 1999 レヴィナス（合田正人訳）『存在の彼方へ』講談社. ［**A** と略記］

終　章　海洋教育がめざすもの——活動的な主体性
Direction of Ocean Education: Activate Subjectivity

田中智志

〈概要〉

　海を学び教えることが、なぜ大切なのか、大きく分ければ、二つの理由がある。一つは、海がすべての**いのちのマトリクス**（母胎）だからであり、もう一つは、海が多くのいのちの**ハビタビリティの必須条件**だからである。そして、海を学び教えることがめざすもの、またその実践は、これまでの教育のそれとは大きく異なっている。海洋教育の形態は、**温暖化への挑戦**としてのそれであるからこそ、これまでの教育形態から区別される。それは、学ぶ人が「みずから」担う**創造的プラクシス**である。この創造的プラクシスを支えるのは、**呼応性**という内在性であり、また自然と人の**贈‐与の関係**という考え方である。

1　今後に向けた提言——海洋教育概念の深化

いのちのマトリクスとしての海

　海を学び教えることが大切である理由の一つは、海が人類だけでなく、すべてのいのちの起源だからである。「母なる海」という言葉があるように、原始の海から、最古の生命が誕生し、私たち人類の起源も、その生命に見いだされる。地球は、「プラネットブルー」と呼ばれているが、その「ブルー」すなわち海は、いわば、**いのちのマトリクス**（いわば、原自然）である。

　この海が、いつ、どのように生まれたのか、そして、そこから生命がどのように誕生したのか、はっきりわかっていない。海の水の生成については、主要な仮説が三つある。元々あった説、周りから取り込んだ説、地球外から

108

氷の天体が降ってきた説である。どの仮説も確かめようのないもので、たぶんずっと仮説のままかもしれない。しかし、そうした仮説を吟味し洗練していくこと、つまり「**探究**」が、海の自然科学的研究の一つである。

　いのちのマトリクスとしての海の探究は、自然科学的研究に限られない。たとえば、宗教や神話を素材にしながら、人文学的な研究も可能である。キリスト教の場合、聖書の最初に、「海」と思われるものが登場している。ある解釈によれば、「創世記」の第1章には、「神が創造を始めたとき、地は形が定まらず、空虚であった。闇が深淵の面にかぶさり、神の息吹が水面を吹きわたった」と記されている。この「水面」は「海」と見なすことができる。

　いのちの誕生という、見えないものを考え描くという試みは、研究者だけでなく、子どもたち一人ひとりが行う探究でもある。最先端の科学的研究に教えられつつ、自分なりの仮説を立てそれを吟味すること、**想像力**をめぐらすことは、心を躍らせ、知性を豊かにする経験である。

ハビタビリティの必須条件としての海

　海を学び教えることが重要である二つめの理由は、海が私たちの生活の基礎だからである。私たちがどこに住んでいても、何を食べていても。すべてのいのちは、生活の基礎、すなわち自分たちが生きられる環境を必要としている。空気、水、食べものだけでなく、適度な温度を必要としている。こうした**ハビタブルな環境**を作りだしているものが、海である。海は、人間だけでなく、すべての生命のハビタビリティの必須条件である。

　ずいぶん前から、**地球温暖化**が問題になっているが、地球温暖化は、いわゆる「気象災害」の背景である。豪雨、猛暑、台風などの**気象災害**が、近年、世界的規模で増大している。猛暑は、すでに人びとのいのちを脅かしている。たとえば、2018年の6月から8月に熱中症で死んだ人は、1,400人を越えている。また、豪雨や台風で、多くの人が死んだことも、よく知られている。温暖化はまた、海洋におけるデッドゾーンの拡大、陸地における砂漠化の拡大、熱波の襲来などをもたらし、それらは、生物の多様性を縮減し、生態系の連関を破壊している。

　こうした地球温暖化の核心に海が位置していることは、十分に知られていない。たとえば、もしも海がなかったならば、この40年間に、地球全体の気温は37度上昇している。それは、たとえば、30度の夏の気温が、67度になってしまう、ということである。もしそうなってしまえば、人間をふくめ、もう多くの生きものは、生きていけなくなる。

温暖化へ挑戦する海洋教育

　海は、人間が作りだした熱を溜めて、大気の温度が大きく上がらないようにしてくれているが、その温度は、じりじりと上がり始めている。私たちは、海に対し、過大な負担をかけている。したがって、私たちは、海に感謝しつつも、温暖化そのものを低減させる努力を続けなければならない。これは、すべての人が「自分事」として「みずから」担うべき活動である。

　海洋教育は、喫緊の課題としての地球温暖化に果敢に挑戦することをめざしている。いいかえれば、子どもたち・若者たちの心に、海をハビタビリティの基礎として大切にするというスタンスを育てることをめざしている。この大切にするというスタンスは、「価値規範」として大切にすることではない。それは、規範として価値づけられる以前に、感覚・心情・情感として「おのずから」大切にすることである。

贈―与の関係

　ようするに、海を学び教えることがめざすのは、海洋の知見をつうじて、新しい倫理的スタンスを生成することである。先に述べたように、海は、**いのちのマトリックス**であり、**またいのちを支える環境、すなわちハビタビリティの必須条件**(condicio sine qua non)である。その事実を踏まえるならば、海は、個人、組織、国家の自己本位で恣意的な欲望や計画をはるかに越えた、**大いなる存在**として、象られていく。すなわち、海に対して「畏敬の念」が生じるだろう。それは、海洋の自然科学的知見が生みだす、新しい倫理的スタンスである。

　その倫理的スタンスは、端的にいえば、「与る」(あずかる)というスタンス

である。**海という贈りもの**(donum)**に私たちが与る**、ということである。すなわち、海を、人間や国家によって所有されるものではなく、いのちすべてに贈与されたものととらえ、大切にすることである。

教育学は、これまで、**人間をよりよくすること**を説いてきたが、**海という贈りものを大切にする**ことを充分に説いてこなかったのではないだろうか。海が、すべてのいのちの源であり、私たちすべてを取り巻く自然環境の中心であることを看過してきたのではないだろうか。私は、**人が人を気遣い大切にすること**と、**人が海という原自然を気遣い大切にする**ことは、教育という営みの両輪である、と提案したい。

2 海洋教育の創造的プラクシスへ

海洋教育の創造的実践

海洋教育の実践は、たんに海洋の知見や規範を子どもたちに教えて、学習させることではない。海洋教育の実践は、そうした情報提示／情報取得という**伝達モデル**で行われる実践だけではなく、学習者一人ひとりが科学的知見と倫理的スタンスとともに創りだす**創造モデル**で行われる実践でもある。すなわち、学習者一人ひとりが(海洋にかんする)具体的な問いに取り組むなかで、海洋の科学的知見と、(海を通じて)人の世界に対する倫理的スタンスを、みずから習得し体現することに、教育者が有形無形の支援を行うことが、海洋教育の実践に必要である。

このような海洋教育の実践は、したがって何らかの**方法化を生みだす因果の関係**に還元されない。いわゆる「学習」は、すでに実在している情報を理解し記憶することだから、「こうすれば、よくわかる、よく憶えられる」と、学習者が自分で勉強の仕方を工夫できるし、教師も、理解の仕方、記憶の仕方をアドバイスできる。たとえば「こうすれば、もっと早く計算できるよ」と。

しかし、海洋教育の実践は、こうした「学習」を踏まえつつも、海洋の**新しいガバナンスに参画する**という**創造**に向かっている。温暖化にどう対処するのか。二酸化炭素の排出量をどう減らすのか、生物の多様性をどう保全す

るのか、気象災害にどう対処するのか。海面上昇にどう対処するのか。こうした喫緊の問いに答えるために、一人ひとりが自分自身で担うべき責任として、海洋のガヴァナンスの一端を「みずから」担い、活動することである。

一人ひとりが担う海洋ガヴァナンスの責任

　新しい海洋ガヴァナンスの構想は、まだ子細に定められていないから、教師は、それを確実な情報として提示できない。教師は、いわば新しさ（未然性）へ子どもたちを向かわせるから、その営みは、つねに困難をともなう。何がどのように子どもたちの思考を高め、新しさへ向かわせるのか、教師にはわからない。それは、子どもたちにもわからない。したがって、海洋教育の**創造的実践**は、基本的に**触発―喚起の関係**でしかありえない。たとえば、教師は、触発するだろうことを試み続け、子ども一人ひとりがそれぞれに喚起されることを待ち続ける、という、因果論を越えたスタンスしかとることができない。

　海洋教育の創造的実践は、学校の教師だけでなく、教えるという営みを担う人（広義の教育者）の「責任」である。この教育的責任は、職務としての責任ではなく、人間としての責任である。いいかえれば、この責任は、自律的な個人が意図的に担う、対価をともなう「責任」ではなく、呼応的な実存がおのずから担う、無条件の気遣いに由来する「責任」である。他者の呼び声に応えるという「おのずから」の営みに裏打ちされた「責任」である。

　広義の教育者が子どもたちに対する教育的責任を担うということは、彼（女）らが子どもたち一人ひとりを**世界に対する責任**を担うように誘うということである。広義の教育者は、基本的に子どもたちが何か新しく固有なものを世界にもたらす機会を保全しなければならない。子どもたちは、その新しい固有性の創出ゆえに、教育者の予見を越える人である。子どもたちはまた、その意味で、**唯一特異に現出する人**（存在者）であり、彼（女）らに対する教育者の教育的責任は、世界に対する責任をともなう。この世界がまさに世界でありうるのは、生まれ来たる子どもたち一人ひとりが、新しく固有的に世界を創り続けるからである。この世界は、はじめからどっかりとそこに在るの

ではなく、そこかしこでたえず創出され続ける世界である。

応答可能性を担うという責任

　第3章で述べたように、子どもたちが、それぞれに唯一特異な存在者として現出するのは、彼（女）らが、**自分の唯一特異な声で「応える」**からである。すなわち、子どもたちも、大人たちも、唯一特異な他者へ応答することで、唯一特異な人間となる。これは、「責任をとる」こととは異なる。人は、「責任をとる」ことができる個人主体である以前から、他者にふれ、他者に呼びかけられ、他者に応える呼応主体である。人は、基本的にこの**応答可能性**（response-ability）を拒絶することができない。それが、意図を越える心の「おのずから」の営みだからである。

　応答可能性は、つねにすでに**呼びかけに対し応答する可能性**であり、他者を客体として認識する可能性ではない。「私」に呼びかける他者は、「私」が存在する前から存在するが、不特定多数の一人ではなく、**唯一特異な存在者**である。唯一特異な他者に応答する「私」は、その営みによって唯一特異である。なぜなら、この応答可能性が、他のだれかに転嫁不可能だからである。応答可能性は、もっぱらこの「私」だけに課される唯一特異な責任である。この責任を担うことは、「私」の至高の尊厳である。「私」は、私が応答可能であるただ一つの様態において「私」であり、交換不可能である。レヴィナスに触発されながらも、私なりの表現をするなら、人は、だれかの代わりになることができるが、だれも、「私」の代わりになることはできない。

　子どもたちという他者への教育的責任は、彼（女）らの真の自由、すなわち彼（女）らの**世界再構成の可能性に対する責任**である。グレタさんののハンガーストライキも国連における演説も、彼女の真の自由の現れであり、この世界をよりよく構成しなおす一つの可能性の現れである。むろん、この可能性は、さまざまな障害に阻まれるだろうが、だからといって、その可能性を棚上げし、教育をたんなる学力形成の方法に矮小化するべきではないだろう。そして、海洋空間計画は、その可能性を看過するとき、たんなる制度化を生みだす計画に頽落するだろう。

人間性と贈－与の関係

　子どもたちを世界への責任に誘う教育者の教育的責任は、海に即していえば、海を通じて人が「人間的である」(being human) ことを教えることである。ここでいう「**人間的である**」こと、つまり「**人間性**」(the human) は、子どもたち一人ひとりが、だれかにとってかけがえがないという意味で唯一特異的に生きながらも、自分に課せられた使命を果たすという意味で、固有本来的に生きることである。この人間性は、教育政策が規範命題として決定することではなく、子どもそれぞれ、人それぞれが、自分の活動のなかで「みずから」決めることである。

　人間性は、教育が行われるまえに事前に一般規範として決定されているのではなく、教育や活動が行われるなかで不断に一人ひとりにおいて再構成され続けるだろう。すなわち、それは、実際の活動のなかで、おのずからの浮上と消失を繰りかえすものだろう。それは、何らかの仕事、たとえば、文化財の修復、プロのスポーツ選手、大学の研究者といった、仕事への従事そのものではなく、何らかの仕事を通じて探究されるものである。端的にいえば、人間性は、さまざまな具体的な活動としてのプラクシスのなかで事後的に象られるテロスである。

　ここでいうプラクシスは、「理論／実践」というときの「実践」、すなわち理論に即して目的を遂行することではない。このプラクシスは、人が人に、自・他ともに**よりよく生きる**ことを求めながら、はたらきかけることである。その「よりよさ」は、さまざまに表現されるだろうが、さしあたり、海洋教育という内容に即して挙げるべき「よりよさ」は、自然と人の贈－与の関係を踏まえつつ、さまざまなかたちで呼応的に自然(海)とともに生きることである。

　贈－与の関係のなかに自分の生を位置づけることは、温暖化に挑戦するうえで必須である。いわゆる「自然保護」においては、それが、「里山里海」のような、人間が自然を利用しつつ保護する「**自然の保全** (conservation)」であれ、「立入禁止」のような、自然を人間から隔絶しつつ保護する「**自然の保存**

(preservation)」であれ、人間は安全なままであり、十全にではないだろうが、操作する主体のままである。しかし、温暖化の場合、人間は他の生きものとともに生存の危機に瀕し、もはや操作の主体ではありえない。脱炭素化という温暖化対策がどのくらい可能か、どのくらい成果をあげるのか、わからないからである。人は、与る、享受するという立場のまま、何も約束されなくても、できるかぎり生き残る努力をするほかない。

　しかし、何も約束されていなくても、努力し続ける態度こそが、「**希望**」をもつということではないだろうか。自然と人の贈－与の関係は、古来、宗教において語られてきたが、今では忘れられつつある。そして人類は、気づかないままに、途方もない自然の脅威を創りだしてしまった。しかし、この自然の脅威という現実によって、自然と人の贈－与の関係が、完全に消し去られるのではない。むしろ、この現実によって、その関係は、露わになってきたのではないだろうか。すなわち、私たちが、自然の外ではなく、自然の中で生きているという根本的な事実が。

附録　海洋教育の国際調査報告書

本附録は、2017 年に実施した海洋教育の国際調査の報告書の抜粋である。編者の判断により、特徴ある海洋教育を実施している国・地域の報告書の全文もしくは一部を掲載している。

1　中国における海洋教育

牧野　篤

　ここ数年来、中国では、「中国海洋21世紀アジェンダ」「中国海洋事業の発展」「全国海洋経済発展計画要綱」などが続々と提起され、海洋経済の持続的な発展と国民経済の安定的成長を重視した海洋強国戦略が人々の耳目を集めている。それにともない、海洋に関する専門的人材の育成と国民の海洋に関する意識の向上のための海洋教育の必要性が叫ばれ、その声が日々強くなってきていることも確かである。中国国内の研究者や実践家の間でも一種の海洋教育ブームが沸き起こり、海洋教育は急速に展開する兆しを示し始めている。

　中国海洋大学教授の馬勇は、人と海との関係の視点から海洋教育を次のように定義している (馬 2012: 39)。「広義の海洋教育とは、人の海洋に関する文化知識を高め、人の海洋に関する意識を強め、人の海洋道徳に影響を与え、人の海洋に関する行為を改善する活動を指す。これに対して、狭義の海洋教育とはすなわち学校における海洋教育であり、学校教育において、目的を持って、計画的に、また組織的に、教育を受ける者に対して行われる海洋に関する自然の特性と社会的な価値についての認識、海洋に関する専門的能力および海洋知識 (意識) と海洋道徳、さらに人の海洋に関する行動などの素養に関する内容から構成される海洋に関する教養の育成活動を指す」。この定義の基礎の上に、内容、対象、カリキュラム編成などの角度から、海洋教育の概念について検討が加えられ、海洋という指向性を持った、教育という意図的営為である海洋教育の定義が明確にされることとなった (王 2014)。総じて今日では、海洋教育は、基礎教育 (義務教育) 段階においては、国と地方および学校独自のカリキュラムの体系と社会実践とを結合し、小中学生の海洋に関する文化、歴史、環境などの知識を増進し、海洋に対する意識や道徳、行動など海洋に関する資質を養う活動であると理解されている。

1　海洋教育政策について

　1990年代に入り、「海洋法に関する国際連合条約」(1994年11月)が正式に発効し、海洋資源の利用、海洋環境の管理、海洋に関する専門的人材の育成、および海洋に関する教養教育の実施などの問題が国内的には注目されることとなった。また、「中国海洋21世紀アジェンダ」(1996年)、「中国海洋事業の発展」(1998年)などの政策文書が相次いで公表されることとなり、海洋教育政策が策定に向けて新たな段階へと進み入ったことが理解される。21世紀になると、中国の海洋教育政策は積極的な模索の段階へと進み、2003年には国務院が「全国海洋経済発展計画要綱」を公表し、この要綱において初めて「海洋強国」というスローガンが提唱され、その後、海洋教育にかかわる政策文書が、国及び省・市・地区の政府によって次々に公表されることとなった。これらの文書は、海洋教育の改革と発展に綱領的な指針を与え、海洋教育の発展を後押ししたといってよい。ここ2年ほどは、第13期5カ年計画(「十三五」)の開始年度であり、海洋教育にかかわる政策文書も公表されており、「厦門市"十三五"海洋経済発展計画」(2016年)、「全国海洋経済発展"十三五"計画」(2017年)などがある。

　中国では現在のところ、国家統一の系統的で継続的な海洋教育政策は存在せず、小中学校が海洋教育の拠点としての機能を十分に発揮できるような施策はとられてはおらず、それゆえに、海洋管理部門と教育行政部門との連携による長期的な視野に立った海洋教育の計画もつくられてはいないといえる。

2　海洋教育の教材とその内容

　基礎教育段階の海洋教育については、現在までのところ、国家レベルの教材は出版されておらず、国家レベルの教育要求(「教学大綱」・「カリキュラム標準」)を見ても、直接「海洋教育」について述べた部分はない。海洋教育に関する内容は、海洋知識、海洋資源の利用、および人と海の関係の開発などの

分野で、それぞれの教科の内容の中に分散的に配置されている。とくに、中学校では主に地理に配置されており、歴史や生物などの教科にも僅かに記述が見られる。

2004 年の『普通高級中学カリキュラム標準実験教科書』のうち地理選択履修 2『海洋地理』では、「海洋に関する知識の内容」「海洋資源の開発と利用」「人と海との関係」の 3 側面から海洋地理知識を論述し、これまでになく詳しい記述となっている。とくに「人類と海洋の協調的発展」という一章が設けられ、「人と海との関係」に関する認識が飛躍的に伸び、かつ真正面から取りあげようとする意識が働いていることが示される。

また、歴史科目の視点から中学校段階の海洋教育の内容や教材を概観すると、たとえば子どもたちは歴史科目の海洋に関する教材や内容を学ぶことで、「海洋国土」「海浜旅行資源」「海洋経済」「海洋国防」などの面で、歴史的な視点に立って海洋意識、海洋権益や海洋に関する教養などの面の教育を受ける構成となっている(段 2005)。

総じて、小中学校における海洋教育の教材とその内容は未だに整備の途上にあるといえる。

3 海洋教育に関するカリキュラム

2001 年の「国家基礎教育カリキュラム改革指導要綱」では「国家、地方、学校の 3 レベルのカリキュラム管理モデルを打ち立てる」と明記している。これは、学校にカリキュラム設計における大きな自主権を与えるとともに、学校を特色のある教育を進める重要な方途であり媒体であるものとして構築しようとするものであり、制度的に、海洋教育を特色とする地方カリキュラムと学校カリキュラムを編成することが保障されたことを意味している。浙江省、山東省、広東省などの沿海地区では、それぞれの地区の地理、資源などの特色と結びつけて、いち早く海洋教育を進めており、中国内でも先導的な役割を果たし、すでに特色ある小中学校海洋教育カリキュラムの初歩的な体系をつくりあげている。とくに、海洋意識、海洋資源、海洋文化、海洋経済、

海洋科学技術などそれぞれにかかわりのある領域の海洋科学普及と知識の伝達に成果を挙げているようである。

　たとえば、浙江省舟山市普陀区の小学校では、「小学校海洋教育カリキュラム研究」が 1998 年に終了し、この学校が完成させた海洋教育活動課を中心に、さらに学校における実践活動と環境学習とを組み合わせた海洋教育カリキュラム体系をつくりあげている。この学校は 2004 年に、普陀区教育局の協力の下で、海洋教育の学校カリキュラム教材を編集し、また合わせて学校の教科研究室が「海洋教育カリキュラム標準」を編成した。2011 年には、普陀区教育局が浙江省教育委員会に「現代海洋教育の地域的推進に関する実践研究」を申請し、2012 年に省教育科学計画の研究課題に採用され、後 2014 年には全国社会科学研究課題に選定されている。普陀区の海洋教育は海洋環境教育段階（2003 年以前）、海洋の持続的発展の段階（2004 年から 10 年）、現代海洋教育段階（2011 年以降）の 3 段階を経て、今日に至っており、中国国内で最も早く海洋資源、海洋環境問題と環境保護の教育から、今世紀初頭の海洋の持続的発展に関する教育の段階を経て、今日では、国家の海洋権益、国家の海洋安全、現代海洋経済、現代海洋開発など、中央政府が提唱する海洋強国や海洋生態文明に関する教育へと展開している。普陀区の海洋教育は今日、浙江省の学校カリキュラム改革において最も注目すべき焦点となっている（唐・戴 2016: 79）といわれる。

　青島市が 2012 年にまとめた「藍色海洋教育実験実施案」は中国の小中学校における海洋教育に関するカリキュラムの先駆であり、地方カリキュラムとして青島市全域の小学校で行われているものである。

　青島市は、基礎教育の段階においては既に海洋教育カリキュラムの体系を構築し終え、幼稚園から高級中学校段階にあるすべての子どもたちに海洋教育を実践している。たとえば、青島市市南区実験小学校と第 39 中学校の海洋教育カリキュラムの開設を例にとると、青島市の海洋教育カリキュラムは、国家カリキュラムの総合実践活動課、地方カリキュラムと学校カリキュラムに及んでおり、地域の教育資源を積極的に活用して、小中学校教育実践の実際と結びつけ、子どもたちの成長と発達の筋道を尊重するという基礎の上に、

実施されているのである。

　全国的にも、系統的な海洋教育カリキュラムの実施については、極めて大きな地域的な偏りがあり、内陸の地区などでは地域資源や地理的条件の制約によって、海洋教育のカリキュラム開発や実施の条件をまったく備えていないところがある。

　これらの現状からは、現下の小中学校の海洋教育カリキュラムの開設状況と、近年来、中国共産党と中央政府が提唱している海洋強国政策と全国民の海洋意識の強化という要請との間にはかなり大きなズレがあることを指摘できそうである。

4　その他の海洋教育に関する実践活動

　中国における海洋教育に関するその他の実践活動は、多くが沿海地帯の小中学校で展開されている。それは主に、海洋教育に関する科学知識の普及拠点作り、海洋教育サマーキャンプの実施、海洋教育フォーラムの開催、社会的な関係者との交流などの実践として進められている。

　海洋教育科学知識のプラットフォームづくりは不断に進められている。海洋教育の社会実践拠点を形成し、それらの拠点を活用して、子どもたちが社会活動に参加し、課題研究に取り組むなど、子どもたちの成長のためのプラットフォームの形成を進めている。

　海洋教育サマーキャンプも徐々に規模を拡大しつつある。海洋教育サマーキャンプの取り組みは、実践活動を通して、子どもたちに海洋に関する文化や知識に触れさせ、海洋に関する意識を高め、海洋文化を学び、海洋環境保護などの観念を形成することなどを目的としており、また同時に、海洋教育のモデルを構築しようとする試みでもある。

5　海洋教育の実践事例

　浜海小学校は、大連市西崗区の沿岸地区にある小学校で、1939年の創設、

今年で78周年を迎える、児童数100名ほどのこぢんまりとした学校である。往時は300名から400名の子どもたちが在籍していたが、いわゆる一人っ子政策の影響もあり、子どもの数が減少し、一時は廃校の危機に直面したという。

　学校独自のカリキュラム（学校カリキュラム）編成と教材の編集に着手し、次のような方針が決定された。「海」を基本とした学校の特色化を進めること、その際の基本的な考え方は、「海」は多様性を受け入れる「寛容」を特徴とするものであり、また中国がこれから発展する方向でもある（例えば「海洋強国」）であることから、「寛容と進取」を学校の基本的な方針とすることである。その場合、学校の主人公は子どもたちであるため、常に子どもの自立を中心において、子どもたちが進取と寛容の精神を持った、何事にも挑戦し、他者を受け入れ、異質なものと共存して、新しいものをつくりだすことができる力を育成することが目標とされた。

　それを学校独自に、海洋精神・海洋研究そして海洋実践として明確にし、それぞれのクラスが「海」を体感できるような構成にすることが図られた。

　さらに、教育実践では、「海」の多様性を原則として、中国海洋大学や大連市内の教育系の大学・研究機関と連携して、子どもの知識構造のあり方を研究し、いわゆる「多元知識」構造を提唱し、子どもたちの学習活動を、「海」を基本としつつ、学校―大連市―国という重層構造において、さらにそれぞれが横の多元性を確保する形で展開する方針を立て、実践することとしている。

　学校のカリキュラムは、第一に、国家カリキュラムに準ずることが求められるが、そこに学校カリキュラムである「海」の要素を組み込んで、国家カリキュラムの要求を達成するという構造をとっている。たとえば、数学では論理思考能力を鍛えることを重視しているが、それは「海」の多元性・寛容性を基本として、論理的に思考して、他者を受け入れ、新たな論理を紡ぎ出すことが、子どもたちに求められるとされ、そのような実践が進められる。

　日本の生活科に似た総合実践科では、学校独自に「海の環境保全」「海浜学習」などを展開して、子どもたちの環境保護意識を高めるとともに、「海」から始まって、世界の環境問題や社会環境のあり方に意識を向けるように促し、

いわゆる「環境道徳」意識の教育を進めている。

　これらの実践を重ねることで、一人っ子が多く、わがままであった子どもたちが、学校でお互いに受け入れあう精神と自分から挑戦することの大切さを学ぶことで、教師から認められるだけでなく、子どもたちが相互に認めあい、励まし合うことの心地よさとうれしさを感じとって、大きく変化することを、教師たちは目の当たりにしており、「海」の特色化が間違っていなかったことを確信しているという。その上、子どもたちの変化は保護者をも変え、学校に要求の多かった保護者たちも、学校の教育方針を支持し、積極的に学校を支援するようになり、大連の海洋教育実践拠点としての浜海小学校が社会的な認知を得ることに結びついているという。現在、浜海小学校は、全国海洋教育拠点校・中国海洋学会海洋実践拠点校に指定されている。

おわりに

　中国における「海洋教育」が、「海洋強国」への政治的な方針を受けて、にわかに注目され、また重要視されつつも、いまだに国というレベルで系統的かつ統一的に体系化されるには至っておらず、または国レベルで体系化する意図は持たず、むしろ関係する地域や地方政府が、その持つ具体的な条件を活用して、実践レベルでの展開を進めているということである。

　中国の海洋教育も、他の教育改革と同様に試行錯誤の段階にあり、それが必ずしも国家的な政策として採用されるべきものであるとはいえない性格を持つことに留意する必要がある。それはたとえば、社会における実践で、いわば商業化された「海洋知識教育」が海洋教育として取りあげられていることにも示されている。

文　献

马勇　2012　「何謂海洋教育―人海关系视角的确认」『中国海洋大学学报』(社会科学版) 第 6 期, 39.

王鲲　2014　「普通高中地理海洋教育现状及对策研究」(南京师范大学硕士学位论文).

段桂霞　2005　「高中历史教学中的海洋意识教育」东北师范大学硕士学位论文.

唐汉成、戴建明　2016　「区域现代海洋教育的发展历程与价值取向」『上海教育科研』
　　3 期, 79.

2 台湾における海洋教育

葉　庭光・張　正杰

1　基本情報

　新12年国民基本教育課程は大きく2種類に分けられる。公式の課程と学校に基盤を置いた課程である。公式の課程は地域の行政機関が開発し、生徒が身につけるべき中核能力を指す。例えば、言語能力、保健教育、社会研究、人文科学、数学、科学技術、及びこれらを統合した活動をいう。学校に基盤を置いた課程は各種コース、講義、奉仕プログラムなどにわたり、生徒の特性や学校の立地環境、近隣地域の特徴などに応じて各教育機関が策定する。

　履修課程の設計と開発を定める規則で述べられているとおり、その指針が重きを置いているのは、各教科の統合と対象学年すべてにわたる教育の結合である。良き市民としての中核能力の育成に向けて、1年次から12年次向け課程の指針では以下19の教育分野の導入を強調している。それは環境、海洋、道徳、生活、法律、技術、情報、エネルギー、安全、防災、家族、戸外活動、国際関係、伝統文化教育、キャリア開発、文化多様性、読解力、社会的男女平等、人権である。教育部ではこれらの中から特に4分野を課程に導入するように法制化した。海洋教育、環境教育、人権、社会的男女平等がそれである。

2　海洋教育の概要

2-1　全国及び各地域の初等中等教育における海洋教育の位置づけ

　海洋教育は課程設計のなかで主要な4つの課題のひとつとされている。新

12 年国民基本教育指針では、公式の課程、学校基盤の課程を問わず、海洋教育を他のすべての教育科目のなかに織り込むべきであるとしている。知る限りでは、台湾は世界有数の海洋教育課程開発国であることに間違いない。

　海洋教育課程指針の枠組みは 3 つのステージ（1 年次〜 6 年次、7 年次〜 9 年次、10 年次〜 12 年次）と 5 つの課題、そして 55 の中核能力指標で構成されている。5 つの課題とは海洋レジャー、海洋社会、海洋文化、海洋科学技術、海洋資源及び持続可能な開発である。これら課題の基盤のうえに 55 の中核能力が展開している。台湾で発展したこの海洋教育には自然科学ばかりか人文科学も含む包括的なものであり、国内向け海洋教育としては唯一の特性である。

2-2　海洋教育の位置づけに関する詳細情報

　台湾における海洋教育は、教育部が導入し、推進している。2007 年、同部は「海洋教育政策白皮書」（教育部 2007c）を発表し、これ以後、主に 2 つの理由から海洋教育を重要政策に掲げている。第一に、海洋産業の推定価値は今後 20 〜 30 年先に向けて大きく伸びる可能性がある。海洋を基盤とする産業開発には、洋上の風力、潮力、波力による発電、海底の油田、ガス田、ガスハイドレートの開発、洋上観光、海洋バイオテクノロジーなどがあり、その価値は非常に大きい。第二に、大洋は多様な要素が組み合わさって、高度に統合された一個の体系である。海洋教育を学ぶことによって生徒たちは生涯にわたる能力を育むことができる。そうした能力には、積極的なチャレンジ精神や問題解決力や複数の訓練成果を組み合わせる力などがある。

　海洋教育の実践は初等中等教育をはじめ、職業学校、大学、公立海洋学校にまで及ぶ。2007 年、教育部は「海洋教育執行計画」を発表し、そのなかで以下の内容を述べている。(a) あらゆるレベルの教育行政機関は各地域の実情に応じて海洋教育計画を策定すること。(b) あらゆるレベルの教育関連機関は抜本的な海洋教育改善に取り組むこと。(c) 生徒及び生徒の父母に対しては海洋に関する正しい観点を提供すること。(d) 産業界、政府、教育界、学術界が提供する海洋教育が互いに相乗効果を発揮し、産業ニーズに添った海洋専門家を育成しなければならない（教育部 2007b）。

2-3　海洋教育の位置づけに関する歴史的、思想的背景

　台湾における海洋教育の発展経緯は2つの段階に分けることができる。2007
に教育部が「海洋教育政策白皮書」を発表する以前とそれ以後の2つである。2
年以前の台湾の海洋教育は海洋産業、漁業、水産養殖業の専業職業人を養成する
とに重きが置かれていた。1994年に国連海洋法条約が発効されると、台湾政府
海洋政策及び海洋教育の発展、改革に着手した。2001年と2006年に行政院はそ
ぞれ「海洋白皮書」と「海洋政策皮白書」を発表した。これらは海洋専業職業人の
成に重点を置いていた（行政院 2001, 2006）。2007年、教育部は「海洋教育政策白皮
を発表し、世界市民の立場から海洋に関する知識、技能の改善を呼びかけた。こ
が注目を集めると、さらにこの政策を国内の義務教育計画に進んで導入すること
踏み切った。

　2008年、教育部は最初の小中学校（1年次〜9年次）向け海洋教育課程の指針を
定し（教育部 2008）、公式の教育に組み入れた。続いて、海洋教育の発展にとって
めて重要な2つの取り組みを導入した。その1つは、小中学校で開始する海洋教
への資金投入に関する指針である（教育部 2007a）。この政策の実施は「台湾海洋教
中心」（http://tmec.ntou.edu.tw/bin/home.php）が担当した。この機関は、海洋教育プ
ラムの資金提供を要請する学校に対するコーチングと資格審査の実施を任務とし
いる。この取り組みの目的は以下の通りである。(a) 全国各地に海洋教育資源セ
ターを建設する。(b) 各地域に導入する海洋教育プログラムの教科や学習指導計
を策定する。(c) 各地域が導入した海洋教育の発展を促進する。この取り組みに
て地方政府は、海洋教育プログラムの開発や小中学校向け海洋教育の促進、そし
一般大衆に向けた海洋科学知識の普及が可能になった。もう1つは、高等学校向
の海洋教育資源センター（http://163.20.87.3/ocean/html/ocean/）を設立する取り組
ある。この施設は海洋教育担当教師の専門性を高め、教材の設計や海洋教育プ
作成の支えとなった。こうした2つの取り組みの資金の裏付けとなったのは、2
年に整備された「海洋教育執行計画」である。この計画の資金は、履修課程の展
設計、教員養成、学習指導法の改革、設備更新、生徒の能力開発などにわたり、
広く使われた。これらの支出は年間およそ7百万米ドルに達する。

3　小学校

3-1　小学校への海洋教育導入（全国的展望）

　台湾の海洋教育は 2008 年に「十二年一貫課程綱要」（小中高等学校の履修課程の指針）に組み入れられた。新 12 年国民基本教育指針では、海洋教育は多様な学習分野の教科に組み込まれることになっている。小学校については、海洋教育課程の指針は 5 つの課題とそれに関連する中核能力を指定している（**表附-2-1** 参照）。

表附-2-1　海洋教育課程の中核能力指針

	中核能力指標		
	小学校	中等学校	高等学校
海洋レジャー	・海の活動を楽しむとともに、とくに水辺の安全をしっかり学ぶ。 ・泳ぎ方を学び、自分の身の守り方を身につける。 ・水辺のさまざまな遊びを知り、遊び方を身につける。	・様々な海洋レジャーや水辺の活動に参加し、身の安全を守る多種多様な方法に習熟する。 ・安全な海洋エコツーリズムとは何かを理解し、参加する。 ・海辺や河川沿岸の居住環、住民の生活、娯楽を理解する。	・ウォータースポーツに親しみ、安全知識を身につける。 ・多様な水辺のレクレーションや観光の計画を立案し、参加する。 ・漁村とその景観保全の重要性、そして漁村の文化、習慣とエコツーリズムとの関係を理解する。
海洋社会	・自分の生まれた町と周りの水辺の環境について改めて知る。 ・台湾の古い歴史と海のかかわりをさぐる。 ・台湾が海の国であることを理解し、治める海について知る。	・様々なレベルの海洋産業の構造と発展を理解する。 ・台湾の領土、領海の地理上の位置について、その特性と重要性を理解する。 ・日常生活に関連する海洋法規を理解する。 ・海洋関連産業が台湾経済に与える影響を調査する。	・海洋産業とその技術的な発展を分析し、経済活動との関係を評価する。 ・海洋法規と海洋政策に注目し、理解を深める。 ・海洋に関する台湾と他国の歴史的進化を分析し、その類似点と相違点を評価する。 ・台湾の海洋権益と海洋政策を理解する。
海洋文化	・海にまつわる物語を読み、友達と共有し、自分でも書いてみる。 ・海とともに生きる人々の仕事、信じる宗教、日々の生活を理解する。 ・自分の身体を使い、声に出し、絵に描き、道具を使って、海を題材にした作品を作る。	・大洋を背景に書かれた文学作品を読み、友人と共有し、自分で創作する。 ・台湾と他国の海洋文化の類似点、相違点を理解する。 ・多様なメディアや手段を使い海が題材の芸術作品を創作する。 ・海洋民族の信仰、儀式と社会発展との関係を理解する。	・様々な文体と文章技術を駆使して、大洋を背景とする文学作品を創作してみる。 ・さまざまな海洋芸術の背景にある価値観、様式、文化を知る。 ・台湾と他国に居住する海洋民族が守る信仰の進化を比較する。

（p.19 再掲）

	中核能力指標		
	小学校	中等学校	高等学校
海洋科学技術	・海や川や湖などの大切な財産を知り、人々の生活とのかかわりを理解する。 ・海が生きていること、そして他の自然と密接な関係があることを理解する。 ・海上運送と技術の進歩の関係を理解する。	・沿岸部と沖合の地形の特徴を調べ、地域に被害を及ぼす災害の原因を調査する。 ・陸上の自然環境と日常生活に海洋が与える影響について調査する。 ・海洋生物と生態学的環境の関係について探求する。 ・船舶の形式、構造、動力原理について調査する。	・海洋には物理的、化学的資産が埋蔵されていることを理解する。 ・海洋の構造、海底の地形、海流が海洋環境に与える影響を理解する。 ・海洋環境の変動と気候変動の関係を調査する。 ・海水淡水化、海運、潮力発電、鉱物資源採掘などの海洋関連科学技術に精通する。 ・地球上の水圏と生態系と生物多様性の相互関連性を理解する。
海洋資源と持続可能な開発	・日々の生活のなかに多くの水産品があることを知る。 ・海水に含まれる成分(例えば塩)を知り、海の資源と日々の生活のかかわりを理解する。 ・川や海の資源は自分の町でふつうに見ることができることを知り、天然資源が大切であることを理解する。 ・自分の街にも海の汚れや魚の獲り過ぎなど環境問題があることに気付く。	・海洋生物資源の種類、利用目的、保護方法について知る。 ・非生物海洋資源の種類と利用法について理解する。 ・人間活動が海洋の生態系に与える影響について探査する。 ・海洋資源の有限性と海洋環境保全の重要性を理解する。 ・現在直面する海洋環境問題を理解し、深刻化する前に保護活動に進んで参加する。	・海洋生物資源をいかに管理し、持続可能な開発につなげるかを探る。 ・鉱物やエネルギーなどの海洋資源とその経済価値を理解する。 ・海洋環境汚染が引き起こす海辺の生活環境への廃棄物堆積問題を知り、その対処法を提案する。 ・わが町の海洋問題を理解し、積極的に海洋保全活動に参加する。

(p.20 再掲)

　12年間義務教育課程が導入された後は、全出版社の全教科の教科書に海洋教育課程に合致した海洋知識が組み入れられ、専門家がそれを検定することになる。教材は海洋教育課程の指針、コースの目的、学校の特徴、生徒の生活体験、最新の時事問題などに添って設計しなければならない。学習指導は生徒を第一に考え、その嗜好やスキルや中核能力(例えば、問題解決力、批判的思考、議論証明力など)が等しく成長できるものでなければならない。

3-2　小学校における最も望ましい海洋教育活動
中央政府の方針：

　小中学校の海洋教育計画に向けた資金提供について教育部がその指針を公布して以来、以下のような活動計画が小学校で導入されている。

　a) 海洋教育資源センターが全国的に設立され、以下の活動を行っている。
　　(i) 海洋教育の促進戦略を見直し、改善する。(ii) 全国規模の海洋教育週

間に教育活動を組織する。(iii)海洋教育の成果に関するセミナーを開催する。(iv)海洋教育のオンラインサイトを開設し促進する。

b)さまざまな海洋教育の教科や学習指導計画が進展している。内容は以下の通り。(i)教育機関が実施する履修課程の開発や学習指導活動を支援する。(ii)各地域独自の教材を開発し、その使用を促進する。(iii)育成教師を訓練し、その専門性を定期的に高める。(iv)海洋教育コーチング・チームを組織し、海洋リテラシーの学習指導戦略を考案する。(v)教案作成の「立案、観察、報告(コーチングのサイクル)」グループを組織する。

c)各地域に導入された海洋教育は以下のように活性化され、成長が促進されている。(i)生徒の海洋リテラシーを高める為に必要な、さまざまな教育モデル、教材、ビデオが開発され、奨励されている。(ii)海洋教育を別の教育視点(例えば、環境問題、戸外活動、生活、社会的男女平等問題など)と組み合わせたさまざまな教科が開発、促進されている。(iii)重要かつ新たな問題(例えば、海洋エネルギー、海洋及び気候変動、海洋生物学とその保全、海洋権益と国際共同開発、海洋文化と創造的芸術、海洋産業の実践活動など)に焦点を当てた「仮想スクール」が開講し、全国の教員が参加し、指導方法を共有し、各地域をつなぐ海洋教育資源の相互交換機能が醸成されている。

　各地域の資源センターはその地域の小中学校と提携して海洋教育を促進している。こうした提携のなかで、モデル校が海洋教育活動の設計プランを発表し、他の提携校から参加した各教科の教師が授業の「立案、観察、報告」グループを組織して、教科横断的な課程や教材の開発を行っている。こうした教材は同じ地域の学校で採用されやすい。というのも生徒の学習到達度や家庭の所得水準などの特徴が、通常、互いに似通っているからである。各地域の協同取り組みの詳細は、それぞれの地域で立ち上げた海洋教育資源のウェブサイトで知ることができる。

　地方政府の方針:

　台湾国内にある 21 の地方政府のうち、13 の政府が海洋教育諮問グループを任命し、以下の仕事を課している。(a)教師の専門性開発計画を策定する。(b)海洋教科を教える地域の小中学校に対するコーチングを定期的に行う。諮問

グループでは何人かの経験豊かな現職教師を指導教師として採用し、定期的に海洋教育の訓練を行っている。指導教師は地域の小中学校の海洋教育教科を定期的に監督、指導して、海洋課程の設計や生徒の指導方法について学校と意見交換することが求められる。そのうえで、学校に学習指導の資源を提供して、指導経験を共有し、指導方法をアドバイスして、教師の専門性発展を支援する。

4　中学校及び高等学校

4-1　中学校及び高等学校への海洋教育導入（全国的展望）

　新12年国民基本教育指針によると、中等教育学校及び高等学校への海洋教育の導入は小学校への導入とあらゆる点で一致している。詳細に関しては3-1を参照のこと。

4-2　中学校及び高等学校における最も望ましい海洋教育活動

　中央政府の指針：

　台湾は2019年に12年義務教育計画を導入する予定である。一方、2004年以来現在までは、小中学校教育の1年次から9年次課程に関する一般指針のもとで義務教育制度が運用されてきた。そのため、教育部の資金援助による海洋教育プログラムは、現在1年次から9年次の児童・生徒が受けている。それに対して2019年以降は、小学校、中学校と同様に高等学校でも受けられるようになる。詳細に関しては3-2を参照のこと。

　2013年、教育部内の「教育部国民及学前教育署」（K-12 Education Administration）は、高校教師の海洋教育に関する専門性を高めるために、高等学校対象の海洋教育資源センター（http://163.20.87.3/ocean/html/ocean/）を設立した。センターは台湾の高等学校が互いに海洋教育に関して活発に意見交換できる基盤を提供すると同時に、以下の任務を担っている。(a) 海洋教育の課題や提案を文書として記録する。(b) 全国の高級中等学校（高等学校）が海洋専門性の高い学習共同体を作り、授業の「立案、観察、報告」グループを組織するために、支援する指導的役割の教師を養成する。(c) モデル教材と海洋教育科目の学習指導

法を開発、普及する。(d) 全国規模の海洋教育セミナーの開催を組織する。

　最初の海洋教育の教科書は 12 年義務教育の導入にあわせて発刊される予定であり、2008 年に教育部によって「海洋教育執行計画」が開始されて以降、1 年次から 12 年次向け海洋教育の補助的な教材はすでにいくつか開発されている。

5　教育的施設（博物館及び水族館）

5-1　博物館及び水族館への海洋教育導入（全国的展望）

　西欧諸国と比べて、台湾は一般大衆レベルの海洋教育導入が遅れた。2000 年、各種団体が一般大衆向けの海洋教育促進に着手した。教育部の監修のもと、海洋教育の展示を始めた主要な博物館には、「国立海洋科技博物館」(the National Museum of Marine Science and Technology)、「国立海洋生物博物館」(National Museum of Marine Biology and Aquarium)、「国立自然科学博物館」(National Museum of Natural Science)、「国立台湾科学教育館」(National Taiwan Science Education Center)、「長栄海事博物館」(Evergreen Maritime Museum)、「蘭陽博物館」(Lanyang Museum) などがある。これらの博物館に課された任務は一般大衆に科学知識を広め、本格的な学習の機会が容易に得られるようにすることである。こうした施設では専門家を採用して科学教育の研究や、展示会の開催などの任に当てるとともに、ポピュラーサイエンスを奨励し、教材の開発や科学教育の支援に注力し、地域の共同体や学校と協力して教育プログラムの導入なども行っている。

5-2　博物館、水族館における最も望ましい海洋教育活動

　台湾の博物館に期待されるのは、学校や地域の共同体と協力して学生や一般大衆の科学リテラシーを向上させることである。例えば、国立海洋生物博物館は、学年を問わず採用可能な数多くの教育資源を開発、提供してきた (http://www.nmmba.gov.tw/Content_List.aspx?n=B3B031E02A85D8B8)。同館は、2002 年以来、数多くの小中学校が海洋教育プログラムを作り上げる支援をしている。さらに、国立海洋科技博物館は、地域の共同体と関係を密にして、定期的に教育コースや地域クラスを開催し、海岸の清掃活動なども行っている。

6　市民社会団体

6-1　市民社会団体の海洋教育導入（全国的展望）

　台湾では市民社会団体が積極的な役割を果たしている。団体数は過去10年間でほぼ倍増し、2016年現在の政府登録済み団体は15,539に達した。台湾における海洋教育関連の市民社会団体には非政府組織（NGO）、慈善活動団体、労働組合、環境保護団体、（医師や弁護士等の）職能団体などがある。

　こうした団体の大多数は共通の目的を持って組織されている。政府や企業の支援を受けずに運営し、会員数は100名以下である。規模が小さいため、どの団体も海洋教育政策に影響を及ぼす力は無い。主要な団体は以下の通り。「台湾漁業永続発展協会」(the Taiwan Fisheries Sustainable Development Association)、「荒野保護協会」(The Society of Wilderness)、「台湾漁業協会」(Taiwan Fisheries Association)、「中華鯨豚協会」(Taiwan Cetacean Society)、「黒潮海洋文教基金会」(Kuroshio Ocean Education Foundation)、「社団法人台湾海洋環境教育推広協会」(Taiwan marine environment education promotion association)、「海湧工作室」(HiiN studio)。海洋教育に関わる市民社会団体が主に力を入れているのは、一般大衆レベルの教育プログラムである。西欧諸国の市民社会団体と比較すると、政府や政治活動の監視を行うことは少ない。教育プログラムは講演会、セミナー、会議、海岸清掃、実践活動、地域奉仕などの形で行われる。こうしたプログラム情報はSNSの登場で迅速にかつ大量に流されるようになっている。

6-2　市民社会団体による最も望ましい海洋教育活動

　台湾の市民社会団体は小規模なために、事業活動の促進には通常、ツイッター、フェイスブック、インスタグラムなどのSNSを使っている。これらの情報は幅広い対象者に効率的に届けられる。その結果、海洋教育活動を実施する機会も増えている。市民団体主催の活動は多岐にわたるが、どれも一般大衆の意識改善をめざし、以下のように行われる。(a)海洋環境問題への意識を高める活動を行う（例えば、セミナー開催、ゲーム中心の教育活動、キャンプ活動、ボランティア訓練、指導者訓練、ワークショップなど）。(b)海洋保全活動へ参加する（例

えば、海岸清掃活動、エコツーリズム、アウトドア教育活動、ハイキングツアーなど）。

　「環境教育法」(2010 年) には、公務員、民間企業従業員は毎年環境教育をうけることや、環境教育には海洋教育が含まれることが規定されている。こうしたこともあって、海洋教育関連の市民社会団体は、あらゆるレベルの教育機関、企業、非政府組織と協力して、教育活動の導入を進めているのである。

参考資料

行政院主計総処 (Directorate General of Budget Accounting and Statistics)　2017　「中央政府総予算及付属単位予算」(Central Budget Information)（2006-2017 年）http://eng.dgbas.gov.tw/np.asp?ctNode=1911.

行政院 (Executive Yuan) 2001「海洋白皮書」(Ocean White Pater) https://www.govbooks.com.tw/books/61618.

行政院 (Executive Yuan) 2006 年「海洋政策白皮書」(Ocean Policy White Paper) http://maritimeinfo.moi.gov.tw/marineweb/LayFrom0.aspx?icase=T02&pid=0000000083.

教育部 (Ministry of Education) 2007 年 a「教育部補助弁理国民中小学海洋教育推広計画作業要点」(Guidelines on funding marine education programs launched by elementary and junior high schools) https://www.google.com.tw/url?sa=t&rct=j&q=&esrc=s&source=web&cd=1&cad=rja&uact=8&ved=0ahUKEwjxwr_ahcbXAhXMgLwKHVUJBhUQFgglMAA&url=http%3A%2F%2Fedu.law.moe.gov.tw%2FLawContent.aspx%3Fid%3DFL044692&usg=AOvVaw3nI_MNtgQjI6SmhhaFdUaB.

教育部 (Ministry of Education) 2007 年 b「海洋教育執行計画」(Marine Education Enhancement Project)（2007─2011年）https://ws.moe.edu.tw/001/Upload/3/RelFile/6990/11723/970523%E6%95%99%E8%82%B2%E9%83%A8%E6%B5%B7%E6%B4%8B%E6%95%99%E8%82%B2%E5%9F%B7%E8%A1%8C%E8%A8%88%E7%95%AB(%E7%AC%AC%E6%AC%A1%E5%A0%B1%E9%99%A2%E7%89%88).pdf.

教育部 (Ministry of Education) 2007 年 c「海洋教育白皮書」(White Paper on Marine Education Policy) http://english.moe.gov.tw/ct.asp?xItem=14539&ctNode=11435&mp=3

教育部 (Ministry of Education) 2008 年「国民中小学校海洋教育議題課題綱要」(marine education curriculum guideline for Grade1-9) http://ocean.chihjh.kh.edu.tw/book2.pdf.

教育部 (Ministry of Education) 2011 年「国民教育法」(Primary and Junior High School Act) http://edu.law.moe.gov.tw/EngLawContent.aspx?Type=E&id=142.

教育部 (Ministry of Education) 2013 年 a「幼児教育及照顧法」(Early Childhood Education and Care Act) http://edu.law.moe.gov.tw/EngLawContent.aspx?id=127.

教育部 (Ministry of Education) 2013年 b「高級中学教育法」(Senior High School Education Act) http://edu.law.moe.gov.tw/EngLawContent.aspx?Type=E&id=146

教育部 (Ministry of Education) 2015 年「大学法」(University Act) http://edu.law.moe.gov.tw/EngLawContent.aspx?Type=E&id=254

国家教育研究所 (National Academy for Educational Research) 2014 年「十二年国民基本教育課題綱要総綱」(The carriculum of new 12-year basic education) https://www.naer.edu.tw/⟩les/15-1000-7944,c639-1.php?Lang=zh-tw

3 韓国における海洋教育

李　正連

1　海洋教育関連政策

　韓国の海洋教育は、1981 年海洋探求教育振興方案が文教部（現在、教育部）によって出され、学校を基盤とする科学教育の一分野として量的に増加し、1980 年代後半海洋科学者、市民団体、水産関連公務員、地域住民等によって海洋環境教育の形態として行われる。その後、1990 年末には生物の多様性、沿岸の利用、湿地保全法（1999 年）の制定など海洋保護面における国家政策が展開され始めた。2000 年に入って第 7 次教育課程（日本の学習指導要領に相当）において諸教科学習の一主題として海洋教育が含まれたことをはじめとして、2002 年からは「海洋教育モデル学校」の指定・運営が始まり、2005 年には青少年海洋教育活性化方案（海洋水産部）が打ち出される。その方案に基づき、韓国海洋科学技術院及び韓国海洋財団が、海洋水産部の支援を受けて海洋教育に関する教材を開発・普及しており、韓国海洋水産開発院では教師用副教材を開発している。そして、韓国海洋教育者協議会（2002 年）や韓国海洋教育研究会（2009 年）なども発足するなど、近年海洋教育に対する関心や取り組みが大きく進展している（シンほか 2016）。

　海洋水産部は 2015 年 12 月、海洋環境教育に関する総合計画を策定し、2016 年から全国民を対象に海洋環境教育を実施することを明らかにする。同年 3 月には韓国海洋環境公団を国家海洋環境教育センターとして指定し、全国民を対象に「出前講師団の海洋環境教育」を実施している。そして、2017 年 4 月には国家レベルの体系的な海洋教育を実施するため、5 カ年計画（2017-2021）の「海洋教育総合ロードマップ」を発表した。同ロードマップでは

表附-3-1　海洋教育5カ年 (2017-2021) 総合ロードマップの主な内容

ビジョン	国民の海洋的素養の増進と海洋人材の育成
目標	・学校教育及び社会教育における海洋教育の活性化 ・海洋教育政策及びインフラの拡充を通じた体制の構築
3大分野	9つの推進課題
1. 公教育を通じた体系的海洋教育の実施	1-1. 教育課程における海洋分野の反映の拡大 1-2. 初・中等教育における海洋教育の機会の拡大 1-3. 教員の力量強化を通じた専門性の確保
2. 社会教育の拡大のためのインフラの造成	2-1. 海洋教育プログラムの充実化 2-2. 海洋分野における高級人材の養成 2-3. 地域基盤を活用した海洋教育の活性化
3. 海洋教育の活性化のための基盤構築	3-1. 海洋教育の制度・運営の基盤構築 3-2. 海洋教育専門機関及び施設の拡充 3-3. 海洋教育の協力体制の強化

「国民の海洋的素養の増進と海洋人材の育成」をビジョンとして掲げ、学校教育及び社会教育における海洋教育の活性化と、海洋教育政策及びインフラの拡充を通じた体制の構築計画を打ち出している。すなわち、「未来資源の宝庫であり、次世代の食糧である海洋に対する教育は先進海洋強国へ跳躍するための必須要件である」という考えから、体系的な海洋教育を実施するための法整備をはじめ、「国家海洋教育センター」等の専門機関の設立、教育庁（教育委員会）との協力体系の強化に取り組んで行く計画を明らかにしている。また、同年7月には、海洋水産科学技術分野の複合教育文化施設である「国立海洋科学教育館」の着工式が2020年開館を目標として行われた。

2　初等中等教育に関する海洋教育

海洋教育モデル学校の指定・運営

　海洋水産部は、国民の海洋認識の向上を目的として、各級学校において海洋の重要性を体系的に教育するために、2002年から海洋教育モデル学校を指定・運営している。2009年からは毎年20校、2015年度からは19校ずつ指定され、2017年まで計238校がモデル校として指定されている（**表附-3-2**

参照）。モデル校として指定されると、地方教育庁が管内の海洋教育モデル
校の運営計画書を検討し、2年間海洋教育プログラム開発等のために毎年1
千万ウォン（約100万円）の予算が支援される。

　モデル校の運営は、各学校や地域の特色を生かせる運営計画を立て、教授
学習課程案及び多様な体験学習プログラム等を開発して行っている。例えば、
始華防潮堤の完成（1987-94）によってつくられた人工湖の始華湖が位置してお
り、工業団地があって海洋生態環境汚染問題を抱えている京畿道安山市にあ
るワドン中学校（2007年指定）では、モデル校運営のテーマを「海洋生態環境
保存意識の涵養」とし、海洋生態環境教育のための3時間の教科授業と創造
的裁量活動教科授業6時間を設定して年間計42時間の海洋生態環境授業を

表附-3-2　海洋教育モデル学校の運営状況

年度	小学校	中学校	高校	計	支援機関
2002	2	-	-	2	ソウル市教育庁、海洋文化財団
2003	-	-	-	-	-
2004	3	3	-	6	張保皐※記念事業会、海洋文化財団、海運組合
2005	6	6	2	14	ソウル市教育庁、海洋水産部
2006	9	6	2	17	海洋水産部
2007	11	8	-	19	海洋水産部
2008	7	9	1	17	国土海洋部
2009	9	8	3	20	国土海洋部
2010	10	8	2	20	国土海洋部
2011	10	8	2	20	国土海洋部
2012	12	6	2	20	海洋水産部
2013	12	6	2	20	海洋水産部
2014	11	6	3	20	海洋水産部
2015	11	6	2	19	海洋水産部
2016	11	6	2	19	海洋水産部
2017	3	2	-	5	海洋水産部
計	127	88	23	238	

※張保皐（チャン・ボゴ、出生年不明〜846）は、統一新羅後期の9世紀頃に新羅、唐、日本にまたがる
　海上勢力を築いた巨商であり、武将である。
出典：シンほか（2016）「初・中等学校の海洋教育総合ロードマップの策定に関する研究」海洋水産部・
　社団法人韓国海洋教育研究会、p.22; 海洋水産部ホームページ（http://www.mof.go.kr［アクセス日：
　2017.10.29]）。

実施していた。そして、土曜日や夏休みを利用して多様な海洋生態環境体験プログラムを開発・実施し、海洋生態環境保存意識を広めるための校内ポスターや標語、絵画大会、海洋関連の作文大会、海洋生態環境体験報告書づくり等の多様なイベントも開催していた (京畿道教育庁報道資料ブログ)。

その他学校関連の海洋教育プログラムの運営

　造船や港湾・物流、漁業及び水産物加工、エネルギーなどの海洋関連の専門人材を育成するため、海洋関連の特性化高等学校、いわゆる「マイスター高校」が運営されており、2000 年からは海洋水産技術地域特性化事業として「海洋韓国発展プログラム (KSGP: Korea Sea Grant Program)」を運営している。KSGP は、7 つの圏域別シー・グラントセンターを指定して、研究開発事業による地域懸案問題及び地域海洋専門人材の養成に取り組んでおり、一部では初・中等教育の児童・生徒を対象に海洋レジャーの体験、海上安全教育等を行っている (シンほか、2016)。

3　社会教育における海洋教育

海洋関連の公共機関による海洋教育

　韓国海洋水産開発院の「海洋アカデミー」は、国民の海洋認識を高めるため、小中高校の海洋教育担当教員を養成し、優秀な海洋教育教材を開発している。

　国家海洋環境教育センターとして指定された海洋環境管理公団は、地域の環境団体とともに環境に優しい生態観察を中心とした干潟生態体験行事の運営をはじめ、全国の海洋環境専門家で構成された講師団が学習者のニーズや水準に合わせた教育を行う「出前講師団の海洋環境教育」を実施している。

博物館や科学館等の社会教育施設における海洋教育

　2012 年開館した国立海洋博物館では、海に関する多様な展示とともに、子ども博物館及び海洋図書館も運営しており、その他にも海洋に関する多様な教育及び体験プログラムを開設・運営している。

海洋教育ポータルサイトの運営及びコンテンツの開発

　海洋教育ポータル（www.ilovesea.or.kr）は、海洋水産部と韓国海洋財団をはじめとする諸海洋関連機関や団体が海洋教育のために研究・開発した海洋コンテンツを基盤にして、次世代の主役である青少年はもちろん国民誰もが海洋を簡単に学べるように設けた海洋専門オンライン教育サイトである。海洋教育や学習に必要な図書、動画、教育指導案等を提供しており、今後コミュニティ機能を強化し、利用者間の情報交流や共有が可能となる知能型教育サイトへ発展させていくことを目指している。

文献

　イ・チョヒ、チェ・ソンドゥ　2012　「海洋教育政策道具が海洋意識水準に及ぼす影響に関する研究」韓国地方政府学会.

　蔚山教育広報館ホームページ（http://mnews.use.go.kr/main/）.

　海洋教育ポータル（http://www.ilovesea.or.kr/main.do）.

　海洋水産部　2017.4.26　「報道資料：海水部、海洋教育5ヶ年（'17-'21）総合ロードマップ発表」.

　海洋水産部　2017.7.11　「報道資料：未来の海洋教育を率いる国立海洋教育科学館、着工する」.

　海洋水産部ホームページ（http://www.mof.go.kr/index.do）.

　キム・ソングィほか　2010　「海洋教育計画の策定のための基盤研究」韓国海洋水産開発院.

　京畿道教育庁報道資料ブログ（http://blog.daum.net/ken_news/5958001）.

　シン・チュニほか　2016　「初・中等学校の海洋教育総合ロードマップの策定に関する研究」海洋水産部・社団法人韓国海洋教育研究会.

　チェ・ソンエほか　2016　「韓・中・日海洋教育の現況と示唆点―学校海洋教育を中心に―」韓国海洋水産開発院.

4　シンガポールにおける海洋教育

北村友人・Edmund Lim

　シンガポールは周りを海に囲まれた島国であるにもかかわらず、国の初等教育ならびに中等教育において海洋教育を重視する正式の枠組みはない。その代わり、海洋教育のいくつかの要素が学校における科学教育 (science education)[1] に組み込まれている。

1　初等学校[2]

　科学カリキュラムの枠組みは科学の教育と学習についての政策の枠組みがベースとなる。シンガポールでは、科学教育の目的は、優れた価値観を持つ有能な市民となって、陸環境と海洋環境に配慮しながら、社会で働き、社会に貢献できるように児童を教育することである。

　海洋教育のカリキュラムの枠組みの核となるのは、科学的な問いかけをする心を育てることである。科学的な問いかけをするためには、(a) 知識と理解と応用、(b) スキルとプロセス、(c) 倫理と態度、という 3 つの不可欠な領域が必要となる。科学的な問いかけをする心を育てる目的は、科学を追及することは意味があり、役に立つということを児童に気づかせることである。科学的な問いかけは、日常生活、社会、環境のなかでの科学の影響力に関連する知識、課題、疑問が基本となる。なお、環境には、海洋環境も含まれている。

　5 年生と 6 年生は、海洋環境を含め、環境における相互作用について学ぶ。これらの上級学年では、環境の物理的特性 (温度、光、水)、食物の入手可能性、存在する他の生物体の種類 (生産する生物体、消費する生物体、分解する生物体)

など生物体の生存に影響を与える要因を特定する。また、環境が生物にとって好ましくない情況に変化した場合に、生物体が受ける影響（生物体がそうした環境の変化に適応して生き残るのか、他の場所に移住していくのか、それとも死滅するのか）についても考察する。こうした学習をするなかで、たとえば油汚染が海洋動物と環境に与える影響についても学ぶことができる。

2　中等学校

中等学校では「科学カリキュラムの枠組み」が初等学校よりも広く、さまざまな学習領域は、科学が日常生活に関連する方法ならびに生命と環境のさまざまな側面に科学が及ぼす影響と関連づけられる。**表附-4-1**は、3つの視点から教育の目標を定めている。

表附-4-1　科学カリキュラムの枠組みにおける異なる視点からの教育目標

〈日常生活における科学〉 個人に焦点を当てた個人的な視野	〈社会における科学〉 人間の相互作用に焦点を当てた社会的な視野	〈科学と環境〉 人間と自然との環境に焦点を当てた自然主義的な視野
・動向とパターンを観察し、メディアの報道からのデータを分析するなど、日々の生活のなかで科学的スキルを駆使する。 ・IT ツールやオンライン上の資源を使用するなど、科学および技術の進歩に適応できるようになる。 ・遺伝子組換え食品の消費、健康に関する選択肢など情報を踏まえて科学と技術に関連する決定を下す。	・科学の進歩に関連する社会的課題や道徳的課題などについて他者との意味のある科学的な対話に取り組む。 ・生命科学やコンピュータなど社会における科学と技術の役割と影響を理解する。 ・研究プロジェクトについて科学者と協力するなど、科学知識の向上に貢献する。	・生物ならびに環境と人間とのつながりなど自然界における人類の立場を理解する。 ・SARS、エイズ、鳥インフルエンザなど生物学的問題と安全について認識する。 ・地球温暖化の原因と影響についての理解など、環境に配慮し、環境について懸念していることを示す。

たとえば個人に焦点を当て、個人的な視野を伴う日常生活における科学の分野では、動向やパターンを観察し、メディア報道からのデータを分析するなど日々の生活のなかで科学的スキルを駆使することができることが求めら

れている。これらの動向には、気温上昇の影響、サンゴ礁やその他の海洋性生物に気温上昇が与える影響などを含む。

　また、温度上昇や汚染が海洋性生物に与える影響についての研究を深めるために、IT ツールやオンライン上の資源を使用することができるようになることが期待されている。加えて、養殖魚の消費やそうした消費が環境や人の健康に与える影響などについて、入手した情報を踏まえて科学的な判断をくだすことができるようになることが求められている。

　人と自然との関係に焦点を当てる自然主義的な視野を伴う科学と環境の分野では、生物と人間とのつながり、海洋環境を含む環境と人間とのつながりなど、自然界における人類の立場を理解するように導かれる。また、海の食物連鎖や人間の安全で健康的な生活にプラスチック汚染が及ぼす影響など、安全と生物学的課題についての認識を高めていく。さらに、汚染を軽減するためにプラスチックの責任のある使用と処分を提唱するなど、積極的に行動することによって環境に配慮し、環境への懸念を示すことができるようになるべきである。

　上述の教育目標は、科学を単なる事実の集合体ではなく、社会的な努力が求められている分野であり、そのために必要な思考力を高めることが必要であると、生徒が認識できるようになることを求めている。この目的を達成するためには、科学の研究と実践はどちらも重要な活動であり、両者の積み重ねが欠かせない。加えて、科学活動と海洋教育活動は、経済的、社会的、技術的、倫理的、文化的な諸要素に大きく影響されていることを理解する必要がある。

　中等学校の高学年になると、科学の授業で気候変動についても考察するようになる。企図する学習成果は、極地の氷冠の融解、海面の上昇、淡水供給源にかかるストレス、熱波、豪雨、サンゴ礁の死滅、魚類や虫の移住など、温室効果ガスの排出の結果としての気候変動の影響を説明できるようになることなどである。

注

1　「理科」と訳すことも可能ではあるが、日本の理科教育との異なりを示すために本章ではあえて「科学」と訳している。

2　学校の名称 (6 年間の初等学校、4 年ないし 5 年間の中等教育学校) については、川上ほか (2011) を参照したうえで、日本とは異なる教育制度であることに鑑み、小学校・中学校といった名称ではなく、初等学校・中等学校と表記することにした。

文献

川上昭吾・森本弘一・劉卿美・橋本健夫 (2011)「シンガポールの教育—特に、ストリームについて」『愛知教育大学教育総合開発機構紀要』vol.7、39-45 頁。

5　インドネシアにおける海洋教育

草彅佳奈子

1　序

　一万三千以上の島々から成り立つインドネシアという国において、海は人々やその生活と切り離せない存在である。近年、国の政策上、海とその資源は力が入れられている分野でもある。2014 年に発足したジョコ・ウィドド政権では、「海洋国家構想」が打ち出され、新たに海事担当調整省 (Coordinating Ministry for Maritime Affairs) が設立された。海事担当調整省は、水産加工品生産量の増加と 450 万の漁師の近代化の支援を担っており、運輸省、海洋水産省、観光省、エネルギー・鉱物資源省を管轄している。東アジアサミットでウィドド大統領は、インド洋と太平洋の結節点である「インドネシアは世界海洋国枢軸 (World Maritime Axis) の一角をなす」と演説し、以下の外交政策における 5 つの方針を表明した (岡崎研究所、2015)。

①インドネシアの海洋文化を再建する。インドネシアの将来は、海洋の運用力にかかっている。

②海洋資源の維持・管理にコミットする。

③海洋インフラの増強を優先し、船舶業、物流、海洋ツーリズムを発展させる。

④海洋外交を通じ、密漁、主権侵害、領域紛争、海賊、汚染などの海洋紛争の源を断つ。

⑤インド洋・太平洋の懸け橋として、海洋防衛力を増強する。

このような海洋国家構想のもと、漁業をはじめ、海洋資源開発、港の整

備、観光など、多角的に産業発展を図ることで、国内総生産 (GDP) 比を現在
の 11% から 10 年間で 25% に高める目標が掲げられている。海とその資源は
雇用創出、食料の確保、貧困解消、経済開発の点で重要な役割を担っている。

　またインドネシアは地球上の生物種の約 20 パーセントが生息する生物多
様性の非常に豊かな国として知られている。

　これまでは多くの途上国がそうであるように、インドネシアでは経済開発
が優先され、環境問題に対して十分な対策が取られてこなかった。特にこの
20 年は、地方分権化により海洋資源の権利が国から地方政府に移譲された
ことにより、各地で急速な開発が進み、環境破壊が一層加速した。しかし近
年国際的な持続可能な開発目標 (SDGs) や持続可能な開発のための教育 (ESD)
の流れ、また自国の経済・社会・環境の観点からも、持続可能な発展を目指
した海洋資源・沿岸資源管理に関心が高まっている。

図附-5-1　コーラルトライアングル地帯

出典：WWF:http://wwf.panda.org/what_we_do/where_we_work/coraltriangle/coraltrianglefacts/

2　国・州・県(教育政策)

初等中等教育に関するナショナル・カリキュラム

　インドネシアのナショナル・カリキュラムには、海洋教育そのものが明確に示されているわけではない。しかし、理科、社会、国語、宗教(イスラム教、キリスト教、仏教)、ローカル・コンテンツ・カリキュラム、英語と多様な教科のカリキュラム内において、海の生物や海洋環境について触れられている。

　インドネシアの海洋教育も含めた環境教育の特徴として、自然と宗教の密接な関わりが挙げられる。「Rahmatan lil 'alamin」ということわざがあり、その意味するところは、イスラム教は人間のみならず、動物、植物など宇宙全体に恵みと繁栄をもたらし、宇宙のあらゆるモノに対して恵みを与える宗教だという教えである(2017年9月8日インドネシア教育文化省研究開発局長トトック・スプライトノ氏インタビュー)。

　特にローカル・コンテンツ・カリキュラムで環境教育がテーマとして取り上げられることが多く、沿岸地の学校では海洋と関連した環境教育も行われている。

　インドネシア教育文化省研究開発局長トトック・スプライトノ氏は、インドネシアのカリキュラムは、陸上の事象に集中し、海洋教育は軽んじられてきたと話す(2017年9月8日インタビュー)。近年のアクティブ・ラーニング志向や、また海洋分野の国家戦略的重要性、環境教育への関心が高まるにつれ、今後海洋教育と関連した内容が学校教育で取り入れられていくことが予想されている。

国レベルの海洋教育の推進

　国立の調査機関であるインドネシア科学技術院(Lembaga Ilmu Pengetahuan Indonesia: LIPI)は、インドネシアで最も古く高度な専門性で知られる研究機関である。国の機関としては、最も積極的に海洋教育を推進し、カリキュラムへの導入への提言を行っていることから、その役割と活動内容に触れたい。LIPIは1998年よりアジア銀行と世界銀行の資金協力のもとサンゴ礁保全管

理計画プロジェクト（COREMAP）を実施している。その一環として連携機関
である地方漁業局や県の教育局と協同し、学校における海洋教育活動を含む
啓蒙プログラムや環境教育を実施してきている。具体的には、サンゴ礁に関
する教材などの海洋教育資料の開発、若者や子ども向けのサンゴ礁イベント
やコンテスト、教師向けのトレーニングやワークショップの開催などである
（2017年9月4日 LIPI、Dwi Sekar Asih 氏インタビュー）。

　LIPI は小学生、中学生、高校生を対象にした「私たちの海と海岸シリー
ズ」教科書を開発した（Sayekti et al., 2015）。この教科書は「沿岸および海の
生態系に関する知識を教えるだけでなく、海洋資源の保護の重要性に対
する意識を高め、その地域の自然災害に備える防災教育をすること」を目
的としている。教科書の他にも、教師のガイドライン、シラバス、海洋
生態学の辞書と用語集、漫画、ゲーム、ポスターなども開発し、地域の
ニーズに合わせて楽しく学習できるよう工夫されているという。LIPI は

図附-5-2　LIPI によって開発された小学生向けの教科書

2010年頃から教育文化省に対し、LIPIが開発した教科書を使って、全国の学校でローカル・コンテンツ・カリキュラムに海洋教育を取り入れるよう提言を行っている（2017年9月4日LIPI、Dwi Sekar Asih氏インタビュー）。

地域カリキュラム

　インドネシア東部では、海が身近な存在であり、経済的・環境的・文化的に地域にとって重要であることから、海洋教育と関連したテーマが取り上げられ実践されている。

　ここでは、海洋教育を正式に県のカリキュラムに導入した先駆的な事例として、ラジャ・アンパット県の事例を取り上げたい。西パプア州にあるラジャ・アンパット県は、世界の海洋生物多様性の中心であるコーラルトライアングルに位置し、600以上の島々から成り立つ。豊かな海は4万人以上の住民にとって生命と暮らしの源泉となっている。ラジャ・アンパット県教育局への長期的な働きかけが実り、インドネシアで初めて正式に、海洋教育がローカル・コンテンツ・カリキュラムとして導入された（2017年9月5日TNCインタビュー）。このカリキュラム開発は、2008年にNGOの環境プロジェクトとして始まった。国際NGOであるThe Nature Conservacy（TNC）ラジャ・アンパットと地域のNGOであるローカル・マネージド・マリーン・エリアネットワーク（LMMA）インドネシアが、プロジェクトの対象地域であったコフィアウ島とミソール島のための「環境教育プログラム」モジュールを開発した。しかしその後、政府の支援が途絶えたこともあり、2〜3年プログラムは中断された。2012年頃からTNCは、環境教育を地域カリキュラムとして復活させるよう、ラジャ・アンパット県教育局に働きかけた。それが実り、地域の文脈で海洋教育を取り入れるため、コフィアウ島とミソール島の現職の教師の意見も取り入れた新たな教材が開発された。

　2015年以来、TNCとラジャ・アンパット県教育局、教育財団であるYayasan Pendidikan Islam Selangor（YAPIS）は、小学4年生と5年生の小学校を対象とした、地域カリキュラムとしての環境教育のモジュールを開発した（Daljuri et al. 2016）。その後テスト期間を経て、国家教育の日である2016年5

図附-5-3　小学校4年生、5年生向けに開発された教科書

図附-5-4　環境教育モジュールを使った授業の一環としてサンゴ礁を観察する小学生

写真提供：Nugroho Arif Prabowo 氏 /TNC

月 2 日に Abdul Faris Umlati 県知事により署名され、ラジャ・アンパット県の全小学 4 年生と 5 年生を対象にローカル・カリキュラムとして正式に導入された (TNC 2016)。県知事は、海洋教育を通じて、子どもたちが海洋や科学に関する知識を深めるだけでなく、海洋環境や資源を大切にする心を育てることが重要だと語り、そのために幼少時から環境教育を通じて環境保護に取り組むことが重要であると述べている。人間の生活と様々な側面との関係を分野横断的かつ科学的に取り扱う環境教育モジュールは、現在の教育のニーズとも合致しているという。その一方で、研修を受けた教師が実際の授業に導入できなかったという課題も指摘されており、その理由は以下の通りである (2017 年 9 月 5 日 TNC インタビュー)。

　①モジュールを教えることのできる教師不足
　②教師の異動によるプログラムの終了
　③教師に環境プログラムを実施する動機不足
　④プログラムに対する政府支援の欠如

3　小学校

小学校における海に関する教育の実施状況 (国・県の概況)

　ナショナル・カリキュラムの小学校 4 年生、5 年生で特に自然環境に関するテーマが扱われていることから、多くの海洋教育と関連した内容がこの学年で取り上げられていることが推測される。また近年、社会の環境教育への関心の高まりから、学校の特色を出すプログラムとして環境教育を導入する学校も増えている。また、特に小学校レベルでは NGO 等による地域コミュニティ支援の一環として、課外活動で海洋教育が実践されている例も多く見られる。

　世界自然保護基金 (WWF) インドネシアが小学生向けに作成した環境保全教育の教材「グラノ・ビンタン」がある (Mahonas et al. 2015)。この教科書は、パプア州と西パプア州のチェンデラワシ地域の 2 つの地区を対象として、1

年生から6年生向けに制作されたものである。本書にはチェンデラワシ湾の動植物知識、沿岸生態系の導入、廃棄物および気候変動とその影響が含まれている。

　海洋教育が盛んなインドネシア東部は、貧困率も高く低学力やジャワ島との教育格差が問題となっている地域である。海洋教育では、アクティブ・ラーニング型の指導が伴うが、従来とは異なる指導法が必要とされる実践型のカリキュラムは、多くの学校では実践されていない。教員の研修と現地のニーズに合いなおかつ実践可能なカリキュラムの開発が海洋教育プログラム実践の大きな課題となっている。

小学校における海に関する教育のベストプラクティス

　ここでは、北スラウェシ州マナド市のローカルNGOであるマネンケル・ソリダリタスが提供している「スコーラ・セイ・パンテ (Skolah Sei Pante)」と名付けられた海洋教育プログラムを紹介する (2017年8月18日 Sella Runtulalo 氏インタビュー)。多くの環境プログラムは海を知ることや環境保護の重要性を学ぶことが目的とされているのに対し、同プログラムは持続可能な社会を子どもたちの手で作るため、意識改革と行動変容を促す教育として実践されている。

　スコーラ・セイ・パンテは、南ミナハサと北スラウェシの沿岸地域に住む子どもたちを対象に、幼い頃から意識を高め、子どもたちが海洋環境の保護と保護の方法を学び、責任ある市民としてコミュニティに働きかけ、行動の変化を促す機会を提供している。

　地域の学校と協力して主に課外活動として実践されているが、ローカル・コンテンツとして取り入れている学校もある。マナドの現地語を使用することで、現地の歴史的・社会的背景に寄り添った教育実践を目指している (Cyrill、2016, June 17)。

　このプログラムは、統合学習的なアプローチがとられ、3つの段階に分けたモジュールが提供されている。モジュールの60%が屋内活動にあてられ、理論的な知識をただ与えるだけでなくゲームやビデオを用いて理解を促して

図附-5-5　海草の観察方法を学ぶ小学生

写真：Manengkel Solidaritas

いる。また 40% を占めるアウトドア活動では、自沿岸の生物の生息地の特定や調査の実施などを行い自然から直接学ぶ機会を提供している。子どもたちは以下の 3 つの段階を経て、村の環境の持続可能性を達成するために必要なスキルと知識を身につける。

① 最初のレベル「メッセンジャー」では、子どもたちはマングローブ、サンゴ、海草の生態系、持続可能な廃棄物管理のアイデアを学ぶ。このモジュールを終了すると子どもたちは地域の沿岸および環境問題のメッセンジャーになることができる。

② 2 番目のレベルである「トランスフォーマー」は、気候変動と沿岸環境、廃棄物管理の知識を深める。子どもたちはトランスフォーマーとして、コンポストの作成やマングローブの植林を行うなど実践を行う。またこうした学習の内容を家族に伝え、環境破壊行動をやめるように伝えるなど、環境保護の重要性を他者に訴えることが可能となる。

③ 第 3 のレベルとして、子どもたちは「変化のエージェント」として知識を実行に移すことが求められる。子どもたちは地元の海洋環境を保護す

　る行動を起こすため、実践的なスキルを身につける。子どもと若者の環境保護の願いを政治家など政策決定に影響を及ぼす人々に届けることで、社会に変化を与えることが期待されている。このため、メディアに取り上げてもらえるような記事を書く方法をジャーナリストから教わり、環境キャンペーンの実践について学ぶ予定である。

4　中学校・高校

中学校・高校における海に関する教育の実施状況（国全体の概況）

　2013年ナショナル・カリキュラムの分析を行った結果、中学校では、小学校と同様、特にローカル・コンテンツ・カリキュラムで環境教育として取り上げられており、企業やNGO等の外部団体と連携して行われている例が多い。高校レベルでは、普通高校では社会学、地理、生物学で海洋教育と関連した内容が教えられているが、最も多くの時間が割かれているのが、「工芸と起業家教育」の教科で、海産物の保存や、二次加工製品の生産に関する内容が教えられている。高校レベルのローカル・コンテンツ・カリキュラムの目標として、生徒が住んでいる地域の恩恵と知恵を学習者が理解し、これを生かすために必要な態度、知識、スキルを備えさせることとされており、以下の項目が挙げられている（KEMDIKBUD、2015）。

1. 地域の潜在的可能性を特定する。
2. 経済的価値がある環境、社会、文化、芸術の側面を開発する。
3. 国の発展を支援するために地方の資源を活用する。

　またインドネシアには、普通高校の他、SMK（Sekolah Menengah Kejuruan）と呼ばれる職業高校があり、その中でも主に漁業、養殖業、水産物を専門とする「漁業分野」と航海技術を専門とする「海上分野」の2つに専門分野に分かれている（KEMDIKBUD、2017）。近年政府の海洋国家構想によって、文部科学省と海洋水産省の間で、インドネシア東部の5つの地域（北マルク州、マルク州、パプア州、西パプア州、東ヌサ・トゥンガラ州）に海事と関連したSMKを48

校新設することが合意された (Khasanah, 2017, February 25)。海洋産業の潜在的な可能性がある地域が選定され、漁業、養殖、および海産物の加工など、必要な人材育成に力が入れられることとなっている。インドネシア全国商工会議所 (KADIN) の海事漁業副議長のユギ・プレヤント氏は、インドネシアが世界の海洋の軸となるためには、早期から海洋の知識を得て、時間をかけて海洋と関連した理論と実践の育成が必要だと話す。インドネシアの子どもたちが自国を愛し、特に海洋分野における自然の富を維持するために、特に中学校・高校の段階で海洋漁業をカリキュラムに導入することが目指されているという (Safaat, 2016, April 20)。

中学校・高校における海に関する教育のベストプラクティス

　受験中心の学校教育が行われているインドネシアでは、学齢が上がるとともに環境教育のような活動は課外活動的にみられ、時間が割きづらくなる。また中学校・高校では、複数の教師により別々の教科として教えられているため、分野横断的な学習に取り組むことが難しい。

　ここでは海洋教育カリキュラムの先進的な事例として、前述のインドネシア科学技術院 (LIPI) が制作した 8 年生 (中学 2 年生) と 11 年生 (高校 2 年生) の教科書の内容を紹介する (**表附-5-1、5-2**)。かなり高度な専門的内容が扱われていることがわかる。

表附-5-1　LIPI 制作 8 年生対象の教科書「海洋と海のダイナミクス」の目次

はじめに	
第1章　海洋流体力学 　A. 流体力学の理解 　B. 流体力学的構成要素 　C. 海洋の物理的要素 　D. 海水中の栄養素	第2章　自然・海洋現象 　A. 自然現象台風、暴風雨、サイクロン 　B. 地球温暖化 27 　C. 地震と津波 30
第3章　自然災害とリスク削減の取り組み 　A. 自然災害の危険やリスク 　B. インドネシアにおける自然災害の種類 　C. 自然災害の予測と防災準備 　D. 災害対策 52	第4章　沿岸コミュニティのダイナミクス 　A. 人口の条件 　B. 経済的条件 　C. 社会文化的条件 　D. 環境衛生と公衆衛生
参考文献	

表附-5-2　LIPI 制作 11 年生対象の教科書「沿岸および海洋の生態系：環境にやさしい資源の利用」の目次

はじめに	
第1章　海洋生態系 1 　A. 生態系の基本原則 　B. 河口生態系 　C. マングローブ生態系 (マングローブ林) 　D. 海草のエコシステム 　E. サンゴ礁の生態系	第2章　海洋生物の多様性 　A. 背景 　B. 種類と多様性 　C. 原生生物 　D. フローラ 　E. ファウナ
第3章　沿岸および海洋資源の潜在的および利用可能性 　A. 潜在的な沿岸および海洋資源	第4章　沿岸海域における環境にやさしい経済 　A. 養殖技術 　B. 海産物の加工
参考文献	

5　市民団体

市民団体が担い手となる海に関する教育の実施状況 (国全体の概況)

　これまでの事例にも出てきたが、インドネシアでは、国際 NGO やローカル NGO 等の市民団体が海洋教育において大きな役割を担っている。以前は政府と市民団体で別の動きがあったのに対し、近年は ESD 実現のため協力して政策や行動を取ることも増えてきた。

　2016 年に各地で独自に教育プログラムを実践してきた団体が連携し、インドネシア海洋教育ネットワーク (IMEN) が設立された。メンバーは、インドネシアで海洋環境教育に取り組む団体および地方の大学や NGO で構成されているが、現在のところ目立った活動は行われていない (IMEN 2016; 2016 年 8 月 26 日 Angela Beer 氏インタビュー)。

市民団体が担い手となる海に関する教育のベストプラクティス

　海に浮かぶ教室、環境教育船カラビア

　カラビアは古いマグロ船を改装して作られた「海に浮かぶ教室」と呼ばれる環境教育船である。国際 NGO とローカル NGO の連携で生み出されたこ

のプログラムの特徴は、パプアの伝統的な教育スタイルを尊重した、インターラクティブで探究的な教育プログラムを提供していることである。カラビアのコア・プログラムは、小学校 4 〜 6 年生を対象としている。コア・プログラムで子どもたちは、船上や海外で環境問題に関する授業を受けたり、シュノーケリング、歌、舞踊、演劇などのプログラムを体験する。このプログラムを実施するファシリテーターたちは、子どもたちのロールモデルとなれる地元の言語や文化を知る若者たちである。子どもたちが自然と触れ合い学ぶことで、地元の環境により誇りや感謝を感じること、また愛する心を身につけてくれることを期待しているという。こうした教育プログラムを通じて次世代のリーダーへ、地域の自然環境への誇りを感じ、食糧安全保障や持続可能な経済、健康を促進することを目的としている。コア・プログラムに参加した子どもの数はのべ 200 村の合計で 10,000 人以上と推測される。カラビアは、2008 年 2 月から航海を開始し各村で 4 日間の教育プログラムを提供し、2 年をかけて 150 村を回ったという。現在カラビアはスポンサー企業の代表者の交代により、資金支援が受けられなくなり、スポンサーを募っている。カラビア・プログラムは、参加した学生やコミュニティから高い評価を得て

図附-5-6　Warsambin 村に停泊する環境教育船カラビア

写真：Angela Beer/ Conservation International

図附-5-7　パプアの子どもたちによるカラビアの歓迎セレモニー

写真：Angela Beer/Conservation International

おり、プログラムの存続が望まれている。

6　まとめ

　インドネシアにおいて、現ジョコ・ウィドド政権によって掲げられた「海洋国家構想」のもと、国内で海洋に対する認識と重要性は増している。現時点でナショナル・カリキュラムに正式に海洋教育が導入されるめどはたっていないものの、ローカル・コンテンツ・カリキュラムやその他様々な教科で海洋教育は広く実践されている。また経済・社会状況に後押しされ、特に漁業や海洋保全と結びつく高校や高等教育レベルにおいて、海洋技術の発展や、環境保護に貢献できる人材の育成が求められている。

参考資料

インドネシアの行政機関について . (2016, March 30). Jalan Senopati. Retrieved from http://jalansenopati.com/?p=154

岡崎研究所 (2015, January 7). 海洋国家としてのインドネシア. Wedge Innity Retrieved from http://wedge.ismedia.jp/articles/-/4599

Cyrill. (2016, June 17). Peduli Lingkungan, Solidaritas Manengkel akan Luncurkan Sekolah Sei Pantai [Caring about the Environment, Manengkel Solidarity will launch Sei Pantai School]. Cendana News. Retrieved from http://www.cendananews.com/2016/06/peduli-lingkungan-solidaritas-manengkel-akan-luncurkan-sekolah-sei-pantai.html on 10/11/2017

Daljuri, S. Karim, A. Hartatik, Bonsapia, SM., Rumain, T., Nuryani, Ajirah, Bagenda, A., Toaha, S., Maturbongs, Y., Prabowo, N. A. Modul Pendidikan Linkungan Hidup Kelas IV & Kelas V (環境委教育モジュール 4 年生、5 年生)

Indonesian Marine Educators Network (IMEN), (2016). Term Of Reference Kick-Off Workshop 2016 "Establishing an Indonesian Marine Educators Network"

KEMDIKBUD (2015b). DIREKTORAT PEMBINAAN SEKOLAH MENENGAH KEJURUAN DIREKTORAT JENDERAL PENDIDIKAN DASAR DAN MENENGAH KEMENTERIAN PENDIDIKAN DAN KEBUDAYAAN 2015 MUATAN LOKAL HANDOUT PENDAMPINGAN IMPLEMENTASI KURIKULUM 2013 SMK TAHUN 2015

Khasanah, Neneng Uswatun (2017, February 25). Kemendikbud dan Kementrian Kelautan dan Perikanan Kerjasama Bangun SMK Kelautan [Ministry of Education and Culture and Ministry of Maritime and Fishery build Maritime SMK]. Retrieved from http://suryamalang.tribunnews.com/2017/02/25/kemendikbud-dan-kementrian-kelautan-dan-perikanan-jalin-kerja-sama-bangun-smk-kelautan on 4/11/2017

Mahonas, F. et al. (2015). Buku Pendidikan Lingkungan dan Konservasi untuk Anak Usia Setingkat SD (Sekolah Dasar) Gurano Bintang (Kelas 1-6) (Edisi ke-2). [Conservatory and Environmental Education Book for Students of the Elementary School Gurano Bintang (Grades 1-6) (2nd ed.)]. (n.p.): WWF Indonesia.

Salna, Karlis (2017, October 23). インドネシア：バリ島に次ぐ十大観光地を開発へ―中国人客に照準 Bloomberg. Retrieved from https://www.bloomberg.co.jp/news/articles/2017-10-23/OY9B7V6JTSEA01

Safaat, Aat Surya (2016, April 20). KADIN dorong kurikulum kemaritiman sejak SMP. Antaranews.com. Retrieved from: https://www.antaranews.com/berita/556405/kadin-dorong-kurikulum-kemaritiman-sejak-smp

Sayekti, N. S., Hidayati, D., Widayatun, & Asih, D. S. (2015). Serial Buku Pesisir dan Laut Kita (SekolahDasar Kelas 1-6). [Our Coast and Sea Book Series (Elementary School Grades 1-6)]. Jakarta: COREMAP CTI LIPI.

Statistics Indonesia. (2017, March 3). Number of Schools, Teachers, and Pupils in Vocational High Schools under the Ministry of Education and Culture by Province, 2011/2012-2014/2015. Retrieved from https://www.bps.go.id/linkTabelStatis/view/id/1838 on 10/11/2017

TNC (2016). 内部資料. "Kabupaten Raja Ampat Luncurkan Modul Pendidikan Lingkungan Hidup"

Toyiban. (2016, February 29). WWF Siapakan Pendidikan Konservasi di Teluk Cenderawasih [WWF prepares a Conservation Education in Cenderawasih Bay]. Antara News. Retrieved from https://www.antaranews.com/berita/547747/wwf-siapkan-pendidikan-konservasi-di-teluk-cendrawasih on 10/11/2017

WWF Global (n.d.) Raja Ampat, Indonesia The richest coral reef on Earth & Indonesia's top liveaboard diving destination Retrieved from http://wwf.panda.org/what_we_do/where_we_work/coraltriangle/coraltrianglefacts/places/rajaampatindonesia/

6　ニュージーランドにおける海洋教育

Julie Harris

1　海洋教育の概要

海洋教育の政策

　ニュージーランドにおける海洋教育の導入を指導する基幹文書は、公式文書のニュージーランドカリキュラムである。この他に、海洋教育を支持する政策として、以下の2つがある。

- 最近開始された、持続可能性のための環境教育政策。これは、環境省、教育省、ニュージーランド環境教育協会との協力のもと、ニュージーランド自然保護局(DOC)により進められている。
- 科学、技術、工学、数学(STEM)思考に対する国の重点的施策が教育省および企業・技術革新・雇用省(MBIE)の中心的政策となっている。「Unlocking Curious Minds（2014）」と呼ばれる MBIE の政策目標は次の3点である。
    - ○教師の知識を向上させる
    - ○一般の人が科学者に触れる機会を増やす
    - ○科学者が一般の人に触れる機会を増やす

上記政策における海洋教育の位置づけ

　海洋教育は、ニュージーランドにおける持続可能性を重視した総合的な環境教育(EEfS)の一つの要素である。

　学校における海洋教育を支援するもう一つの重要な取り組みとして、教育省による「Learning Experiences Outside the Classroom（LEOTC）(課外活動におけ

る学習体験）」がある。この取り組みは、コミュニティに拠点を置く団体に対して、上限が決められ競争の可能性のある資金供給を行い、それにより、国のカリキュラムに沿った学習を補完し強化する実践的な学習体験を Year1 から Year13 の生徒に提供するものである。資金供給の期間は 3 年となっている。

海洋教育の位置づけに関する背景、歴史、考え方

　ニュージーランドの多くの人が海岸から 50 キロメートル内に住んでいるという事実にもかからわらず、インタビューに答えた複数の人によると、環境教育は明らかに陸地に重点を置いたものになっている。

- 学校によっては近距離にもかかわらず、海岸へ出かけることが難しいところもある。
- 課外活動において必要となる安全性とリスクのコンプライアンスが教師にとって大きな負担となっており、海岸線を含む水際での活動の場合、負担は特に大きくなる。
- 海洋環境やそこに生息する生物種は、陸上のエコシステムほど簡単に見ることができない。それらは海の下にあるためである。

2　小学校における海洋教育

概　要

　ニュージーランドカリキュラムでは、海洋教育を初等学校に取り入れるにあたり（中間学校を含め、一般的に達成レベル 1 から 3 または 4 まで）、最も馴染みやすい学習内容は以下のものとされている。

- 保健体育 ― 健康的なコミュニティと環境の要素 ― 社会の意識と価値観、コミュニティの資源、権利、責任、法律（人と環境）
- 科学 ― 生物界の要素 ― 生命のプロセスと生態学
- 社会科学 ― 文化的習慣、地域の景観と活用、グループでの決定方法

　海洋教育は通常、芸術、技術、英語、数学の学習成果も含めた統合型カリキュラムのユニットとして実施される。海洋教育がどの程度カリキュラムに

組み込まれるかは、地域コミュニティの情況、教師の技能や興味のある分野、カリキュラムの連携、海洋環境へのアクセサビリティ、海洋教育の資源、海洋教育を支援するスキルと資格を持つ人員を備えた外部機関、これらによって決まる場合が多い。

　地域レベルで海洋教育を取り入れることが難しい場合、小学校は1週間単位のキャンプ活動の一環として取り入れる、あるいは水族館や海洋科学センターのような団体が行う特別なプログラムに参加することも可能である。その他には、バーチャルリアリティーの手法を使ってニュージーランドカリキュラムに沿った海洋教育を児童に受けさせることもできる。これらの好例は ウェブサイト www.learnz.org.au で見ることができ、そこでは少なくとも4つの海洋環境に関するバーチャルフィールドトリップが体験できる。また、www.nzgeo.com/videos/virtual-reality-360-video/ では、15本の360度バーチャルリアリティービデオが視聴できる。 それらの多くはケルマディック諸島の環境を映している。

小学校におけるベストプラクティス

　以下に示すケーススタディはマオリ語のイマージョン（特化）教育を実施する学校におけるベストプラクティスの実例であり、地域環境と共に文化的遺産との強い結びつきが見られる。

　ケーススタディ1：シートンのクラ・カウパパ・マオリにおける Whitebait Connection（ホワイトベイト・コネクション）プログラム ― マオリ語のイマージョン学校

　Year 5 から Year11（初等および中等教育）の児童・生徒は、最近、マオリの世界観やマオリ語の完全なイマージョン教育を基にした Whitebait Connection プロジェクトに参加した。科学的な調査を主な内容として、社会科学と保健体育（人と環境）と結びついた統合型カリキュラムが実施された。

　優れた実例の注目すべき主要な点：

- 地域環境と共に生徒の文化的遺産と関連している。Whitebait（シラス）は多くのマオリ族にとって伝統的な食物である。地域のイウィ（部族）は

その土地や海辺に住む人びとで、河口の守り人である。

- アイランドベイ海洋教育センターと、Maori World View（マオリの世界観）を持ち Te reo Maori（マオリ語）を話す 2 人のマオリ教育者を含めた地域の専門家の支援が、学習プログラムに十分に組み込まれていた。

- 地域コミュニティもカリキュラムに協力した。保護者は地域のイウィ年長者と同様に、プロジェクトに大いに協力した。先祖の話、また環境や海、島、岩とマオリの関係を共有する上で、このことは非常に重要である。 https://www.teara.govt.nz/en/kaitiakitanga-guardianship-and-conservation を参照。

- 持続可能なシラス漁と健康的な環境の問題は簡単なことではなかった。

- 調査は児童・生徒を中心に実施され、活動計画の立案と実施も児童・生徒によって進められた。この例として、海岸線の美しさを維持できるよう生息環境と持続可能な海岸線の改善に向けて、地方自治体と協力し、海岸地帯に沿ってプラスチック使用を削減しその土地の原産種の植物を植える活動がある。

- さらなるフォローアップとネットワークの拡大の機会が設けられていた。Whitebait connection プロジェクトでは、ウェリントン管轄区にある 5 校のマオリ語イマージョン学校から、Year 7 から Year10 までの生徒が参加し 3 日間のキャンプを行い、生徒の学習を補完した。このキャンプではイウィの年長者が重要なリーダー役を務めた。

3　中等学校における海洋教育

中等学校におけるベストプラクティス

中等学校（外部の海洋教育機関 NZMSC の協力を得て）のベストプラクティスの特徴は次の点である。

- 特別な研究設備に触れたり、中等教育の生徒にとって優れたロールモデルとなる科学分野のメンター（修士号や博士号を持つ学生）との接点が持てる

- 大学との連携―キャリアや高等教育への進路
- NCEA の レベルに明確に連携したプログラム
- 生徒をサポートするプログラム、および教師が受講後に教室で生徒をサ
  ポートできるような教師向けプログラム
- 科学的プロセスに大きく重点を置く
- カリキュラムの専門家であり、海洋科学の知識を持った経験豊かな職員

中等学校におけるベストプラクティスの第2の例として、中等学校の生徒グループがファンガレイ港を海洋保護区にするよう、どのようにして働きかけたかが示さている。この行動は実際、Experience Marine Reserves（海洋保護区を体験する）の創設に結びついた（市民社会グループのセクションを参照）。
www.howtokit.org.nz/case-studies/marine-reserves-in-nz/whangarei-harbour.html

---

4　博物館や水族館における海洋教育の実施について（国内の全体像）

ニュージーランドには大規模な博物館や水族館がある。

これらの教育施設は下記のいずれかのタイプに該当する。

- 完全に海洋教育に的を絞った施設。大学が管理する施設やアイランドベイ海洋水族館など。
- 幅広くニュージーランド文化に関係するような海洋教育の要素を取り込んだ施設。テ・パパなど。
- 観光や娯楽情報の提供を主な目的としているが、より有意義な海洋教育に焦点を向けつつある施設。ケリー・タールトン海洋生物水族館（オークランド）など。

施設はすべてニュージーランドの海岸線沿いにあり、大きな地方都市、または地元のアクセスしやすい場所に位置している。

ニュージーランド海洋科学センター （NZMSC）、ニュージーランド南島のダニーデンに近いオタゴ半島、ポートベッロ

港で最も素晴らしい岩礁地帯の端に位置し、美しいオタゴ半島のほぼ中間

にある NZMSC は、オタゴ大学の海洋科学および海洋学コースの主要なキャンパスである。タッチタンク、顕微鏡を備えた研究室、広々とした活動スペース、生物がいる水槽、講義を受けたり議論を行う機会、水のエリアなどを備えた専用の教育施設となっている。

　大学生の研究、国内および海外の修士や博士の学生の研究に対応した施設になっており、それらの学生の多くは、初等教育の上級生から Year 13 までの生徒に向けたプログラムで教師またはメンターとして従事している。この仕組みにより、小学校や中等学校の生徒が科学の道へ進むための明確な道筋を示し、さらに、センターが提供するプログラムの信頼性や、大学院生が科学コミュニケーションに関する有効なスキルを得る機会を提供している。

　このセンターでは、実際の生活で起きている地域の問題に結びつけた、参加型の科学プログラムに重点的に取り組んでいる。この取り組みは、センターを訪れて共に活動する地元の学校にとって特に適したものである。1 つの例として、オタゴのダニーデン港の浚渫の増加に関するものが挙げられる。地域のイウィ（マオリのコミュニティグループ）を含めたコミュニティは、浚渫汚泥の増加による長期的な影響について懸念していた。センターでは長年にわたり、地域の学校や Marine Metre Squared（MM2）イニシアチブと協力して、この影響をモニタリングしている。このような取り組みは、生徒たちを、地域コミュニティに実際の成果をもたらす優れたわかりやすい適切で厳密な科学の世界に触れさせる機会となっている。

　学校がセンターを訪れる理由：

- ニュージーランドカリキュラムと厳密に関連づけられたプログラムを提供している。
- 生き物と触れ合うことができ、学校にはない実験器具を使用できる。
- 経験の長い職員と、非常勤のスタッフである大学院生の研究者の双方から、科学やカリキュラムの詳細な専門知識を学ぶことができる。
- 小規模な学校（多くは生徒数の少ない、地方の小規模な学校）はセンターを訪れて互いを結びつけることができる。興味深いことに、これらの学校は

センターを訪れたことで、相互の連携やネットワークを継続させていることが多い。
- 修士や博士の学生は「科学者としてのロールモデル」であり、生徒が科学を「かっこいい」ものと思うようにサポートしている。
- プログラムを計画する際に、学校の教師と協力してチームで教育を進めている。
- コミュニティ向けのプログラムを用意している。地域のフェスティバルに参加したり、コミュニティと学校向けの移動可能な教育ユニットを用意している。
- 大学の教員がセンターを支援している。大学生が科学の世界を人に伝えることで得る補足的なメリットを、大学の教員は理解しているからである。

その他の学習および成功要因：
- 他の団体との関係を築くことが良い効果を生んできた。例えば、民間のリサーチ会社、Experience Marine Reserves（EMR）、地域に住むイウィやその年長者、また学習教材や資料を作るための Mobil などの企業 との連携が挙げられる。
- 当初から評価基準を設け、知識、態度、価値観（知識のみではなく）、解決策や行動を見極める能力に重点を置いていること。

5　市民社会グループにおける海洋教育の実施について（国内の概要）

　海洋教育に関わっている多くの市民社会グループは、海洋環境保護および／または意見の主張、意識向上、能力強化にも直接関わっている。これらのグループは、ほとんどが非営利団体あるいはニュージーランドでトラスト（企業合同）と呼ばれる団体である。

ピュートラスト http://www.pewtrusts.org/en/places/new-zealand
　ピュートラストによるニュージーランドにおける海洋教育の最も重要なプ

ロジェクトは、ケルマディック諸島を海洋保護区にするための運動だった（http://www.pewtrusts.org/en/archived-projects/global-ocean-legacy-kermadec）。

　このプロジェクトは、科学者とアーティストが協力して人びとの心をとらえる芸術作品を制作し、それらを展示会で発表することで、ケルマディック諸島の認知度を上げることを目的としていた。展示会はニュージーランド全域にわたる地方のギャラリーで催され、また、学校、マライ（マオリ族の集会所）、コミュニティから物的援助を受けた。このプログラムは他に、以下のような多くのプログラムに結びついた。

- サー・ピーター・ブレイク・トラストの環境に関するユースリーダーシッププログラムやユースアンバサダー南極プログラム
- 中等学校の生徒が科学者と共に、ケルマディック諸島を探検するバーチャルリアリティのフィールドトリップビデオを制作し LEARNZ で公開 http://rata.learnz.org.nz/summary.php?vft=expedition123 hosted on the website.
- オークランド博物館　http://kermadec.aucklandmuseum.com/#&slider1=2
- NZGeographic　https://www.nzgeo.com/kermadecs/

ケルマディック諸島の認知度が 5% から 90% まで上昇し、2015 年にケルマディック諸島を海洋保護区とする法案がニュージーランド議会に提出されるに至った。その主な成功要因および教訓は以下のとおりである。

- さまざまなパートナーやステークホルダーが関与した。
- 地域コミュニティにおいて信頼されている情報源を通して活動を行った。そのため、実施された内容は地元に関連性があり、公平で信頼できるものとなった。
- 展示会での対面式の取り組みは、学習を深め、行動に基づく学習を可能にするデジタルリソースを効果的に使うことで強化された。
- 新たなものを作るのではなく既存のプログラムを活用する。
- イウィ、地域のマオリコミュニティ、その他主要な文化グループを取り込む。

サー・ピーター・ブレイク・トラスト

　サー・ピーター・ブレイク・トラストでは若者のリーダーシップという観点から海洋教育をとらえている。主な目的は、リーダーとしての素質と環境に対する熱意を備えたリーダーを育てることである。

　サー・ピーター・ブレイク・トラストの 2017 年から 2018 年の案内書によると、後期中等学校の Year11 から Year13、さらに高等教育レベルの 18 歳から 25 歳までの、主に若い年代が参加できるさまざまなプログラムが用意されている。

注目すべき主な特徴と成功要因（すでに記述されたものも含む）：

- 専門家がプログラムをサポートし、進める。第一線の気象学者、海洋生物学者、南極の研究者など。
- ここでの体験は参加者の意識を変えるほどの影響力があり、参加した人の多くはその後のプログラムにも参加している。
- プログラムアクティビティは、海洋環境に良い効果をもたらすよう、丁寧なやり方で難しく複雑な問題に立ち向かうことができるリーダーの育成に力を入れている。
- 科学的な調査プロセスと科学についてのコミュニケーションはどちらも同様に重要なものととらえている。

要約およびグッドプラクティスのテーマ

　調査を行った海洋教育セクター全体から得られた主要なテーマは以下のとおりである。

- パートナーと共に活動し、ネットワークを広げる。
- ポリシーやカリキュラムに結びついていることが不可欠である。
- 地域の年長者や影響力のある人、コミュニティを活動に組み入れる。
- 信頼性の高いブランドや団体を活用する。
- 深く掘り下げ、行動の変化を目指す。
- STEM 思考のプロセスと科学の専門家とのつながりは将来に向けた能力

強化の重要な手段である。

- 複雑な海洋環境問題に取り組むためにはリーダーの育成が不可欠である。

- アクティビティは必ず年齢に適した内容にする

- 地域の問題に対処する実際の状況で体験しながら学ぶことが最も効果的である。しかし、質の高いオンライン教材やコミュニケーションフォーラム（バーチャルリアリティなど）を利用して対面式の学習を補う機会が増えてきている。あるいは、海洋環境で実際に活動することが不可能な学校の場合、オンラインやバーチャルスペースを利用して質の高い海洋教育にアクセスすることができる。

- コミュニティ全体と活動を共にすることが、長期にわたる変化を達成するための最も良い機会をもたらす。

- 特定の知識、スキル、設備を備えた施設や団体は、学校やコミュニティにおける海洋教育で重要なサポート役を果たす。

- コミュニケーションを円滑にとれる熱意ある教師、ファシリテーター、メンターが成功の鍵となる。そのため、教育やコミュニケーションにおける人的要素は科学的知識を伸ばすことと同様に重要なことである。

- 多忙な教師にとって海洋教育へのアクセスは簡単で興味をそそるものでなければならない。

- 外部の施設で得た海洋教育を効果的にフォローアップするためには、教師は質の高い専門的研修を受ける必要がある。

- 複雑な海洋環境問題は科学的なスキルと社会科学への理解、この両方を通して対処する必要がある。

- 文化的背景は海洋教育において重要な要素であり、海洋教育に貢献する要素でもある。

7　米国(ロードアイランド州)における海洋教育

及川幸彦・生形潤・Thomas J. Harten

概　要

　これは、海洋教育の国際比較調査の一環として、アメリカ合衆国ロードア
イランド州における海洋教育の実践状況についての調査報告である。この州
における海洋教育への共通のアプローチは科学教育である。まず、ロードア
イランド州では、大西洋沿岸に位置するという地理的理由により、海洋教育
は科学教育において重要な要素となっている。海洋教育は、科学教育の指導
要領(スタンダード)に最も優れた形で取り込まれ構造化されている。そうは言
いつつも、地理的要件が科学教育に影響を及ぼすならば、地理的要件は社会・
人文科学教育、例えば、ロードアイランド州の歴史、経済、社会及び人文地理、
さらには文芸教育といった教科分野にも作用することも考えられる。実際の
ところ、社会科学教育課程において海洋教育からのアプローチが取られてい
るいくつかの例がある。しかし、一般的には、こういったアプローチは教育
課程内では標準化されておらず、学習内容の一つでしかないのが現状である。
　ロードアイランド州では、次世代科学スタンダード（Next Generation Science
Standards: NGSS）が科学教育指導要領(スタンダード)として採用されている。
この指導要領(スタンダード)は、初中等教育を対象とした科学教育学術団体
が加盟しているコンソーシアムによって開発されたものである。ロードアイ
ランド州は 2013 年に全米で最初に NGSS を採用し、その後、2017 年までに
17 の州が追随した[1]。NGSS では、教育研究と実践を通じて科学的概念を生
徒が包括的に理解することを主眼としている。NGSS において児童・生徒の
学習到達度評価は、1) 当該単元について十分な知識を習得し、2) その知識
の習得を実証できること、によってなされる。NGSS、STE のいずれにおい
ても海洋教育は、それ単体で教科科目として位置づけられてはいないものの、

科学教育の教育課程における教科科目の「核となる概念（Disciplinary Core Ideas: DCI）」として組み込まれている。「海洋」という言葉は、NGSSでは主に地学に含まれ、STEにおいては地学ならびに生物学で頻出する。ロードアイランド州では、NGSSに沿って、各学校教育行政区（school district）がそれぞれ独自の教育カリキュラムを開発することとなっている。すでに述べたように、大西洋沿岸という地理的要件から、海洋教育はロードアイランド州の多くの学校における科学教育で鍵となる要素であるが、これが意味するのは、どのようにNGSSに沿ったDCIに採用されるかということは、学校教育行政区とその所在地により異なるということである。多くの場合、私立校では、それぞれで採用した指導要領（スタンダード）に従って教員自らカリキュラム内容を開発し、また、例外的ではあるが公立校でも学校教育行政区が採用したスタンダードに沿って教員がカリキュラムを開発するケースもある。これもつまり、海洋教育がどのように教科科目で取り扱われるかということは学校教育行政区もしくは学校の裁量や教員の力量にかかっていることを意味している。ロードアイランド州では、数々の州政府機関、大学院やNGOによる研究機関が学齢期の子どもたちの海洋教育を支援しているが、それはフォーマル教育と呼ばれる学校教育の範囲だけではなく、ノン・フォーマル教育の分野にも及んでいる。また、子どもたちを対象とした支援だけではなく、教員養成・教育プログラムもこれらの機関が提供している。

1　ロードアイランド州の教育政策

初中等教育の全国・地域統一カリキュラム

2016年12月現在、次世代科学スタンダード（Next Generation Science Standards: NGSS）は全米16州で採用されている。残りの州のうちいくつかの州では、NGSSの枠組みの全て、もしくは部分的に州の教育カリキュラムに近い将来のうちに取り入れることを検討している。2013年にロードアイランド州が全米で初めてNGSSを採用した。この指導要領（スタンダード）はコンソーシアムにより開発されたが、このコンソーシアムには、全米研究評議会（National

Research Council)、全米科学教員連合（National Science Teachers Association）、アメ
リカ科学振興協会（American Association for the Advancement of Science）、アチーブ
（Achieve）といった団体が加盟している。全米科学アカデミーがこうした教育
指導要領の開発を主導している[2]。

　NGSS では、主要な科学概念を、その完全理解に役立つ実践を織り交ぜな
がら児童・生徒がより深く探求できるような構成となっている。NGSS によ
る児童・生徒の学習達成度評価の骨子は、児童・生徒が単元の学習目標を達
成したことを示せるか、という点にある。それには評価ツールと指導が、そ
れぞれ別のものではなく共通の、かつ明確で具体的な目標に基づくものであ
ることが非常に重要である[3]。数学と文芸それぞれの教育指導要領が統合さ
れ一貫した作りとなっている指導要領（大学入学及びキャリア準備指導要領）も
NGSS から提供されている。

　NGSS は学習達成度評価のための枠組み、あるいは構成を示すものである
が、学習単元や授業計画というものはそれぞれの学校教育行政区によって作
成される。それは例えば、単元で学習目標となっている全般的な概念は生態
系における相互依存に関する内容であっても、学校教育行政区ごとに作成さ
れる単元で具体的に扱われる内容はそれぞれで異なるということである。

　NGSS は、学習項目、その理論実践、接続概念からなる三部構成となっ
ている[4]。これまで一般に学習項目や科学トピックスと呼ばれてきたものは、
NGSS では教科分野主要概念（Disciplinary Core Ideas: DCI）と分類されている。
キンダーガーテン（幼稚園）から 12 年生（高校 3 年生）までの就学前・初等中等
教育全般に渡って、物理学、生物学、地学分野で扱われる DCI を学習する。
アイディアの検証や考えを発展させることで科学工学の過程を実践理解する
ことや、科学工学実践（Science and Engineering Practices: SEP）を通して得た証拠
を評価審査することも児童・生徒にとっては欠かすことができない重要なこ
とである。そして最後に、科学分野に落とし込まれた分野にとらわれない包
括的なアイディアや概念がある、ということに気づくことが生徒にとって重
要である。こうした分野横断的な概念（Cross-cutting Concepts: CCCs）にはパター
ンがある。そのパターンとしては、原因とその影響、尺度や規模および割合

と量、体系と体系化、エネルギーと物質、組織と機能、安定性と変位性、といったものが挙げられる。

　ロードアイランド州公立校では教育課程と学習到達度評価への NGSS の完全採用を目指して作業が進められており、ロードアイランド州全域の 5、8、11 年生を対象に NGSS 評価の実地試験が 2018 年春実施予定である。

海洋教育の位置づけがなされるまでの背景

　ロードアイランド州教育局のウェブサイト <http://www.ride.ri.gov/InstructionAssessment/Science/ScienceStandards.aspx > によると、「基礎教育の充実」プログラム（the Building a Strong Foundation program）をもとに厳格な科学学習要領（スタンダード）を組み込むよう努めている。

　このイニシアチブは、ロードアイランド州の義務教育期間の公立学校での科学教育課程を運用していくためのガイダンス文書として NGSS を使い、よく考えられ開発された枠組みが含まれている。教育課程の領域とそれを教える順序は、児童・生徒に期待される学習成果の基準と理解度、学習深度に応じた学習段階を割り出すものである。この教育課程の領域と教える順序の見直しをすることで、学習目標と海洋教育のコンセプトの接続点が多数あることが明らかになった。

　2015 年、ロードアイランド州教育委員会は 2015 年から 2020 年までの公教育に対する教育局の事業とその関連プログラムの戦略計画を承認した。これは、教育委員会によって原案が作成され、ロードアイランド州の公教育の包括的目標を明確にした、初中等および成人教育の今後 5 年間の戦略計画であるとともに、高等教育や教育全般に共通する重要項目も対象としている計画である。

　このロードアイランド州の公教育の戦略的計画は、「プロジェクトベースの学習、インターンシップ、共同作業、ボランティアプログラムを含む実験的な学習機会を学校と協力しながら拡大していく」ということが計画に含まれている。このように、ロードアイランド州のそれぞれの学校行政区は、NGSS の枠組みを指導要領に取り入れたカリキュラム開発の責任を負っている。

州内の学校行政区はいずれも比較的大西洋に近いということから、海洋教育はほとんどの学校の科学教育課程において重要な構成要素となっている。現場指導をサポートするため、多くの行政区は教育カリキュラム開発専門業者から教材を購入している。ひとつのやり方としては、教材の開発およびその普及と、効果的な科学教育法の支援のための職能開発プログラムの提供を目的にしたコンソーシアムの一環としてロードアイランド大学と協力してきたことが挙げられる。そのほかにも、その学校行政区だけが持つ独自の関心事や設定に沿った教育カリキュラムを開発したところもある。また、ロードアイランド州には、さまざまな州の機関やNGOがあり、屋外、校内を問わず、生徒の海洋教育体験を支援している。これらの団体は学校行政区と協力し、NGSSに沿って、科学教育カリキュラムのうち必須とされている内容を満たすのに役立つプログラムを提供している。

2　初等教育における海洋教育

　ここでの初等教育は、日本の教育システムに置き換えると、小学校就学前1年間から小学校5年生までの6年間をいう。カリフォルニア大学バークレー校の付属機関であるローレンスホール科学教育研究所は、全米で広く採用されている科学系授業プログラムを数多く開発した。ジェムズ（Great Explorations in Math and Science: GEMS）は、初中等教育を対象とした体験型教育プログラムであり、ロードアイランド州のいくつかの学校行政区でも採用されており、NGSSに沿った内容となっている[5]。3年生から5年生を対象とした、「海洋科学カリキュラムシリーズ」は、海洋リテラシー要領（スタンダード）が組み込まれた3つの単元からなるプログラムである。単元は3年生から5年生の間に学ぶべき内容に対応するよう改変できたり、特別支援学校や学級のニーズに合うよう違いをつけたりすることもできる。海洋食物網（生態系）、海洋環境における生物多様性、海で生息するための適応とその他関連する概念など、生物科学分野での概念について広く深く学んでいくものとなっている。海について物理的な視点からも学ぶ構成にもなっており、海流

が与える影響、海洋底の特徴、その他、塩分と水温など海洋環境の特性についても学習できる。また、人間が海に与える影響について考察したり、気候変動の果たす役割や海が気候に与える影響と気候変動から受ける影響に対して理解し始めたりする[6]。

3　中等教育学校における海洋教育

　ここでの中等教育とは6年生から12年生とし、日本でいう小学校6年生から中学校2年生までの中等教育学校(Middle School)では、GEMS海洋科学カリキュラムシリーズを終える段階にあり、気候変動や世界の海とのつながりについての学びをより一層深める。21世紀において気候変動は非常に重要な問題であるので、地球全体の気候に関わるメカニズムについての学習は必須であると考えられている。中等教育においても初等教育同様、前述の、3つの分野に分けられた学習を通して、水圏と大気のつながり、地球をめぐる熱とエネルギーの流れとその流れにおける海洋の役割、といった学習を進める。例えば、大気と海流について、そしてそれらが互いにどのように作用しあうかといった学習内容である。物理学の観点からの学習としては、例えば、塩分濃度と水温が水密度へ与える影響を調べ、ここから得られた知識をもとに海洋システムの機能を理解することで、「密度」という物理学的概念を理解する。また、炭素循環について学習するが、陸上生態系と海洋生態系の両方をどのように炭素が流れていくか、ということを学習する。具体的には、プランクトンの炭素循環上の役割を学習するとともに、海洋の炭素含有量が増加することで、海水の酸性化と世界のサンゴ礁への影響が引き起こされたことを学ぶ。

4　博物館・水族館等の社会教育施設における海洋教育

セーブ・ザ・ベイ(Save the Bay)

　ロードアイランド州での海洋教育は、教員、そして生徒などを対象に様々

なサービスを提供している非営利団体によって支えられている。なかでも最も卓越した団体は「セーブ・ザ・ベイ (Save the Bay)」という。毎年1万5千人の生徒と800人の教員がこの団体を利用している[7]。こうした参加者の70% は州都であるプロビデンスとその周辺市街地に住んでいる（Brigitte Kubis-Prescott, セーブ・ザ・ベイ職員とのやりとりに基づく）。セーブ・ザ・ベイの活動目的は、「ナラガンセット湾を保護しより良い状態にする。我々のヴィジョンは、人々が泳げ、釣りができ、健全なナラガンセット湾である。そして、誰もが利用でき、自然の宝庫として世界から認められることである」とされている。ナラガンセット湾の様々な資源を活用し、セーブ・ザ・ベイの教育担当者は、多様な場所で実地体験プログラムを提供している。学校、クラス、授業単位で提供され、一回だけの特別授業だけではなく、年間や学期を通じて授業の一環として継続的に提供するものから、一般を対象に開講されるものまで、幅広い対象と多様な目的にテイラーメイドしたプログラムを提供している。セーブ・ザ・ベイの運営費は、会員から支払われる会費、寄付、プログラム参加費用、それから各種の助成金からなっている。

　所有する3隻の教育活動専用船舶を使い、海洋生態系の研究を実施している。これらの船舶は米国沿岸警備隊により検査を受け認定され、バイオディー

図附-7-1　ナラガンセット湾岸にあるセーブ・ザ・ベイセンター

ゼルを燃料に使用している。船上では、プランクトントウと呼ばれる捕獲網を使ったプランクトン採集と顕微鏡による観察、トロール網を使って採集した底生生物の研究、さらに、塩分、溶存酸素、水温躍層、透明度など、海が良い状態であるかを示す重要な指標を測定するといった科学プログラム活動が実施されている。冬季においては、ゼニガタアザラシの渡りに関連するコンセプトの導入に船舶が使われ、ゼニガタアザラシが海から岩の上に這い上がっている場所に行き、船上からその観察をする。こうした体験は、動物の季節ごとに移動する渡りや、環境適応、食物網、加えて海洋生物保護の公共政策といったことに対する理解につながる。

　セーブ・ザ・ベイは海岸沿岸でのプログラムも実施しており、浜辺の生態系とナラガンセット湾沿岸についての学習機会となる。州内各地から幅広く多くの学級が参加できるよう、ナラガンセット湾沿岸の各地域で開講され、海洋生態系に対する塩沼の価値を学び、これらの地域で見つかる豊かな生命体の数を観察する。

　今回、ホームスクール2年生と3年生（小学生2年生と3年生相当）を対象としたこの沿岸での授業に参加する機会を得ることができた。ホームスクールとは、様々な家庭の事情や教育に対する考え方のもと、通常の学校教育を受

図附-7-2　セーブ・ザ・ベイ所有の桟橋と教育用船舶

けずに、自宅で保護者によって義務教育レベルの教育を受けさせるというアメリカの教育システムの一つである。視察したホームスクールで教育を受ける子どもたちを対象としたプログラムでは、年間を通じてセーブ・ザ・ベイでひと月に一度授業を受ける。今回は、3つのグループに分かれ、セーブ・ザ・ベイの敷地内にある3つのエリアでそれぞれ20分かけて調査をするというものであった。3つのエリアとは、海と陸の緩衝地帯、岩礁海岸、そして塩沼ゾーンである。今回の授業ではそれぞれのグループで調査を進めることに専念し、その調査結果は、次回の授業で発表されるというものであった。

この授業は一例であるが、セーブ・ザ・ベイの提供する沿岸プログラムでは、他にも引き網を使って一般的な微生物を採集し、地域の生態系におけるそれらの役割について学習する。ロードアイランド州には数多くの潮溜まりがあり、セーブ・ザ・ベイではそれらを活用して植物や動物が日に2回の満潮と干潮で変化する環境に生き残りをかけて適応していることを学ぶ機会としている。

ロードアイランド州のほとんどの学齢期の子どもたちは都市部もしくは都市周辺の郊外に居住しているので、人間による開発が河川、最終的には海洋生態系に与える影響についての理解を深めることは重要である。「都市部を流域とする河川(Urban Rivers)プログラム」では、身近な地域を流れる河川の水質調査を実施し、その結果を調査した河川の支流が与える海洋生態系への影響を調べるのに役立てている。

図附-7-3 岩礁海岸での調査と屋外調査開始前の導入の様子

図附-7-4　講義室内に備えられた水槽

　セーブ・ザ・ベイでは、教育プログラムを提供する「エクスプロレーションセンター（Exploration Center）」と呼ばれる学習棟をプロビデンスに有しているだけではなく、ニューポートに水族館がある。センターでは、ロードアイランド州沿岸固有の多種多様な海洋生物とインタラクティブな体験ができるよう工夫された展示が多数ある。センターは年間を通じて運営され、「タッチタンク（触れる水槽）」やその他の展示を通じて生徒はこうした海洋生物と実際に触れ合う機会を得ている。また、センターで授業を提供するだけではなく、センターのスタッフが学校へ幅広い内容で出前授業をしたり、学校やその授業が独自に必要としている学習内容を提供するような形に授業を調整して出張したりするなど、柔軟で多様なサービスを提供している。野外演習にかかる費用は、多くの場合、学校にとってプログラム参加への障害となっている。そこでセーブ・ザ・ベイでは、教育担当スタッフによって海洋教育プログラムを学校全体に導入し、学校を訪問するという形をとる例も実施している。こうしたプログラムは当然ながら次世代科学スタンダード（NGSS）に沿って制作されており、プランクトン、海水科学、アマモというこの地域に自生する水生植物、それからナラガンセット湾の魚類といった主題を扱える。その他にもセーブ・ザ・ベイでは子どもたちに対して浜辺の清掃、塩沼植物の生態復元、雨水利用の庭園の整備そして市民活動といった幅広い活動を主導したり後押ししたりしている。セーブ・ザ・ベイによるプログラム内容とその内容の指導方法が、出張授業提供先の学校が採用している指導要

領(スタンダード)にそくしたものであるべく、セーブ・ザ・ベイは教員や学
校教育行政区の職員と緊密に連携している。一方、ロードアイランド州の教
員を対象に、海洋教育分野での専門的能力の開発支援として教師の職能開発
プログラムも実施している。セーブ・ザ・ベイによるプログラムを採用した
学校の多くは、一度だけにとどまらず長年にわたってセーブ・ザ・ベイのプ
ログラムを採用している。今回の調査では、ロードアイランド州内の高校で
採用された選択科目の生物の授業の野外活動に参加できた。その授業は生物
教員とセーブ・ザ・ベイが協力して進めているもので、当日も教員が随行し、
12人ほどの生徒とセーブ・ザ・ベイ教育スタッフ3名とが現地(ランズデー
ル湿地)で合流して実施された。セーブ・ザ・ベイ教育スタッフは18週間ほ
どの学期の間に6回、つまり、2、3週間に一度、生徒と顔を合わせて授業
をする。参加した当日の授業の学習目標は、a)ランズデール湿地の植生と生
息環境の調査、b)水中の動物と水質調査を実施することで生物多様性につ
いて学ぶということであった。こうした経験は生徒が関連するコンセプトの
つながりを理解する足がかりとなる。

図附-7-5　セーブザベイ教育スタッフによる説明(左)とランズデール湿地での授業で
　　　　使用した水質調査キット(右)

オデュボーン環境教育センター

　公立の学校のみならず、一般に向けて海洋教育プログラムを提供している
NGO の一つが、ロードアイランドオデュボーン協会（Audubon Society of Rhode
Island: ASRI）である。このグループはロードアイランド州全域の学校現場や
野外活動で実施される幅広い教育プログラムを運営している[8]。協会はオデュ
ボーン環境教育センター（Audubon Environmental Education Center）という自然界
について一般大衆が関心を持てるようなインタラクティブな展示が充実した
博物館と水族館を合わせた施設を運営している。ここでは、ロードアイラン
ド州沿岸の動植物の様々な生息環境が展示されている。例えば訪問者は、タ
イセイヨウセミクジラの実物大モデルから学んだり、潮だまりに生息する生
物を発見したりする。また、トレイルがあり、淡水沼や塩沼でプログラムも
実施されている。

　オデュボーン環境教育センターの実施する出張授業をロードアイランド州
の多くの学校が採用している。この出張授業は、教育担当スタッフが学校を
訪問し、次世代科学スタンダード（NGSS）に沿った適切な科学スタンダード
に従うようデザインされた授業を 1 時間にわたって実施する。生物を教室内
に持参するのが典型的な授業形態で、体験活動、質疑応答をベースとした活
動が中心となる。動物の適応性、節足動物、動物の分類、鳥類に関する全て
のライフサイクル、連鎖と循環、生息環境、人間活動が野生生物に与える影
響といった主題が扱われる。生徒の学年に対応できるプログラムとなってい
る。協会が実施する興味深い出張授業には、実物大の空気注入式のクジラ模
型を使った、クジラについての授業がある。授業は、海洋哺乳類の基礎知識
の学習から始まり、これらの生き物の大きさについての全体像を得られる内
容となっている。また、海洋哺乳類への脅威について、および、世界の海に
生息するクジラの保護活動の方法についても学習する内容となっている。

　オデュボーン環境教育センターは、教師の授業支援もしている。「プロッ
プボックス（小道具箱）」と呼ばれる、貸出し用の箱で、教師が授業実践で活
用できる数々の道具や資料が入った箱を貸し出していて、箱の中には、授業
計画表、映像資料、生徒たちに読ませる文書資料、パペット、ゲームといっ

たものが入っている。このプロジェクトは、クジラ、絶滅危惧種、海洋生物、動植物生息地、河川流域、およびその他、海洋教育に関連する概念などのトピックを教えるのに役立つ資料を教員に提供している。

　学校教育の一環として、出張授業の利用ではなく、ブリストルにある、オデュボーン環境教育センター及び水族館に遠足する学校もある。生徒たちはセンター内の様々な展示を利用し、その学年レベルの学習目標の基準にそった活動をする。活動には、潮だまりの生物調べ、クジラ生物学、生息地としての海洋への適応、海洋生物多様性をはじめ、多くのテーマが提供されている。

　オデュボーン環境教育センターは、州内2カ所において自然環境保護のための保護区域の運営をしている。学校対象の屋外授業を実施するための施設としてこの2カ所を使っている。授業内容は、学年ごとに異なる学習目標に合う実践学習ができるようにデザインされている。通常、2時間で実施され、内容は動植物の生息地、食物網、生態系、それから生物多様性といった内容を網羅する。より年齢の高い子どもたちを対象とした授業については、沿岸調査、海洋生物、塩湿地生態、潮汐学習といったものに拡がりを持たせている。ロードアイランド州沿岸の地質学にも対象を拡げ、ロードアイランド州の海岸線の形成に果たした氷河の役割について勉強を進める。

　オデュボーン環境教育センターは、教員を対象とした教育プログラムを提供することで、海洋教育の現場への支援機関となっている。こちらも生徒対象のプログラムと同様に、オデュボーン環境教育センターのスタッフが学校に出向き、教員を指導することもあれば、州内各所にあるオデュボーン環境教育センターの施設で実施することもある。効果的な指導ができるようにするために、多くの種類のモデルとなる適切な指導の実践練習をつむことができる。実際の自分の授業で使える資料もここでは手に入れることができる。

ニューイングランド地域 サイエンスアンドセーリング（NESS）

　ロードアイランド州南部の町では、ニューイングランド地域 サイエンスアンドセーリング（New England Science and Sailing: NESS）で実施されているプロ

グラム[9]を活用する学校もある。NESS では多様な海洋教育プログラムを提供しており、それらは、「海洋リテラシー（Ocean Literacy）」指針を反映した内容となっている[10]。海洋リテラシーネットワーク（Ocean Literacy Network）は、地理教育分野において海洋について学びを深める目的で 2002 年にアメリカで設立され、「海洋リテラシー」の指針を以下のように掲げているネットワークである。

　「海洋リテラシーが身についている人は、海洋システムの機能について理解し、その知識を意義ある形で伝達でき、海洋そのものとその資源に対して十分な情報とそれを吟味し責任ある判断ができる」。

この NESS の作るプログラムにおいても NGSS が取り込まれた内容となっている。NESS では若年層を対象にセーリングと航海術に的を絞ったプログラムを提供しており、こうしたプログラムは、セーリング体験の背後にある科学について学習する機会を提供する場となっており、具体的には、単純な機械のコンセプトとボートを前進させる風力の利用法についての学習する機会となっている。

米国内の多くの学校では、科学技術、工学、数学（Science, Technology, Engineering, and Math: STEM）をベースとした学習に力点を置いているが、それは、STEM を学習する子どもたちが将来のキャリア像をこの分野で描くことを推奨し、そして、日々の生活で STEM がどう役立っているかの理解を進めるという二つの目的がある。NESS は、海洋教育に関連し STEM を基盤としたプログラムを実施しており、たとえば、海洋調査における遠隔操作型無人潜水機（ROVs）の利用について学習できるプログラムが、小学校高学年、中学生、そして高校生を対象に提供されている。このプログラムでは、安全な環境下で遠隔操作型無人潜水機の操作をしながら、浮力、密度、といった物理学分野の原理を用いた実験をする。さらに、植物や動物の海洋環境への適応を調べることで生物学の観点からも科学を学習でき、たとえば、イカの解剖を通じて動物の身体構造や機能について調べたりするなど実験室での研究活動にも参加できる。また、一方では、実際に砂浜や岩場の海岸線や潮溜まりに赴き、それらの観察を通して海洋生態系を学習できる。加えて、NESS の所有

する水族館や資料を使ってニューイングランド南部の海岸に生息する動植物を実際に触れたり観察したりすることもできる。

　NESS の実施する「サイエンス バイ セイル（Science By Sail: 船から学ぶ科学）プログラム」を通じて、プログラムに参加する生徒はさまざまな海洋科学に関する実験ができ、地域の生態系や、船の操舵の裏にある科学原理について、NESS 教育担当職員のもとで学習する。また、NESS のプログラムに参加する義務教育期間（米国では小学校から高校まで）の子どもたちは、水産養殖と水耕栽培がひとつのシステムになったアクアポニックスについて学び、その学びを、魚や植物の種の生態をサポートするようなシステムを試作するのに役立てる。その過程として、養分循環と閉ざされた空間においては各種養分のバランス維持が重要だということを理解する。こうした学習を通じて、水産養殖業が今後のキャリアを考える上で対象のひとつとなっている。

　アドバンスト・プレースメントコース（高校で提供されている大学教養課程レベルの授業）の授業を受けている生徒たちは、NESS でのフィールド学習をより掘り下げて進めている。たとえば、水深の異なる場所でサンプル採取し、溶存酸素量を測定する。測定を通じて、水深と酸素量と海洋生態系に生きる動植物が互いに関連を持ち、溶存酸素量に意味があることを学ぶ。また、プランクトン、海藻類、潮間帯生物群に焦点を当てた生態系調査を実施したりする。具体的には、異なる潮間帯の生態系を比較し、外来種について調査し、沿岸域から採取したプランクトンを顕微鏡で観察し、海洋食物網におけるプランクトンの果たす役割について学ぶ。

　NESS は教員教育プログラムも実施しており、海洋教育を授業に取り入れる手助けをしており、Inquiry Based Learning（IBL: 探求学習）を授業に組み込むことの促進を目的としている。

5　市民や教職員グループによる海洋教育

ニューイングランド南東部海洋教職員協会（SENEME）

　州内全域の現場の教員や非営利団体を対象にサービスを提供している組合

や協会も海洋教育を支援している。これらの組合や協会は、科学教育の向上を目指す、という共通意識の下に異業種間交流を促進している。ニューイングランド南東部海洋教職員協会 (Southeastern New England Marine Educators: SENEME) は、コネチカット・ロードアイランド両州における海洋教育の促進に努める個人および団体が会員となっている協会である [11]。四半期ごとにメンバー会報「Nauplius (ノープリウス：甲殻類共通の幼生のこと)」を発行し、海洋教育関連の記事の専門誌であると同時に、海洋教育関連イベント情報誌としての役割を担っている。SENEME は全米海洋教育者協会 (National Marine Educators Association) の地域支部組織でもある。

　SENEME はコネチカット・ロードアイランド両州での海洋教育の振興を目的として毎年秋に大会を開催している。この大会では、巡検やワークショップのほか、ゲスト講演者による幅広いテーマでの講義が提供されるなどする。ほかにも SENEME の事業としては、海洋教育を授業に取り入れる計画を対象とした小額助成金を支給している。また、この分野への貢献者を最優秀海洋教育者として毎年一名を表彰している。

文献リスト、引用サイト

1　"Teaching Melville: An Institute for School Teachers on Herman Melville's "Moby Dick" and the World of Whaling in the Digital Age." (2017) The Melville Society Cultural Project. Retrieved from: https://teachingmelville.org/curriculum/

2　Rhode Island Department of Education, Science, Instruction and Assessment: Science. http://www.ride.ri.gov/InstructionAssessment/Science.aspx

3　"Get to Know the Standards." Get to Know the Standards | Next Generation Science Standards. Web. 22 Nov. 2017. https://www.nextgenscience.org/get-to-know

4　Rhode Island Council on Elementary and Secondary Education (August 2015). 2020 Vision for Education, Rhode Island's Strategic Plan for PK-12 and Adult Education, 2015-2020. Retrieved from http://www.ride.ri.gov/Portals/0/Uploads/Documents/Board-of-Education/Strategic-Plan/RIStrategicPlanForPK20Education.pdf

5　NGSS Lead States. 2013. Next Generation Science Standards: For States, By States. Washington, DC:The National Academies Press. Retrieved from https://www.nextgenscience.org/sites/default/les/AllDCI.pdf

6　Becker Spencer, Erica and Sara Sweetman（Spring 2014）. GEMS-Net: A STEM Pipeline from Kindergarten to the University. FOSS Newsletter No. 43. Retrieved from https://www.deltaeducation.com/SSIDEL/media/Downloads/FOSS/foss_gems-net_stem_article.pdf.

7　Chariho Regional School District（Rhode Island）Science Curriculum（2016）http://www.chariho.k12.ri.us/sites/default/⟩les/wildlife_management_curriculum.pdf

8　Narragansett Bay Commission（2017）Educational programs. Retrieved from https://www.narrabay.com/en/Education.aspx

9　Environmental Education Program Guide（2017）. Audubon Society of Rhode Island. Retrieved from https://asri.org/learn/schools/

10　New England Science and Sailing Education programs http://nessf.org/school-programs/

11　Ocean Literacy Networkhttp://oceanliteracy.wp2.coexploration.org/

8　米国（ハワイ州）における海洋教育

青田庄真

1　はじめに

　太平洋の中心部、アメリカ合衆国ハワイ州はオアフ島を中心とするおびただしい数の島によって構成される。同じく太平洋に位置する島国、日本にとって、太平洋という海洋と共存するという貴重な共通点を持つ。ハワイ州では、1万7千平方km弱の面積に140万人余りが暮らす。日本でいうと、四国くらいの面積に愛媛県の人口が住んでいるくらいの規模と見ることができる。主要な産業は観光関連産業であり、ハワイ州産業経済開発観光局によると、州総生産の2割近くを占めるという。外国からの観光客としては、日本からの来訪者数が最も多いとされている。

　ハワイ州の教育制度としては、K12 が義務教育となっており、2015年度の公立学校の児童・生徒の総数は 180,409 名であった。私立学校は 134 校あり、児童・生徒の総数は 33,994 名であった。小学校 (elementary school)、中学校 (middle school)、高等学校 (high school) では、6 項目から成る「共通基礎スタンダード」(Common Core) が採択されているが、授業の計画は教師の柔軟性に委ねられている。高等学校 (high school) においては卒業要件が定められており、理科3単位を含む計24単位が求められている。海洋教育が行われる場合には、理科の枠組みのもとで行われることが一般的ではあるが、理科の必修単位は、生物学1単位と科学基礎2単位である。科学基礎は、物理学および化学であることが多いという。

　以上の枠組みを前提として、本報告では、ハワイ州において実施されている海洋に関する教育実践についていくつかの事例を報告する。

2　制度・歴史

　事例の紹介に先立ち、ハワイの海洋教育に関する現状や歴史について概観する。ここでの情報は、「全米海洋教育者協会」(National Marine Educators Association)、「海洋教育・訓練センター」(Marine Education & Training Center)、「カリキュラム研究開発グループ」(Curriculum Research Development Group) の関係者へのインタビューに基づくものである。

　海洋教育に関しては、州や国家のカリキュラムはなく、1990年代の国家スタンダード運動にも見られなかったものである。したがって、ハワイ州では、海洋に関する教育は教師や学校が独自に創る授業によって構成されるものである。一方で、公立の学校では、1割強の児童・生徒が選択科目として海洋教育を受けているものとされる。海洋の授業は、理科の他の科目と比較して、生徒たちにとって簡単な傾向があるという。

　先述の通り、国家や州のカリキュラムはないものの、ハワイ大学内に設置された「カリキュラム研究開発グループ」が1977年頃から、教師が海洋教育カリキュラムを創るための支援を行っている。そして、教科書として、1990年に『流麗な地球』(原題：*The Fluid Earth*) を、1995年に『生きたる海洋』(原題：*The Living Ocean*) を刊行した。前者が海洋の物理学的な側面に焦点を当てたものであり、後者が生物学的な側面に焦点を当てたものである。両者とも、ハードカバーで400ページ前後の大冊である。もちろん、これらを1年間で全てこなすことが主眼とされている訳ではなく、必要に応じて教師が取捨選択しながら授業を構成するための素材という側面が大きいという。また、**図附-8-1** のように、随所に問題が盛り込まれており、問いに基づいた探求を目指しているのも特徴の一つである。子どもは小さな研究者だという哲学に基づくものであるという。

　さらに、「カリキュラム研究開発グループ」は、独自のカリキュラム「わが流麗な地球の探索」(Exploring our Fluid Earth) を作成し、現在はウェブ上にその全てを公開している (http://manoa.hawaii.edu/ exploringourfluidearth/)。このカリ

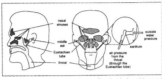

UNIT 3. PHYSICAL OCEANOGRAPHY

13. Crabs and lobsters do not have swim
bladders. How would hauling them up
from a depth of 30 m affect them?

Pressure and the Human Diver

Greater pressures under water affect the
lungs and other air-filled spaces that connect
to the outside of the body. These spaces in-
clude the middle ear, which is connected by
the Eustachian tube to the throat, and the
nasal sinuses, which are connected to the
nasal passage. See Fig. 8–4.

As divers descend, they quickly feel the
effects of increasing pressure as it com-
presses air in the body spaces. Pressure ef-
fects on delicate membranes in the ears and
sinuses can cause sensations that divers call
"squeezes."

The eardrum between the middle ear and
the outer ear is particularly sensitive to pres-
sure changes. To avoid pain and damage to
their eardrums, divers must equalize the

water pressure outside and the air pressure
inside their throat and ears. To do this they
yawn, swallow forcefully, wiggle the jaw, or
pinch the nose closed and blow gently. This
opens the Eustachian tube and lets air from
the throat enter the middle ear. The sensa-
tion divers feel when "clearing the ears" is
like the popping you feel when you travel up
a mountain or take off in a plane.

Injuries caused by pressure differences
are called **barotrauma** (**baro** refers to
pressure, **trauma** to injury). If the pressure
is not equalized and the Eustachian tube
remains closed, a diver may suffer pain,
bleeding in the middle ear, or even a rupture
of the eardrum—injuries that can lead to in-
fection or even permanent hearing loss.
Pressure imbalances can also affect nasal si-
nuses blocked by congestion.

QUESTIONS

14. Explain how water pressure affects a
diver's eardrums. Make a sketch.

Fig. 8–4. Air spaces in the head include the middle ear, the Eustachian tube, the nasal sinuses, and the throat.

208

図附-8-1　『流麗な地球』の抜粋

キュラムは、「次世代の科学スタンダード」（the Next Generation Science Standards）を意識して作られたものである。そのウェブサイトでは、物理学、化学、生物学などの観点で海洋に関する様々なコンテンツが提供されている。現在は、ウェブサイトが中心となっているものの、『流麗な地球』も退職した関係者らの尽力によって改訂され続けており、教師の好みに応じて両者が使い分けられる状況にある。なお、このカリキュラムは、中学校および高等学校において、中長期的な授業計画に基づいて利用されることを想定するものであり、比較的短期的なプロジェクト型の学習を想定したカリキュラム「ハワイの隙間で我らのプロジェクト」（Our Project in Hawaii's Interdental）も用意されているほか、小学校向けには「海・地球・大気」（Sea Earth Atmosphere）が提供されている。こちらも同じウェブサイト内に公開されているが、整備は未だ十分にはなされていない。

3　海洋教育に関する実践事例

ハワイ大学附属高等学校

　ここからは、ハワイの海洋教育の実践についての理解に寄与すべく、海洋

教育に関わる教育実践についての具体例を紹介する。まずは、ハワイ大学の附属高等学校 (University Laboratory School) における海洋教育である。

附属高等学校では、「海洋科学」(Marine Science) が必修科目となっており、全生徒が第9学年で受講することとなっている。6年生から8年生の間に、物理、化学、生物学などの一般的な理科を一通り学んだ後に、それらを統合するという位置づけである。なお、「海洋科学」を担当している教員は学校に一人しかいない。

「海洋科学」は、「わが流麗な地球の探求」をカリキュラムとしており、教材としては基本的に先述のウェブサイト上のものが用いられるという。**表附-8-1** の通り、前半である秋学期には、「海洋物理学」(Physical Oceanography) および「海洋化学」(Chemical Oceanography)、教科書でいうところの『流麗な地球』に相当する内容が扱われる。後半の春学期には、「海洋生物学」(Biological Oceanography) および「海洋生態学」(Ecological Oceanography)、教科書でいうところの『生きたる海洋』に相当する内容が扱われる。学生たちは、一学期につ

表附-8-1 附属高等学校のカリキュラム

	ユニット	コンセプト
秋学期	海洋物理学	・地形と海底の特徴、マッピング、地球の構造、プレートテクトニクス、地質学的変化 ・海洋波、潮汐、海岸の現象、海岸のプロセス、浸食と砂の輸送 ・海水の物理的性質 (密度、塩分、温度)
	海洋化学	・ダイビング技術と深海探査 ・水と海水の化学的性質、水の循環、酸性雨、温室効果、水質汚染、海洋ゴミ
春学期	海洋生物学	・船の設計、航行における浮上および安定性 ・内部および外部の解剖学的構造、構造の可能な機能、分類キー、研究技術 ・オオバコ、ツバキ、アネリダ、プラチナミント、軟体動物、節足動物、エキノデルマタ、脊索動物 ・海洋生物、新鮮な水生生物、および陸地の植物:構造、耐塩性、生命への重要性、海藻 (リム)
	海洋生態学	・生物と環境との相互作用、地球上のエネルギーの利用、海洋食品ウェブ、プランクトン ・ハワイのフィッシュ・ポンド (loko iʻa) とアフプアア

き2回程度、学校外での学習を行う。主な行き先としては、後述のフィッシュ・ポンドや、タロパッチなどである。このカリキュラムの目的である、問いに基づき、科学者のように考えることに沿ったものである。

ココナッツ島

　ココナッツ島は、ハワイ州が所有し、ハワイ大学の海洋生物学部（Hawai'i Institute of Marine Biology）が海洋生物の調査研究施設を構える無人島である（図附-8-2）。ホノルルの北北東方向、カネオヘ湾に位置する。オアフ島から300mほどの距離にすぎないが、橋などで陸続きになっている訳ではないので、ボートにて上陸する必要がある。島の広さは26エーカー（およそ0.1平方km）ほどであり、島内には養殖施設や研究施設に加え、教室や宿泊施設も備えられている（図附-8-3）。これらの施設群は、海洋研究のために2009年に建設され、現在行われているような教育プログラムは2010年から提供され始めた。これまでに45,000人ほどが訪れているという。主な訪問者は教師や児童・生徒であり、ハワイ州の外からも多くが訪れるという。州外からの主な訪問者としては、アメリカ合衆国の本土、日本、カナダ、タヒチなどである。研究施設には、94人乗りの大型ボートが2015年に導入されており、訪問者は、

図附-8-2　ココナッツ島の全景

出典：施設HPより。

図附-8-3　島の宿泊施設

出典：筆者撮影。

図附-8-4　授業風景

出典：施設 HP より。

島内だけでなく、近海で様々な体験活動を行うことができる。

　次に教育プログラムについて述べる。これらの施設は、ハワイ州の児童・生徒に科学を体験させることを主要な目的とする公共のものであり、ハワイ州内の児童・生徒は無料で招かれる。そこでの教育プログラムにおいては、従来の物理、化学、生物という枠組みが取り払われ、海洋に関わる実際のサイエンスの場が提供される。教室で顕微鏡を用いて観察したり、それを大型

図附-8-5　サメのいけす
出典：筆者撮影。

図附-8-6　観察用の水槽
出典：筆者撮影。

スクリーンで共有したりなど様々な教具も活用される（**図附-8-4**）。教育プログラムの大まかなコンセプトとしては、小学生は体験的に学ぶこと、高校生くらいになると、自ら問いを立てて研究を行うことであるという。校種としては、公立と私立が半々程度とのことである。

　最後に、島のその他の特徴である。周囲の海と仕切られたいけす状の設備が島内に多数あり、その中では、水質に関する研究や生物同士の共生に関する研究が行われている。**図附-8-5** は、サメと小魚が一つのいけすに入れられており、その様子が橋の上から観察できるようになっている場所である。また、施設内には多数の水槽が設置されており、主に小学生を対象として、実際に生物に触れることができる場所も設けられている。**図附-8-6** では、低めの水槽にナマコやヒトデ等の生物が入れられており、付近にはそれらの名前や生態に関する説明書きが書かれたプレートが掲示されている。

フィッシュ・ポンド

　フィッシュ・ポンドとは、ハワイの伝統的な養殖漁業である。基本的に沿岸部に設営されている。主な構造としては、海岸付近の平地に海水をひいて大きなため池を作り、海水が流入する箇所に柵を設置することで池の水と海水とを循環させて魚を捕獲するというものである。**図附-8-7** は筆者が調査したフィッシュ・ポンドである。写真の右側に、縦にあぜ道のような仕切りが作られており、その左側がフィッシュ・ポンド、右側に太平洋が広がって

図附-8-7　フィッシュ・ポンド

出典：筆者撮影。

図附-8-8　水　門

出典：筆者撮影。

いる。もちろん、この場所は湾になっているため、あまり大きな波は来ないようになっている。そして、そのあぜ道の中ほどに、水を循環させるための水路が設けられている。筆者が観察したフィッシュ・ポンドでは、こうした水路は3カ所に設けられており、その上に通行・観察用の橋が架けられている。

　魚を捕獲する仕組みとしては、水門の果たす役割が大きい（**図附-8-8**）。陸

部から新鮮な湧き水やマングローブを通って養分を豊富に含んだ水がフィッシュ・ポンドにたまり、水路から海に流れ出る際、それを求めて魚が水路に作られた柵の隙間からフィッシュ・ポンドに入ってくる。そして、フィッシュ・ポンド内を自由に泳ぎ回り、海藻を沢山食べた魚は、太って柵から出られなくなってしまう。さらに、満潮の際には海の水がフィッシュ・ポンドに流入し、フィッシュ・ポンド内の魚はその水を求めて水路付近に集まってくるため、捕獲が容易となる。

　以上の仕組みで魚を捕獲するために、人間がすべきことは、水門を含む池の整備と水質の管理である。特に、フィッシュ・ポンド内の藻の生育状況を把握し、魚の数を調整することで、より自然の生態系に近い状態で持続可能な養殖を継続することができる。つまり、フィッシュ・ポンド内の魚に人工的に餌を与えることなどは一切なく、一般的な養殖とは一線を画するものである。また、魚を必要以上に捕獲することもなく、経済的な利益のための活動とも一線を画するものである。

　ここでの教育活動としては、主に小学生が上記のようなフィッシュ・ポンドの仕組みの観察に訪れたり、自分たちで問いを立ててフィッシュ・ポンドのメカニズムに関わる生物の生態系の研究を行ったりする。例えば、日照時間によって藻の生育状況がどのように異なるかや、魚の数によって水質がどのように異なるかといったことが挙げられる。実際に、フィッシュ・ポンドに近接する小さな建物には、そうした実験のための水槽が設置されていることが確認された。小学生等が訪れる際の枠組みとしては、理科が多いと思われるとのことであるが、それも教師の裁量によるものであり、様々な可能性が考えられるという。料金としては、筆者が訪問したフィッシュ・ポンドはある基金が出資しているが、訪問者の観察には無料で開放されている。また、フィッシュ・ポンドを維持する上で最も労力を要する岸壁の整備は、年に一回、地域のボランティアが集まって行っているという。

ワイキキ水族館

　ワイキキ水族館は、ハワイ州最大の観光地の一つであるワイキキ・ビーチ

図附-8-9　水族館の教室　　　　　　図附-8-10　水族館の教具
出典：筆者撮影。　　　　　　　　　　　　出典：筆者撮影。

の近隣に位置する、1904 年に開館した米国で 2 番目に古い公営の水族館である。展示の規模自体は大きくはないものの、ハワイ州近海にしか生息しない生物を中心として精力的に飼育されていることが特徴である。

　教育プログラムとしては、複数の選択肢が用意されているが、主な対象は幼稚園児から小学生である。また、既成のプログラムとは別に、要望に応じてオーダーメイドのプログラムが提供されることもあるという。教育プログラムには、専用の教室が用意されており（図附-8-9）、そこで、学芸員が授業をしたり、教師が授業をするための教具が提供されたりする（図附-8-10）。教具には、図附-8-9 の壁に貼り付けられているような幼児用のおもちゃのほか、図附-8-10 の棚に並んでいるような、より本格的な模型や標本も用意されている。また、図附-8-10 の右下にあるのは独自に製作された紙芝居であり、透明のフィルタを重ねることで海底の生き物が透けて見えるなどの細工が施されている。こうした教具を用いて、生物の構造や生態系を学んだ後に水族館で飼育されている生物を実際に観察することで、海洋生物の生態等についての理解を促進している。

　一定の年齢以上になると、実際に日照や餌の与え方を比較している実験の現場を見学することも可能であるという。図附-8-11 は、それぞれの水槽に曜日が書かれており、曜日によって条件を変えて比較研究するための設備である。その他、ハワイ州近海にしか生息していない生物に加え、前節で紹介したフィッシュ・ポンドについての展示もあり、ハワイ独自の生態系を館内

図附-8-11　飼育実験設備

出典：筆者撮影。

の至る所で体験的に学ぶことができる。

ハナウマ湾自然保護区

　ハナウマ湾自然保護区とは、オアフ島の南東部にある自然が美しい湾である（**図附-8-12**）。火山の噴火によってできたカルデラの中に海水がたまってできた湾であり、湾内には巨大なサンゴ礁が生息している。そして、それを求めて沢山の魚が集まって来ている。その美しい自然を守るため、ハナウマ湾は自然保護区に指定されており、様々な禁止事項が定められている。その一環として、サンゴを含む自然保護区内の海中の動植物に触れることが禁止されているため、魚が人間を恐れることなく優雅に遊泳している様子を観察することができる。

　ハナウマ湾に立ち入るためには、誰もが研修を受け、ライセンスを取得する必要がある（**図附-8-13**）。ライセンスは1年間有効で、有効期間中は研修を受講せずに入場することが可能となる。こうした制度の源流として、1967年に当湾が保護区域に設定され、1997年には非住民入場者に対して入場料が課されるようになった。保護区域に指定されて以降、禁止事項の周知が努めてこられたが、2002年に現在の研修の形式が確立された。

図附-8-12　ハナウマ湾
出典：筆者撮影。

図附-8-13　研修室
出典：筆者撮影。

　2002年に確立された現在の研修の形式とは、主としておよそ9分間のビデオを視聴するというものである。ハナウマ湾の成り立ちをはじめ、自然を保護するための心構えや湾内での振る舞いについての指導が含まれる。ビデオは、日本語を含む7言語にて視聴することができ、自分の好きな言語が流れるイヤホンを選択することができる。そして、視聴後は、**図附-8-14**の署名用紙に氏名等の個人情報を記入し、ライセンスの受講記録を登録する。一連のプロセスは、海洋の保護に対する来訪者の理解を促進するための、社会教育の一環と位置づけることができるだろう。

図附-8-14　署名用紙
出典：筆者撮影。

　また、イブニング・プログラムなどのアウトリーチ活動が行われている他、学校やコミュニティ等の団体の教育活動も受け入れられており、その数は年間で 450 件程度にのぼるという。そうした多様な教育目的を果たすために、図附-8-13 の研修室以外にも複数の会議室や海洋生物の模型なども展示されている。

4　おわりに

　本報告では、アメリカ合衆国ハワイ州における海洋教育の現状について、調査の結果を紹介した。

　調査の結果、多くの調査地における教育実践に共通していたのは、理科教育の一環として海洋に関する教育が位置づけられている一方で、従来の、物理学、化学、生物学という教科の枠組みが取り払われ、実際の科学の在り方に即した統合的な科目として扱われていたことであった。同時に、子どもは小さな科学者であるという哲学のもとに、子どもたちに問いを立てさせ、その問いに基づいて実験や観察ができるような施設や設備を整備するというスタンスが特徴的であった。これらは、子どもの科学者的なものの見方を育成するために、「海洋」という従来の理科教育ではあまり主要ではなかったテーマによって、教科教育の在り方自体が見直されつつあることの現れであるとみることができる。

　また、ハワイでは、フィッシュ・ポンドをはじめとして、海洋と人との伝統的な共存方法についても大切に残されており、教育の場にもきちんと位置づけられていることが興味深いところであった。実際に、フィッシュ・ポンドは、附属高等学校のカリキュラムや水族館における展示にも現れていた。フィッシュ・ポンドに携わる人々は、フィッシュ・ポンドでの教育・研究活動を、ハワイの伝統に西洋的なエビデンスが追いつこうとする営みだと捉えており、科学に対しても俯瞰的に向き合っているのが印象的であった。

9　カナダ（ブリティッシュコロンビア州、ノバスコシア州）における海洋教育

児玉奈々

1　カナダの教育制度の概要

　カナダは、10 州と 3 準州で構成される連邦制国家である。1867 年の建国時に建国以前から存在する各地の体制を尊重すると取り決めた歴史的経緯から、州に教育の権限があることが憲法に規定されている。このため、各州・準州それぞれの教育法制度を持つ。先進国で唯一、中央政府に教育関係の部署がなく、州の独立性が高い分権体制を持つのが、カナダの教育制度の最大の特徴である。

　本章ではそれぞれ大洋に面しており、海との繋がりを持って発展してきたブリティッシュコロンビア州（BC 州）とノバスコシア州（NS 州）の海洋教育の教育政策における位置づけと実施状況について報告する。

2　初等中等教育カリキュラムと海洋教育

カナダの初等中等教育カリキュラムの概要

　BC 州、NS 州の両州で、それぞれの州統一カリキュラムを設定している。また、BC 州では通常、初等教育（幼稚園、1 〜 7 年生）と中等教育（8 〜 12 年生）に区分し、NS 州では小学校（幼稚園、1 〜 6 年生）、中学校（7 〜 9 年生）、高校（10 〜 12 年生）と三つに分けるのが一般的である。

　BC 州は、2015 年度から概念基盤型・コンピテンシー重視の新カリキュラムへの移行を進めている。まず、幼稚園及び 1 〜 9 年生対象のカリキュラムが 1 年間の試行期間を経て、2016 年度に全面実施された。10 〜 12 年生の新

カリキュラムは2年間の移行措置の後、2018年度から全面実施された。新カリキュラムは、めまぐるしく絶え間ない変化を経験する現代社会で生きていくために必要なスキルの獲得を目指して改訂が進められ、コミュニケーション能力、思考力、個人的・社会的能力の三つを中核的コンピテンシーに定めている。そして、これらのコンピテンシーに加えて、あらゆる学習活動において基礎となる読解的リテラシーと数学的スキル（数的リテラシー）の獲得を目標としている。新カリキュラムは、州教育省が開発した"Content (Know)"（内容：知識を獲得すること）、"Curricular Competencies (Do)"（カリキュラム・コンピテンシー：できるようになること）、"Big Ideas (Understand)"（重要概念：理解すること）の三つから成る"Know-Do-Understand モデル"に基づいて、学年・科目別に作られている。また、先住民の世界観・知識がBC州だけではなくカナダ社会全体の歴史の基盤となっていることを各教科の中で扱うよう定めている。先住民に関わる内容が、理科、社会科、英語科、応用デザイン技術科を中心に各教科の学習内容に位置づけられている。

　NS州も2015年度に小学校で新カリキュラムを導入した。NS州を含む大西洋沿岸地域4州では、1990年代半ばから、4州の連携組織が作成した芸術、英語、科学技術、算数・数学、理科、社会科等の各教科について共通カリキュラムの枠組みをもとに各地域の実態に応じて州独自の統一カリキュラムを策定してきた。NS州では、その後も州の子どもの基礎学力低下の問題への対策として、基礎学力の向上を目的とするカリキュラムの改訂を算数・数学等の教科で進めてきた。しかし、国際学力調査PISAの州別結果やカナダ全国学力調査PCAPでNS州の得点が他州との比較で低かったことや州民との対話集会等で州民から教育への不満が示されたことを受けて、2015年にNS州政府は識字力及び算数・数学の学力向上を中核目標とする教育推進計画を発表し、その一環で簡潔化したストリームラインド・カリキュラム（Streamlined Curriculum: SC）へと低学年から順次改訂していくこととした。2015年度に幼稚園・1～3年生、2016年度に4～6年生にSCが導入され、運用が始まっている。2017年現在、7年生以降の学年のものはまだ改訂されていないが、教育推進計画で近い将来の改訂と運用の計画が発表されている。

カナダの初等中等教育カリキュラムにおける海洋教育

　BC 州では、海に関する教育は単独の科目としては設置されていないが、初等教育の新カリキュラムは理科や社会科で海に関する教育を行うことが可能な設計となっている。旧カリキュラムは規範性の強いものであった一方、新カリキュラムは概念型・コンピテンシー重視のカリキュラムであり、カリキュラム運用における教員の裁量が拡大されている。このため、海に関する内容を扱うかどうかは授業を担当する教員次第ということになる。

　BC 州の新カリキュラムの三つの構成要素（内容、カリキュラム・コンピテンシー、重要概念）は学年・教科ごとに設定されており、例えば、3 年生理科では重要概念は 4 項目、カリキュラム・コンピテンシーは 24 項目、内容は 10 項目ある。このカリキュラムに沿って海の教育を行う場合、四つある重要概念の一つの「生き物は多様であり、分類することができ、生態系の中で互いに影響しあっていること」の理解に到達していくために、カリキュラム・コンピテンシーのうち「問いを立て、予測する：自然界に興味を持つ」、「計画し、実行する：観察や計測のための適切な手段を安全に用いる、身近な地域の環境で生き物や生き物ではない物質を観察する」等の実践が行われる。そして、児童はこれらの実践に携わることで、これらのことができるようになると共に、内容の一つである「地域の環境における生物多様性」についての知識を獲得していく。

　NS 州は、海に関する教育の単独の科目を設置している。高校の 11 年生開講の理科の選択科目の一つである海洋教育（Ocean）である。2001 年に導入され、他の教科・科目同様の周期で約 10 年後の 2011 年にカリキュラムが改訂された。中等教育のその他の学年では、各学年の理科や社会科（地理、歴史）の単元や項目の一つとして海に関する内容が扱われており、10 年生の理科の学習単元「生態系」で海が扱われている例がある。

　NS 州では小学校の場合、SC への変更以前の理科や社会科のカリキュラムには複数の学年で海に関する項目が記載されていたが、現在の小学校の SC は簡素化されたカリキュラムであり、科目を問わず全体的に扱う項目の記載

が減っている。SC には海に関する教育内容についての記載はなく、海を扱う可能性のある単元は 4 年生理科の「生息環境」の単元のみである。SC では各教員がそれぞれの創意工夫、知識、力量で授業を開発・実施することがこれまで以上に求められるようになっている。また、SC では識字力と算数を重視する方針により、従来、海の教育が行われていた理科や社会科の授業時間数が削減された。これらのことから、NS 州の学校、特に初等教育では海の教育を実施することは困難となりつつある。

カナダの初等中等教育カリキュラムで海の教育が位置づけられた経緯と考え方

　BC 州は地理的に海に近く、沿岸地域で生活してきた先住民や漁業で生計を立ててきた先住民が多くいたこと、1791 〜 1795 年のジョージ・バンクーバーによる太平洋沿岸地域の探検の歴史のように、海と密接な関係を保ちつつ発展してきた地域である。このため海に関わる教育が沿岸地域を中心に行われてきた。バンクーバー大都市圏に限って言えば、以前は教員が海に関する教育を行う際は、クラスの子どもを水族館に連れて行き、見学や水生生物の観察をさせるという方法が人気だったが、入場料の値上がり、見学や観察のみの表面的な学習よりもこれからの時代は海洋リテラシー（Ocean Literacy）を意識した教育が必要という意識が教員の間に広がっていることを理由に、海に関する教育を支える理念が変化しつつある。そして、新カリキュラムでは先住民の世界観・知識について扱うことが必須となったため、先住民との関わりという観点から理科や社会科の歴史、地理の時間に海について学ぶことが可能なカリキュラムとなっている。

　NS 州は小さな州であるが海洋産業に従事する人口が多いこと、また、海に近い環境で生活しており文化的にも海に親しむ機会に恵まれていることから、初等と中等教育の両方で海に関する内容が組み入れられてきた。2001 年導入の 11 年生の理科の科目・海洋教育は、当初は NS 州の海洋産業に従事する人材の育成を目的にカリキュラムが開発された。そして、近年の NS 州の海に関する教育についての考え方には、これまでも力を入れてきた海洋産業の人材育成だけではなく、海に囲まれ、世界最大の潮間帯のファンディ

湾を擁する NS 州の州民にとっての身近な存在である海について親しみを
持って理解していくために海洋リテラシーの育成を目的とする要素も付加さ
れるようになっている。また、海洋リテラシーの育成はより早い段階からの
開始が効果的という観点から、海について扱うことが理科教員を中心に教員
間で重視されるようになっている。

3　小学校の海洋教育

BC 州と NS 州の小学校における海洋教育の実施状況

　カナダ各州では統一カリキュラムに沿って、どのような授業計画を作り、
どのような授業を実施するかは、すべて学級担任や教科担当の教員の裁量で
行われている。とりわけ小学校ではその傾向が強い。

　BC 州の学校教育では、現在、地域に根ざした内容を意識した教育 (Place-based
conscious teaching) が重視されており、海に関する教育は太平洋沿岸地域やバ
ンクーバー島等の海の近くの学校の教員が行う場合がほとんどであるという。
各地の小学校では、博物館の教育プログラム受講を組み入れた海の学習、ク
ラスを学校近くの海岸に連れて行き海の生物を観察して生態系を学ぶ、海岸
のゴミ清掃を行うことで環境問題について理解を深めるといった実践が行わ
れている。なお、初等教育の新カリキュラムでは授業運営における教員の裁
量が大きくなったものの、教員研修等の州政府からの教員への支援は限られ
ており、海洋教育の推進は教員の負担と力量次第となってしまっているとい
う課題がある。

　NS 州でも、カリキュラムの運用における教員の裁量が大幅に増した SC
が小学校で導入されて間もない。このため、州全体の海に関する教育の実施
状況について把握することは難しい。なお、各学校・教員は、校内や授業で
使用する教材を NS 州教育省による検定済み教材リストの中から選定しなけ
ればならないが、リストには海に関する内容を扱った読み物も多く含まれて
いる。そのほとんどが NS 州や近隣の大西洋沿岸諸州の作家や出版社による
著作である。さらに、NS 州教育省はそれぞれの教材をどの教科のどの学年

のカリキュラムで扱うことが適切かを記したリストを発行している。例えば、"Return to the Sea"という絵本はオンタリオ州に住む少女とその家族が東部の州にある祖父母の家に向かう途中に訪ねた大西洋沿岸の名所や海辺の風景、サイクリング等の体験を少女の視点から語るという話であるが、リストでは初等教育の英語、社会科、保健のカリキュラムでこの絵本を使うことが奨励されている。

海洋教育のベストプラクティス

　カナダ連邦政府の水産海洋省太平洋地区支所が、子どもたちが水域や地元の流域を守っていくための責任感と行動力を身につけることを目的とする Stream to Sea 計画を BC 州と隣のユーコン準州の学校を対象に 30 年以上に渡って推進しており、BC 州の各地の学校でも水産海洋省の教育プログラムや教材が活用されている。水産業や海洋に関わる行政を担当する水産海洋省はカナダ全土を 6 地区に分けて支所を設けているが、このような教育プログラムは太平洋地区支所のみの取り組みである。教育プログラムと教材は BC 州のカリキュラムに沿って開発されている。Stream to Sea 計画の中で BC 州の小学校から最も人気のあるプログラム "Salmonid in the classroom" は、水産海洋省が希望する学校に無料で設置した水槽で、児童がサケの孵化を行い、育てた稚魚を地域の水流へ出かけて放流するまでを体験し、水環境についての理解を深める実践的プログラムである。水産海洋省の教育コーディネーターによって教育プログラムの開発、各地域を巡回しての教師向けのプログラム運営方法の指導等が行われている。

4　中学校・高校の海洋教育

BC 州と NS 州の中学校・高校における海洋教育の実施状況

　カナダでは、小学校同様、中学校・高校でも各教科・科目の授業計画や扱う内容は担当教員の裁量に任されているため、海に関する教育も学校や教員ごとに異なる。

　BC 州の中等教育の現行カリキュラムでは、社会科や理科で海に関する内容を扱うことが可能である。2018 年度以降全面実施予定の新カリキュラムでも、海に関する教育の実施が可能な設計となっている。社会科の科目・歴史の学習で探検航海、海運、移民、海軍等のカナダの近代海事史を学ぶ項目や自然地理学の科目で環境問題の観点から海を扱う項目が例示されている。理科では 11 年生の科目・地球科学で海洋学・水圏の単元が設定されており、11 年生と 12 年生の科目・環境科学では、気候変動や海洋汚染についての単元が設けられている。

　NS 州では、前述した海に関する教育の早期化の考え方に基づいて、科目・海洋教育が設置されている 11 年生以外の学年でも海についての教育を理科の中で扱う取り組みが始まっている。特に 7 年生（中学 1 年生）をターゲット学年としており、理科教員間で研修を実施する等の様々な取り組みが実施されている。なお、各学校における実施状況は小学校と同様の理由で把握は困難であり、科目・海洋教育の導入校数の明確な数も不明である。

カナダの中学校・高校における海に関する教育のベストプラクティス

　NS 州では州教育省の主催で、中高生を対象とする海の日（Ocean's Day）を年 1 回開催した。2016 年度は州内の全教育委員会を通して参加を呼びかけた中学生 250 人、高校生 500 人が州都ハリファクスに集まり、環境問題活動家セヴァン・スズキ氏の基調講演、中学生向けの持続可能性をテーマにしたワークショップ、地元のコミュニティカレッジの講師による高校生向けの海洋技術や造船の体験講義等に参加した。

5　博物館が担い手となる海洋教育

BC 州と NS 州の博物館による海に関する教育の実施状況

　カナダでは、博物館が海洋教育に限らず様々な内容の教育プログラムを開発し、校外学習等で利用する学校団体に職員やボランティアがプログラムを提供する取り組みが非常に盛んである。教育プログラム専門の部署とスタッ

図附-9-1　バンクーバー水族館の教育プログラム専用実験室

フが配置されている博物館も少なくない。博物館の教育プログラムは、ほとんどの場合、州のカリキュラムとの関連性・整合性を考慮して作られている。

　BC州では海洋や漁業をテーマとする博物館や水族館が海に関する教育プログラムを持つ他、総合博物館もBC州の海と人々の生活や海の生態系に関わる展示、教育プログラムの提供を行っている。例えば、バンクーバー水族館は、施設内の専用実験室を使って水生生物に触れたり観察したりするカリキュラムプログラム、水生生物の入った水槽や教材を積んだトラックで内陸部の学校を訪問する移動プログラム、水族館と学校を中継して実施されるオンライン学習の三つのプログラムを学校団体向けに提供し、学校の長期休暇中にはキャンプ場等で子ども・青年向けプログラムを開講している。バンクーバー水族館は、学校教員が水族館を利用して授業を行う場合（学校が地元で校外学習を行う際に利用できるよう作られたものもある）に利用できる指導案の開発とウェブサイト上での公開も行っている。また、州都ヴィクトリアにあるブリティッシュコロンビア海洋博物館は、海事学専門の博物館であり、船舶や航海関係の展示物が充実しているが、施設内のスペースが限られていることから学校向けのプログラムは全て出張プログラムで対応している。

　一方、NS州には水族館は設置されていないが、州政府は海事学専門の大西洋海洋博物館、漁業博物館等の海をテーマとする博物館を設置しており、

これらの施設では学校向けの教育プログラムが提供されている。また、海洋関連の博物館以外にも、ハリファクスにある州立の自然史博物館では海洋生物に関わる教育プログラム、NPO団体設置の科学館・ディスカバリーセンターでは環境やエネルギーと関連づけた海に関する教育プログラムが開発され、ハリファクス地域の学校が校外学習の際に利用している。

博物館による海洋教育のベストプラクティス

　BC州のバンクーバー海洋博物館では8種類の常設プログラムを学校向けに提供している。いずれのプログラムも2〜3学年の幅を対象学年としており、BC州の新カリキュラムの理科と社会科との関連性を考慮して開発されている。海事史を扱う博物館であるため、学校向けプログラムも展示を活用して、社会科と関連づけられたものが多い。BC州の新カリキュラムでは各教科で先住民の世界観・価値観を扱う必要があるため、海洋博物館で最も人気の高い教育プログラムの一つ「カナダ騎馬警察船員たちと北極のコミュニティ」では、北西航路の探検航海を成し遂げたカナダ騎馬警察の帆船セント・ロックの乗組員の航海と船上生活の他、極北地域の先住民イヌイットとの交流の歴史を学ぶことを目的としており、館内に展示されているセント・ロックの現物に乗り込んだり、イヌイットの狩猟道具の展示を観察したりするという内容構成となっている。

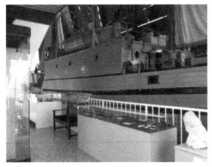

図附-9-2　バンクーバー海洋帆船セント・ロック（左・奥）と先住民狩猟道具の展示（左・手前）および大西洋海洋博物館のモールス信号体験（右）

　NS 州の大西洋海洋博物館では、現在、「ハリファクス大爆発」、「海の時代」、「タイタニック号」の3種類の体験型教育プログラムを提供している。対象学年は小学校4～6年生を想定しており、州のカリキュラムとの関連性・整合性を意識して開発されている。地元の大学の教育学部生を半年間インターンとして採用して、博物館教育プログラム担当の職員が作成した各プログラム案を州の初等教育カリキュラムに反映させて修正し開発を行った。各プログラムでは、子どもが港と船の模型を動かして1917年のハリファクス大爆発がなぜ、どのように起こったかを考えたり、マスト、帆、ロープを使って1900年代の帆船の船員の作業を体験したり、モールス信号や旗信号を体験したりと、NS 州の海に関する歴史の学習を通して海への親しみと敬意を持つことを目的とした構成となっている。

6　市民団体が担い手となる海洋教育

BC 州と NS 州の市民団体による海洋教育の実施状況

　カナダには、海洋科学の研究者等が組織する Ocean Networks Canada や海洋リテラシーの発展と理解促進を目的とする研究者や教育関係者の団体である CaNOE 等のように、海に関する教育の担い手や研究者が参加し、様々な活動や協力を行う団体が組織されている。これらの団体も、初等教育、中等教育向けの海に関する教育の指導案や教材を開発し、ウェブサイト上で公開している。

市民団体による海洋教育のベストプラクティス

　BC 州の Sea Smart は海洋生物学分野に特化した子ども・青少年向けプログラムを提供している。バンクーバー大都市圏の学校で実施する8週間の放課後プログラム（週1回1～2時間）、学校向けプログラム（終日あるいは半日）、夏休み期間中にはブリティッシュコロンビア大学や地元の教育委員会との連携で近郊のビーチで1週間のキャンププログラムを開講している。いずれのプログラムも、海の生き物や海洋環境について学びながら批判的思考力、問

図附-9-3　海洋生物に直接触れられる Touch Tank Hut プログラム

題解決能力、チームワーク、リーダーシップ、自己理解、社会的責任といっ
た基礎的なスキルの獲得を目標としている。特に学校向けプログラムでは、
州のカリキュラムで扱うことが求められている中核的コンピテンシーを組み
入れた授業が計画されている。

　NS 州の NPO 団体 Back to the Sea による Touch Tank Hut プログラムは、海
の生き物に触れて親しむことをコンセプトに、ハリファクス対岸地域の公共
施設の一角の仮設小屋内の水槽にキャッチアンドリリースの方針で集めたヒ
トデ、ウニ、カニ、海藻等の海洋生物を展示し、訪れた市民に触れてもらい
ながら生き物の特徴や生態について解説を行う夏期期間中の週末に実施する
時限型の取り組みである。取り組みは 2 年目で、団体の運営資金は寄付や来
訪者の募金で賄われている。筆者が活動の見学のために訪問したところ、来
訪者が断続的にあり、そのほとんどが小学校高学年ぐらいまでの子どものい
る家族連れであった。海の生き物を観察しながら学習する教育プログラムは、
州立自然史博物館でも行われているが、実際に手で触れられる取り組みはこ
の団体によるもののみである。このため、現在は対応できていない学校への
出前授業の要望が増えている。

10　イングランドにおける海洋教育

Gary McCulloch（鈴木愼一（編）訳）

まえがき

　イギリスの海洋リテラシーに関する調査を行うにあたり、次のような作業上の条件を選んだ。調査対象を主としてイングランドに絞り、他の 3 ネーションについては可能な限り適宜言及すること。(2) イギリスの教育研究者に Ocean Literacy に関する調査を依頼し、その報告書を訳出して報告書の一部とすること。

　本報告書は、ロンドン大学教授であり、前イギリス教育学会長であるゲアリー・マカロック（Gary McCulloch）博士による調査結果をまとめたものである。快く調査とレポート執筆を受け入れてくださったことへ、記して感謝したい。

序

　「海洋リテラシー」（Ocean Literacy）は広く“海洋の人への影響と、人の海洋への影響”という意味をもつ言葉だと理解されている。現在、BBC が放映している「青い衛星―その Ⅱ」（Blue Planet II）は多くの人々の視聴するところとなっているが、過去 10 年くらい識者の間で論じられて来た海洋リテラシーは、今、人々の間でもホットなテーマになっている。イギリス国内ばかりでなく海外との間でも、海洋リテラシーを広めるために少なからぬ資金を集めながら協力し合っている機関、団体がいくつかあるが、この団体の仕事を見る限り、今までのところ、ナショナルカリキュラムにおいては、“海について知り、読めるようになる”（ocean-literate）という状況にはなっていない。ただし、個々

の学校や教師たちは海洋リテラシーを高める教育を行うことはでき、“海の祭り”、その他の行事に学童たちが参加している。

1　メディア

　海洋リテラシーは公に論じられている、BBC II の番組にシリーズとして取り上げられている「青い衛星―そのII」(Blue Planet II) は、解説者にデーヴィッド・アッテンボロー卿を迎えて、第一話「一つの海」(One Ocean) を 2017 年 10 月 30 日に放映した。これは 7 週連続プログラムの第一話であったが、その放映に先立ち 4 年の歳月と、39 カ国を回りながら撮影した 129 の主要映像収集と、費やした 6000 時間があったといわれる。

　このシリーズは新聞の取り上げるところともなり、デイリーメール (Daily Mail) の週刊誌は特集号を出して、シリーズをイルカやクマの写真入りで紹介し、アッテンボローの談話記事を添えて特集号を飾った (Daily Mail, 2017a)。ロンドンの夕刊紙イヴニングスタンダード (Evening Standard) も、数頁を使って報道した (Evening Standard, 2017)。

　アッテンボローは、放映に際して、海の魅力を語るだけではなく、海からの人間への挑戦についても触れていた。日刊紙ザ・ガーディアンに寄せた稿では、海に散乱するポリエステルの芥について嘆き、魚の数よりも多くなるのではないかと警告していた。“魚は餌と間違えてプラスチックの破片を食べる。息が詰まってやがて死ぬ。長い目で見てどうなることか今わかってはいない。しかし、大洋ばかりでなく、私たちの飲み水にさえプラスチックの小分子が混入している”(The Guardian, 2017a)。他の紙面にも同様の記事が踊っている。ガーディアンは、大西洋のペンギンが危機に晒されていること (The Guardian, 2017b)、デイリーメールは大洋に浮かぶプラスチックについて紙面を割き、窒息する海の模様を報じた (Daily Mail, 2017b)。

　「青い衛星―そのII」は、もともと BBC が手掛けてきた 8 つの企画の一つで、青い衛星が最初に放映されたのは 2001 年のことである。その場面でもアッテンボローが語り手であった。ラジオでも、同じような企画がシリーズ化さ

れている。ラジオ 4 は、「海洋：その下に何があるのか」をテーマに、2017 年
10 月 26 日から 4 回の放送をする。

　多少年配の人たちにとっては、フランス人海洋探検家ジャック・クストー
の名が馴染み深いのではないか。1956 年のフィルム「沈黙の世界」(le Monde
du Silence) は広く知られた。1966 年から 1976 年までまたがって放映された
テレビ番組「ジャック・クストーの海中世界」(The Underwater World of Jacques
Cousteau) も、彼が愛用したボート、カリプソ号のイメージと共に巷間親しま
れたといわれる。クストーの新しい作品「オデュセー」(L'Oyssee) が 2016 年に
公開されたことも報じられた (The Guardian, 2016)。

2　運動機関、財団とチャリティー活動

　海洋リテラシー啓蒙活動は、多くの国際機関や財団、さらにはチャリティー
活動その他の行動する人々の組織に支えられている。代表的なものを挙げる
と次のような事例がある。

(1) Cambridge Conservation Initiative (CCI)：ケンブリッジ環境保全行動隊
　　この団体は、ケンブリッジ（イングランド）にある新アッテンボロー
　　会館に事務局を置く。アルカディアから 740 万ポンドの資金提供を受
　　けている。

(2) European Marine Science Educators Association (EMSEA)：ヨーロッパ海洋
　科学教育者協議会
　　2011 年にボストンの College of Exploration で National Marine
　　Educators Association: NMEA（全国海洋教育者協議会）が年次大会を開
　　催した折に、ヨーロッパに関する同種協議会として発足した国際機
　　関。海洋科学と海洋教育に従事する人々をヨーロッパ全域にわたって
　　組織し、相互間の交流と海洋に関する学術教育の「場」を設け共有し
　　活動を活性化することを目的としている。陣頭に立つ人々は、Fiona
　　Crouch (MBA)、Evy Copejans (Flanders Marine Institute)、Geraldine Fauville
　　(University of Goethenberg) 達で、ヨーロッパにおける海洋教育と海洋リ

テラシー促進の基盤つくりに尽力している。協会として開催地を変え
ながら年次大会を開いており、2017 年度の大会は 10 月 7 日から 10 日
へかけてマルタで開催された。

(3) European Union; Sea Change Project：ヨーロッパ連合、海洋更生プロジェ
クト

　　このプロジェクトは、海洋リテラシーを人々の間に高めて、健康で
生物多様性に富む海を守るために、市民が直接に保全活動に取り組む
ことを促し支援する行動方針でもある。これはもともと、ヨーロッパ
の既存のネットワークである EMSEA（上記）、科学センター博物館ヨー
ロッパネットワーク（ECSITE）、地理学者ヨーロッパ協議会（EUROGEO）
等の影響力の大きなネットワークに共同者となるよう呼びかけながら、
市民を中心にして始められた 3 年企画のプロジェクトであった。プロ
ジェクトの目的の中には、最新の研究に基づいて海洋と人の健康に関
する関係を深く解析し理解することや、カナダやアメリカの関係者と
連携して、優れた行動基準を確定し、活動範囲を広めるための道具箱
を豊かにし、社会に向けたキャンペーンを繰り広げ、その他持続的な
地域社会運動を介しながら、プロジェクト期間を終えた。その後もヨー
ロッパに海洋リテラシー力（ocean-literate）が失われず持続するようにす
ることも含まれていた。そこには、海洋リテラシー力を備えた市民こ
そが、地球をもっと健康にする政策を選択し、かつ、政策を実施すこ
とができるという信条がある。

(4) Marine Biological Association（MBA）：海洋生物学協議会

　　この協議会には「海洋更生プロジェクト」でも協力者として働き、
カナダやアメリカでも海洋リテラシー促進のために共同している。こ
の協議会は 2013 年にはプリマス大学で大西洋横断海洋リテラシーセ
ミナーを開催した経緯もあり、カナダとヨーロッパとを繋ぐ役割の意
義は小さくない。そこでは海洋リテラシーが一つのテーマとして論じ
られてきた。2017 年 6 月にプリマスで開催された海洋更生グループ
による「世界海洋デー」のプログラムには、子どもの参加するプログ

ラムもあって、子どもたちは「砂の机」で書いたり消したり、蟹を観察する機会を持った。ここでは海洋リテラシーワークショップも行われて、12〜14歳の生徒たちが参加した。そのあと生徒たちは、本協議会が主催した泊まり込みのプランクトンワークショップ（開催場所マウント・バッテンセンター）に引き続き参加している。

(5) National Maritime Museum：国立海事博物館

　　この博物館は民衆の海洋に関する意識調査を行ったことがある。そこからわかったことは、人々は海について関心を持っているが手にする情報が少なく、特定の問題になると人々の関心の間には相当のギャップが生まれるということであった (Fletcher et al, 2009)。

(6) Natural History Museum：自然史博物館

　　博物館の科学者たちは、気候変動、海水酸性化、海のプラスティックスについて発言している。

(7) Ocean Literacy UK：英国海洋リテラシー

　　海洋科学者と教育者のコンソーシアムで、海洋リテラシーに関する圧力団体の役割を担っている。具体的には学校のカリキュラムに海洋リテラシーを導入するように働きかけている。

3　学　校

学校における海洋リテラシー

　公に海洋リテラシーについて意見が交わされているが、その議論がイギリス教育制度のナショナルカリキュラムに反映された様子は今のところ伺えない。ナショナルカリキュラムは1988年に導入されてから時を選びながら幾度か見直されてきた。しかし、高い関心を寄せる人々の熱心な主張にも関わらず、ナショナルカリキュラムには海洋リテラシーに明確に言及する文言はない。

　ナショナルカリキュラムの改訂をめぐっては、2013年から再検討された。その時、海洋リテラシーを従来よりも明細にカリキュラムに書き入れてほ

しいという提案も行われた。海洋科学者と教育者からなるコンソーシアム（Ocean Literacy UK）は、教育大臣宛に書簡を送った。2013 年 4 月 15 日付書簡では、海洋リテラシーを科学と地理の教育内容草案に加えることが望ましいと述べ、教師向けの法定外ガイドブックに海の事例を含めてはいかがかと提案していた。同書簡では、世界の海の諸事実と環境一般とを対比して、ナショナルカリキュラムは陸上の動植物と場所に偏った内容から編成されていると述べていた。

　個々の学校と、教師一人ひとりについてみると、カリキュラムの編成に当って海洋リテラシーを取り入れている例がある。海洋について積極的に活動しているラッセル・アーノット（University of Bath）が 2017 年に行った報告によると、彼は過去 2 年間英国（UK）とアイルランドの学校を訪ね、海という環境について生徒と教師に教えてきたとある。世界最大の海洋祭り、"クジラの集い"では、生きたシャチそっくりのゴム風船をもって学校や祭りの会場を訪れ、アーノットは子どもたちに海について教えた（Arnot, 2017）。

　アーノット自身は、公立中学校の科学副主任、物理主任として 6 年間教壇に立った経験があり、その任の範囲で、海から実物を持ちこんで、科学のなかでも教えることが難しい内容、あるいは生徒の興味を引くことが少ない内容を教えた。「動植物の生息環境について、私は海中のクジラとクジラの精液を扱って教え、超音波についてはイルカの首を例示して教えた。対流、密度、解剖、適応、地球温暖化、酸とアルカリ、電気分解、……なんでも言ってごらんなさい、君たちが挙げる事はみな海に当てはめて説明できます」（Arnot, 2017, p.29）。

2013 年のカリキュラム改定意見募集と海洋リテラシー

　ナショナルカリキュラムの改訂に際して、海洋に関連する専門団体の中から、海洋リテラシー UK（Ocean Literacy UK）がどう対応したか、その概要を見ておこう。

　・2013 年 4 月 15 日付、Ocean Literacy UK の教育大臣宛書簡

（i）英国は海洋国で海洋科学の分野では世界をリードしている。そのような意味合いから、海洋科学はナショナルカリキュラムのコア教科に取り入れられるべきである。

（ii）我々の市民を海洋市民として育成することには十分な理由があるので、「成長後の経験と、機会と、責任とに備える」我が国の教育にとっては、海洋科学を科学と地理に取り入れることを勧めたい。

（iii）提起されているカリキュラムの編成のための観点について、さらに次のような観点を加えることを提案する。

A: 科学的な力量の重要性

B: 環境としての陸地に加えて環境としての海を含むように、科学と地理の範囲を拡張すること

C: 教師を対象にする教授資料に、法定的ではない仕方で、海の事例を掲載すること

（iv）示されたカリキュラムを見ると懸案が多い。植物と光合成、生循環、生殖のいずれも地上に偏っており、地球上の71%を占める海、加えて地球の生命の90%が海中にあることを念頭に置くとき、学習すべき対象の焦点を地上にだけ充てる方式は偏向しているといわなければならない。

（v）これまで地上の生命を取り扱うことしか教えられてこなかった教師にとって、海洋を扱うことは容易ではないが、我々は蓄積されている素材を教材として提示することができる。

・2013年8月2日付　Ocean Literacy UK 教育大臣宛書簡

『ナショナルカリキュラム改定見直し案への対応』と題された書簡には、33名の署名がある。主な主張は以下の通り。

（i）4月に提出した私たちの報告書が受け入れられ、いくつか内容が修正されたことへ謝意を表する。

（ii）しかしながら「科学」についての助言が受け入れられなかったことを遺憾とし、その意味では再提案されたナショナルカリキュラムにまだ多

くの修正を要する部分があることを再度指摘する。

(ⅲ) 主張することは科学部門の小さな集団の利害関心からではなく、海洋リテラシーにかかる諸事項が経済成長と深く連動することへの留意からであることを理解してほしい。

(ⅳ) 海洋科学と海洋産業は、政府もその重要性を国の経済と国際的立ち位置から認めるところである。

(ⅴ) 程なく、海洋部門では海洋活動について法的な対応が求められるようになろう。保存対象となる海や、水資源対策計画等がその分野で、海洋管理機構 (Marine Management Organization) はその事柄に従事することになる。加えて、研究、開発、技術移転等、経済成長は、上記と並んで、海洋科学への要求を増大させることにもなる。

(ⅵ) 海洋部門の成長は偏に海洋についての知識技術を備えた青年の有無にかかるところで、教育制度はその要請にこたえる必要がある。

(ⅶ) 若者の海洋に関する知識と技術ギャップを埋めるために、以下4点について提案する。

　(1) キーステージ1から3:「植物 (plants)」の扱いを海の植物と藻類を含む概念に意味を拡張し、並行して、"土から栄養をとる"という表現を"生物の環境から栄養をとる"と表記を変え、"空気"と書くのではなく"二酸化炭素"と表記すること。

　(2) キーステージ1から3:「動物 (animal)」に多様な海の生き物を加えること。"空気"に換えて"酸素"を使うなど、科学的な厳密さも必要。

　(3) ナショナルカリキュラムには「潮汐」が取り上げられていない。キーステージ2では「地球と空間」の項で、月、大洋の引力および地球の自転に言及して潮汐を取り扱うべきである。

　(4) 自然界の地上と海中について、教師がその認識の不均衡を克服するのに役立つ情報を提供すること。

(ⅷ) 現在行われているナショナルカリキュラム改定の仕事は、これまで、海の重要さについて相応に考慮されてこなかったことを歴史的に振り返る機会にもなっている。上記のわずかな修正でさえ、自然界に取り組む

ことになる青年に対しては、これまでの仕方を大きく修正することに繋がるはずである。

(ix) 以上のことから、私たちは、カリキュラムから海を除外しないように配慮し、英国海洋産業界を支える十分な人材を備えるように要望する。

・海洋リテラシー UK「改定 GCSE 試験科目内容に関する意見」

基本的な立場

(i) ここに述べる事項は、海洋関係の高度な専門家が集い集約した意見である。含まれる人々はこの分野の指導的科学者、教育者、実業家で、いずれも国内外の諸活動を経験し、公的なカリキュラムに準拠する教育に関し発言する十分な経験を持っている。

(ii) 主題について発言する基本的な考え方：(a) 海洋と海洋生活には経済成長を支える大きな潜在力がある；(b) 科目内容の範囲を広げ確かな根拠づけをして、試験そのものの科目の水準を上げる；(c) 教える内容を早い段階から順次高めるように配置する。

海洋と海洋生活の経済成長を支える力

(i) 英国の海洋科学対策、同海洋貿易対策に基づく潜在的経済成長は、GCSE 試験においてもこれまで以上に取り上げる意味を持っている。

(ii) 将来、海洋管理機関により海洋活動を制御して海洋保存地域を保全し、水資源対策に見られるように海洋活動管理を強化することが求められるようになる。さらに、海洋産業を支え発展させる技術移転に備えることを考慮すると、海洋科学の重要性が高まる。

(iii) 海洋部門の成長は、教育を通じで科学に基礎づけられた才能と能力をもつ人々を十分に育てることに依るところが大きい。

GCSE 科目の水準を高める

(i) 現行の科学カリキュラムの語り方は、地上の事象に傾きがちで、成長に関する内容としての海洋に対しては不十分で、海洋部門が求める才能の開発を制約している。

(ii) 青年たちは自然界全体に関する科学を積極的に学ぶことができる人た

ちで、今欠けている海洋関連の社会経済的技能を補うことは難しいことではない。ギャップを埋めるために、以下に挙げる私たちの提案を積極的に採択してもらいたい。

(a) 地上と海洋の双方で行われている第一次生産について均衡を保って学ぶことが可能になるように、光合成を位置づけなおすこと。

(b) 物質循環の学習で窒素固定を根瘤に限らず、土・海の堆積物・沈殿物を含め、広くは海全般に視座を広げて循環を学ぶようにすること。

(c) 生態系と遺伝・変異・進化を学ぶとき、水産養殖を含めて海での食物生産と野生収穫も含めて扱うこと。

(d) 地球と大気圏を学ぶとき、視座を地球システム科学へ広げ、海洋炭素科学を含めて新しいシステム科学の手法を取り込み、大気圏化学の内容も含めること。

教える内容を早い段階から順次高めるよう配置する

(ⅰ) 大洋 (oceans) と ‘〜海’ (seas) とを、“場の設定”として位置づけして学ばせること。

(ⅱ) 海洋養殖、漁業、海水酸化を資源管理と生物多様性との関連で学ばせること。

(ⅲ) 地図とともに海図を合わせて学ばせること。

イングランドのナショナルカリキュラム改革は、政府提案に対する識者専門家からなる機関団体との意見交換を踏まえて行われている。その中で、海洋リテラシーに関する問題と改善提案は、イングランドの海洋関係学会、事業者団体の連合体であるいくつかの組織によって積極的に行われたことも明らかである。

ただし、関連団体等の要望・提案がすべて政府側関係者によって採択されたとはいえない。

また、ここに紹介した範囲では、カリキュラム改善提案は知識技術のうち、「ことがら」と「概念」にだけ言及されていて、具体的な授業の場に関して行われた提言は少ない。

4　大学・学協会の試み

　イングランドの大学、海洋科学関係者による海洋リテラシー関連活動が多数試みられているように伺われる。該当する教育機関、学協会の悉皆調査を行ったわけではないので、全体の動向を概観することはできないが、二三の事例を紹介する。

オックスフォード大学 NEKTON 深海研究機構

　2015 年に資金募集を開始して 40 を超える科学研究機関と企業体のネットワークを構築したこの研究機構は、専門的な研究活動を大西洋バミューダ海域の水深 200~3000 メートルの範囲で海洋の深部探索を組織的に行うことをその基軸とするが、公共部門との共同活動、就中、教育についても活動計画を持っている。

（ⅰ）深海はニュースにもならず社交の場でも学級でも話題にならない。もっと広く知ってもらうためには、メッセージを作り、明るい将来への見通しを照らし出しながら特殊問題を語り、探検を語り、人々の共同を培っていたこれまでの方法から学ぶ必要がある。

（ⅱ）ネクトンは、研究が積極的な意味を持つことを理解する新しい人々に呼びかけ、人類にとって最後に残されたこの星の秘境、深海を探索することの意義を訴える。それは、人類がその力を尽くす覚醒的な物語になるはずだ。そうすることで、地球上のみんなが参加でき、差し迫っている海洋問題を新しい視角で共に見ることを可能にする。

（ⅲ）特に教育的見地からすると、人が実際に潜って行う深海の探索は、若い人たちの海洋に対する関心を高め、知識を増やす完璧な手段になる。若者を海洋科学者と直接結びつけることにもなる。新技術を活用して、発見がどのようにして行われるかを直接見ることができるようにすれば、若者たちにとっては、それが科学的に学ぶことを、青い星そのものを、目覚める思いで知ることになろう。

　この学術的コンソーシアムは、深海の探索と社会的学習機会の増進に努め
ながら、海洋資源の持続的な開発活用に努めようとしている。以下に掲げる
事項がその達成目標である。

　⑴科学的知識を増やし、研究能力を高め、海洋技術を発展途上にある
　　島嶼地域に移転して、その地の開発を支援し、かつ生物的多様性を守
　　ることができるようにする。

　⑵国際法を具体的に実行あらしめて、海と資源の保護と持続性を高め
　　ること。

　⑶科学に基礎づけられた計画によって、海と海浜の生態系を 2020 年ま
　　で守ること。

　⑷2020 年までに、海と海浜の 10% を手つかずのまま保存し続けること。

　前述の学協会としての連携行動とは趣旨を異にしながら、大学が基金募集
の基幹となりながら、海洋問題の解決を海洋科学の進展と構造的に組み合わ
せるこの企画は、多くの大学や研究機構にとって共同行動の指針となるので
はないか。

あとがき

　英国には、イングランドのほかスコットランドにも海洋リテラシーに関わ
る団体がある。未調査であるがイングランド以外三地域(スコットランド、ウ
エールズ、北アイルランド)の港湾地区を抱える大学等にはイングランドに似
た組織があり、学術、教育の両場面で活動を行っているのではないかと思う。

　海の大事さを人々と子どもたちに説明してきた個人や団体は、国際的活動
や組織的活動が開始されることと並行して、様々な活動をイングランドその
他の地域で行ってきた。Russel Arnott はその一人で、2015 年以来、彼はイ
ングランドとアイルランドの学校を訪ね、等身大になるシャチのゴム風船を持
ち込みながら、海の生き物とその生活、海をきれいにすることの大事さを語
り続けていると 2017 年 3 月の段階で述懐している (Arnott, 2017)。気候温暖化、
海洋汚染、海洋資源乱獲に触れながら「これらが重大な問題であることに皆

さんが同意してくださることを私は願います。それにしても、ナショナルカリキュラムにはこの問題が全く含まれていませんが、何故でしょうか。イギリスの読者ならすぐわかるように、私たちは海から遠くても 70 マイルしか離れていないのです。同僚が語るところによれば、10 マイルも離れていないところに住みながら、海を見たことがない、ましてや海で泳いだことのない 16 歳の生徒がいるというのです」(ditto)。イングランドの教育制度は ocean illiterate な若者を幾世代も通じて変わらず世の中に送り出しているとアーノットは警告している。

　子どもたちを直接間接に海の体験に誘う学校外活動の試みは有意義であるし、自然環境保護活動の成果から学ぶことの可能性も英国では高いが、本格的な海洋リテラシーの普及には、学校の教育課程と学外試験の内容が更新される必要があるのではないか。義務教育修了後 19 歳 ~23 歳までの継続的な学習が国際的な問題関心になっている現在、そこでは学力の内容としてコミュニケーション能力と問題解決の力が特に重要視されている。その場面で、英国では一方では核エネルギーの平和利用と宇宙開発の技術問題に関心が寄せられ (the Royal Society, 2014)、他方では持続可能な成長が論じられる。地球への関心と地球外への関心がアンビバレンスな状態の中で、海洋リテラシーが英国で今後どのように発展していくか注目したい。その場合、(ⅰ) 海洋資源を持続可能な経済的成長との観点で保全しようとする経済的動機と生物多様性保存の主張に典型される生命の生態系的保全とがどのように調整(あるいは和諧)されるか、(ⅱ) 土着の海洋生活と海洋開発および海洋保全活動との間に生じる利害対立を解決、解消する法的配慮と同措置をどのように行うか、特に注意したい。

　英国(イングランド)では、海洋リテラシーに関する問題関心は、教科書がナショナルカリキュラムに先行する形で教育の具体的場面で実際的に普及している。教育内容に関する教育行政が政権担当の政治集団と教育者・教育研究者との間に軋轢を生む状況のもとで、その事実が示す意味を注意深く読み取ることが必要である。蓋し、1960 年代、1970 年代に学校の教師を主体とした学校委員会 (Schools Council) による教育内容方法の自発的開発に失敗し、

　労働党の学校教育批判を口火として、保守党により学校教育内容の法制化に舵が切られた経緯（ナショナルカリキュラムの経緯）を振り返るとき、海洋リテラシーを巡るカリキュラム改革論議は、英国（イングランド）の学校教育の在り方に関わる基礎的な問題の反芻のように私の目には映ずる。

　英国の海洋リテラシーについて読みながら考えたことがある。海洋に住む人々の生活環境と生活文化は、海洋生物と同様に多様である。それぞれの生活自体が多様な人々が共有する海洋を科学するという場合、そのスタンスはそれ自体を批判的に反省する必要はないのだろうか。国際機関に代弁される言葉は、少数者の言葉を映し出すとは限らないからである。ある海洋教育家の言葉を引用してこの章を閉じたい。

　「私は次のように考えるようになった。海洋リテラシーは再定義される必要がある。そうすることで、海に関する伝統的な知識と若い世代が見通していることを定義の中に含めなければならない。伝統的な知識という場合、私が強調するのは、内発的にその地の人々が蓄えてきた知識で、その知識をその地の人々が世界の人々に知ってほしいと願っているような知識のことである。海洋を維持しようとする私たちにとってこのことは極めて大事だと思う──新しい総合が求められている」（Strang, 2008: p.10）。

参考資料

1: 参考文献

Cava, Francesca, et al, 2005, Science Content and Standards for Ocean Literacy: A Report on Ocean Literacy・Report of Two Week On-line Workshop in October 2004.

Cole, Matthew, 2011, "Microplastics as Contaminants in the Marine Environment: A View", in Marine Pollution Bulletin, volume 62, issue 12, Elsevier, December 2011, pp.2588-2597.

GOV.UK, 2013, National Curriculum in England: geography programme of study（Key Stages 1, 2, 3）, Department for Education, published 11 September 2013（http://www.gov.uk/government/organizations/department-fo-education）

GOV.UK, 2014, National Curriculum in England :framework for key stages 1 to 4, Department for Education, updated 2 December 2014（http://www.gov.uk/government/organizations/department-for-education）

Long, Robert, 2017, Independent Schools（England）, Briefing Paper No. 07972, 9 June 2017, House of Commons Library

Maddox, Bryan, 2007, Literacy in Fishing Communities, Norwich, School of Development Studies, University of East Anglia

National Oceanography Centre Southampton, MRes Ocean Science（1 year）, University of Southampton（http://www.southampton.ac.uk/oes/postgradute/reserach_degree.page）

NEKTON Oxford Deep Ocean Research Institute, 2017, Annual Review 2016, Begbroke Science Park, Oxford University, Oxford（http://nektonmission.org/about/nekton-oxford-deep-ocean-research-institute）, retrieved on 2017/10/1.

Ocean Literacy Campaign, the, 2013, Ocean Literacy: the essential principles and fundamental concepts of ocean science for learners of all ages, version 3（www.oceanliteracy.net）

Ocean Literacy UK, 2013a, Dear Secretary of State: Understanding of the Marine environment, 15th April 2013, Netil House, London

Ocean Literacy UK, 2013b, Response to the Reviewed National Curriculum Reform, 2nd August 2013, Netil House, London

Ocean Literacy UK, 2013c, Response to the Reformed GCSE subject content consultation, 19th August 2015, Netil House, London

Royal Society, The, 2014, Vision for Science and Mathematics Education for 2030. London

Strang, Craig, 2008, "Education for Ocean Literacy and Sustainability: Learning from Elders, Listening to Youth", in Current, the Journal of Marine Education, volume 24, no.3, pp.6-10. National Marine Educators Association（http://marine-ed.site.ym.com）

2：文献・参考資料（G. McCulloch 教授の序）

1.Articles

Arnott, R.（2017）'Ocean literacy and the science curriculum', School Science Review, 98, March, pp. 28-30

Daily Mail（2017a）weekend magazine, 16 October, 'Join the cubs!'

Daily Mail（2017b）article, 21 October, 'A sea of plastic'

Daily Telegraph（2017）article, 27 October, 'Shocking photo shows Caribbean Sea being "choked to death by human waste"'

Evening Standard（2017）article, 24 October, 'Into the blue'

Fletcher, S., Potts, J., Weeks, C., Pike, K.（2009）'Public awareness of marine environmental issues in the UK', Marine Policy, 33/2, pp. 370-75

The Guardian（2016）article, 11 October, 'Jacques Cousteau sails again in new film'

The Guardian（2017a）article, 25 September, 'David Attenborough on the scourge of the oceans: "I remember being told plastic doesn't decay, it's wonderful."'

The Guardian (2017b) article, 14 October, 'Penguins in peril: only two chicks in Antarctic colony of 40,000 survive'

The Guardian (2017c) article, 5 October, '"Supreme wake-up call": Prince Charles urges action on ocean pollution'

2. Websites

Blue Planet II – http://www.bbc.co.uk/programmes/b00804409es/p04tjbtx

The Blue Planet – http://www.bbc.co.uk/programmes/b00804409

BBC Radio Four, 'Oceans: what lies beneath' - http://www.bbc.co.uk/programmes/b00jdnsq#play

Le Monde du Silence (The Silent World) (1956; imdb.com/title/tt0049518)

The Underwater World of Jacques Cousteau (1966-1976; imdb.com/title/tt0192937)

European Marine Science Educators Association (EMSEA) - http://www.emseanet.eu/

European Union Sea Change Project – http://www.seachangeproject.eu/

Marine Biological Association - (http://www.mba.ac.uk/european-marine-educatorsunite)

Marine Biological Association - http://www.mba.ac.uk/plymouth-celebrates-worldocean-day-thursday-june-8th

Ocean Literacy UK – response to National Curriculum Review 2013 - http://www.oceanliteracy.org.uk/?page_id=86

Ocean School - http://www.sas.org.uk/news/welcome-ocean-school .

11　ドイツにおける海洋教育

山名　淳

1　海洋に関する学習の地域差

　ドイツの全国的な傾向として、海洋教育は、学校教育カリキュラムにおいて明確に位置づけられてはいない。「海洋教育」をドイツ語に翻訳することは不可能ではないが(たとえば "die maritime Bildung")、人口に膾炙しておらず、学校教育カリキュラムのうちにもそれに相当する語は見当たらない。ただし、教育の内容により詳細に分け入るならば、「海洋教育」ということで理解されるはずの教育活動が学校教育のうちに展開されていることが確認される(本章では、内容的に「海洋教育」の範囲に含まれうる教育を、括弧なしで海洋教育と記すことにする)。

　後でみるように、海と水に関する教育は、科目でいえば地理が中心となる。とりわけ、社会における「持続可能な開発」を意識した環境教育とのかかわりで展開される活動のうちに、海洋教育的な内容が盛り込まれている。州別にみれば、北海およびバルト海に臨む地域を有する州(具体的にはニーダーザクセン州、シュレスヴィヒ・ホルシュタイン州、メクレンブルク・フォアポンメルン州)および湾岸部を有する自由ハンザ都市(ハンブルク、ブレーメン)において、学校内外における海洋に関する教育活動がより活発であることが認められる[1]。本章においてドイツの海洋教育について具体的な事例を提示する場合には、ニーダーザクセン州を中心に扱うことにする[2]。

　なお、たとえば考察の対象を中等教育に絞ったとしても、分岐型の学校制度であるがために校種によって性質が異なることから、ドイツの中等教育一般について語ることはむずかしい。海洋教育についてもより詳しい検討を行

う際にはこのことに留意しなければならないが、ここでは一般的な傾向を示
すことにする。

2　学校教育における海洋教育

環境教育的な性質を帯びた地理教育を軸として

　ドイツの学校教育において海洋にかかわる教育を推進する役割を果たす主
要な教科とみなされるのは、地理 (Geographie, Erdkunde) である。まずはド
イツ地理学会が設定した中等教育用の地理教育スタンダードに基づいて[3]、ド
イツの学校教育における地理の基本的性質を確認しておこう。ドイツにおけ
る地理は、人間と環境を一つのシステムとみなしたうえで、そのようなシス
テムを自然科学的な領域と人文・社会科学的な領域とを融合するかたちで構
造的かつ機能的に観察し、またそうしたシステムが変化していく過程を視野
に捉えようとする科目として位置づけられる(**図附-11-1**)。地理の授業におけ
る主要目標は、「自然によって与えられた状況と社会的な活動との関連性を
地球上のさまざまな空間において洞察することであり、またそのうえに構築

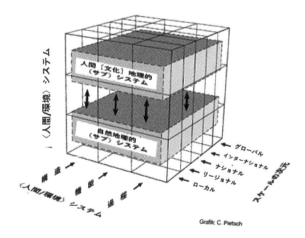

図附-11-1　ドイツの教科「地理」における空間分析の基本体系

出典：DGfG, 2014: 11 に基づいて筆者邦訳。

していく空間に関する行動の資質・能力」(DGfG, 2014: 7) の獲得である。その
ような目標の達成を支えるための六つのコンピテンシー領域 (①専門知識、②
空間認識、③情報収集・方法、④コミュニケーション力、⑤判断・評価、⑥行動) が
定められ、そうした各領域に 77 のスタンダードが設定されている。学習者
の地元からそれを包含する地方・地域へ、そして国家から国際的な領域を経
てグローバルな視点へと学習者を導き、そのうちのどの視点からも地理空間
を立体的に眺められることが、生徒たちには求められる。そのように自然科
学と人文・社会科学を架橋し、地元の視点からグローバルな視点までを包
含し、知識と行動 (学問の世界と現実の世界) とを結びつけるがゆえに、地理は
「教科横断的かつ教科連携的な教育課題に対して本質的な貢献をなす」(DGfG,
2014: 7) ものとされる。

　現実世界との関わりでいえば、地理が「持続可能な開発のための教育およ
びグローバルな学習である義務をとくに負う」(DGfG, 2014: 7) 教科とみなされ
ていることは強調されてよいだろう[4]。教育学者ド・ハーン (De Haan, 2006: 5)
によれば、「持続可能な開発のための教育」は環境教育と密接に関わる性質
を有しており、「経済的繁栄と自然保護とを同時に可能にする創造的な解決
法を学ぶこと」、「革新的な、また資源保護に資する技術を発展させるための
知識」、「新たな形式の政治に関する知見」、「自然および他の人々への配慮か
らなる新たな生活様式を考えること」、「他国からの他者の視点を引き受ける
こと」を重視し、最終的に「生態学的基準のもとで生 (生活) の好機が世界規
模で正当に配分されるために行為できるようになること」を目指す[5]。

　テーマとしての海洋は、地理的な環境空間を構成する大切な要素とみなさ
れる。先の地理教育スタンダードでは、自然地理的システムとしての空間を
把握する能力にかかわって、海洋、海流、そして水の循環が扱われ、また空
間における人間と環境の関係を分析する際に海洋・河川の汚染や水不足の問
題がとりあげられる。さらに地理的行動フィールドに対する動機および関心
を高めることとの関連においても、海洋汚染や洪水の問題が主題化される。

　ドイツ地理教育学会は、地理教育スタンダードをどのように授業実践に活
用できるかを示すために複数の課題例を示している。そこには、海洋に関

するテーマ「世界規模の異常気象──海面上昇の影響」（DGfG, 2014: 80ff.）も含まれている。この単元では、世界地図を用いて「海面上昇に脅かされる地域」を学び（モジュール1）、「海面上昇の影響」を学習し（モジュール2）、ドイツ、オランダ、マーシャル諸島を例として「1メートルの海面上昇で生じる被害の国際比較」を行い（モジュール3）、さらに海面上昇の影響を大きく受ける北ドイツの「ジュルト島を例とした問題および対策」の具体例を検討することを紹介している（モジュール4）。

　以上のような授業モジュールの紹介についで、これと関連する複数の問題例が示されている。そのなかでとくに興味深いのは、ジュルト島の海面上昇への対策に関する問いである。海面上昇への対策として、譲歩パターン（消失する土地利用に代えて増加する海水域を養殖などの用途で活用するなど）、受容パターン（沿岸部の土地が減少していくことを受け入れる）、対抗パターン（防波堤などを築くことによって既存の陸地を確保する）の三つが提示された後、さまざまな立場（自然保護推進者、島の住民、財務大臣）を設定して、各対策への評価を生徒に求めている。さらに、もしあなたがジュルト島の政策担当者であるとすればどの対策を選択するか、と問いかけられている。身近なドイツの事例を挙げつつ海面上昇に関する基本的な知識を獲得し、それを行動レベルへの関心へと結びつけようとする工夫が、ここには認められるであろう。

「未来空間としての海洋」──ニーダーザクセン州の地理における海洋教育

　先述の通り、ドイツの学校教育は連邦主義の性質を色濃く帯びているために、学習内容も地域の特色が反映することになる。とりわけ地理の場合、より一般的な知識とともに、学習者が生活する地域の空間と密接に関連した内容が盛り込まれていることが各州カリキュラムや教科書の次元において看取される。したがって、海洋に関する教育は沿岸部を有する州において重視される傾向にある。ここでは北海に面するニーダーザクセン州における地理を事例としてみよう。

　ニーダーザクセン州文部省による中等教育用の地理コアカリキュラム（Niedersächsisches Kultusministerium, 2017）を海洋に関する教育という観点から概観

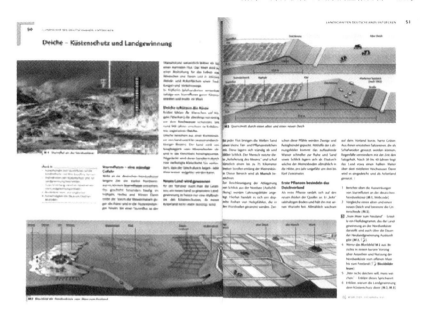

図附-11-2　地理教科書『私たちの地球』ニーダーザクセン州版における海洋に関する学習

※同書における第2章「ドイツという地を発見する」における「堤防——沿岸部の保護と土地埋め立て」
　のページ。
出典：Flath, M./Rudyk, E. (Hrsg.): Unsere Erde. Niedersachsen 5/6. Gymnasium G9. Cornelsen Schulverlag: Berlin,
　2016, S.50f.

して注目されるのは、コンピテンシー領域の一つである「専門知識」におけ
る柱の一つとして「未来空間としての海洋」が立てられていることである。「専
門知識」では、まず関連し合う四つの「専門モジュール」（空間特徴の要素およ
び空間変容の過程、空間の意味変容、資源活用および持続可能な開発、移住・移民と
空間秩序）が設定され、さらに11の「空間モジュール」がそれを補完している。
「空間モジュール」は文化の特徴を考慮して陸地が10地域（ヨーロッパ、北ア
フリカおよび西アジア、サハラ以南のアフリカ、ラテン・アメリカ、アングロ・アメ
リカ、ロシアおよび旧ソ連の国々、南アジア、東アジア、東南アジア、オーストラリ
アおよびオセアニア諸国）に分割され、さらにそこに「未来空間としての海洋」
が付け加わっている。空間モジュール「未来空間としての海洋」における内
容上の重要ポイントとして挙げられているのは、「自然空間および生活空間」

としての、「食糧、原料、エネルギー供給者」としての、「交通空間」としての、「余暇空間および保養空間」としての海洋の多様な側面である。また海洋汚染も重要な論点として挙げられている。

　教科書およびワークブックなどに注目してみると、地域に根付いた海の教育が地理に盛り込まれていることがより具体的なかたちで確認される。たとえば、地理の教科書『私たちの地球』ニーダーザクセン州ギムナジウム版（第13学年用）には、第2章「ドイツという地を発見する」の「北海──潮の満ち引き」のページにおいて、海面潮汐の現象およびその要因が説明された後、ニーダーザクセン州沿岸部におけるフェリーの運行時刻が潮汐を考慮して定められていることが紹介され、また北海に浮かぶシュピーカーオーク島（この島については次節で言及する）が潮流や風の影響を受けることによって徐々に西側から東側に移動しつつあることが解説されている。ページをめくると、さらに「堤防──沿岸部の保護と堆積」というテーマに移行し、ニーダーザクセン州の実例に則した海の学習が続く（**図附-11-2**）。そこでは、暴風雨下の北海における高潮の写真が掲載され、自然界がときとして人間の生活を脅かす暴力を有することが示唆された後、堤防が沿岸部を保護すること、また沿岸部に押し寄せる波が泥土や砂を運んでくることを利用して低湿地帯を形成する文化が図入りで紹介されている。その後、「干潟──独特の生命空間」というテーマに進む。ニーダーザクセン州沿岸部とその沖にあるフリースランド諸島の間にあるワッデン海（次節を参照）の干潟が紹介され、生態系の特徴が解説されている。生徒たちは、手つかずの動植物の世界が多く残っているという理由によりこの地域は自然公園に指定されていることを学び、そしてどのような規則によってこの地域が保護されているかを知ることになる。

　さて、ここまでドイツにおける海に関する学校教育について、中等教育段階の地理に焦点を当てて概観を試みた。紙幅の関係で初等教育について詳しく論じることはできないが、地理に繋がる内容が基礎学校において、「事実教授 (Sachunterricht)」、「郷土・事実教授 (Heimat- und Sachunterricht)」、「人間・自然・文化 (Mensch, Natur und Kultur)」などの名称を有する教科（どの名称を採用するかは州によって異なっている）に内包されていることはここで指摘しておこ

う。それらの授業では「事実(Sache)」に関する総合的な学習が試みられている。学習者が日常生活を営む地域を出発点とし、そこを起点として次第に空間と時間のさまざまな広がりへと視野を広げていく構成となっている。

　ニーダーザクセン州では、この種の教科は「事実教授」と呼ばれている。同州のコアカリキュラムによれば、この教科における「学習および行動の領域」として、「技術」、「自然」、「空間」、「社会、政治、経済」、「時間と変動」の五つが設定されている(Niedersächsisches Kultusministerium, 2017: 12)。海洋や水に関するテーマについていえば、「技術」領域で水資源の使用が、「自然」領域では水の循環や水質汚濁が扱われ、また「空間」領域では干潟などが、「時間と変動」では海面潮汐がとりあげられることが示されている。なかでも注目されるのは、「自然」領域において「生態系保護に対する人間の責任を議論

図附-11-3　基礎学校の副教材『地図・写真・説明』ニーダーザクセン州版における
　　　　　干潟に関する説明ページ

出典：Kasper,A/Miosge,M./Weissleder,B. (Hrsg): Karte Bild Wort. Niedersachsen. Schroedel: Braunschweig 2017, S.29.

し、人間による影響行使の可能性と限界について考察する」（Niedersächsisches Kultusministerium, 2017: 21）能力を高めることとの関連で、「持続可能な開発のための教育」の見地からワッデン海について学習することが示唆されていることである。そのような方針は具体的な教科書や副教材にも反映している。たとえば基礎学校の副教材『地図・写真・説明』ニーダーザクセン州版（2017 年）では、同州における沿岸部や島々の様子や北海を運行する船舶、そして港湾地域の特徴が提示された後、ワッデン海における干潟とそこに生息する生物について説明がなされている（**図附-11-3**）。最後に北海の汚染などがワッデン海にも悪影響を及ぼしかねないことが指摘され、それによって児童の環境問題への関心が高まることが期待されている。

3   ヘルマン・リーツ学校シュピーカーオーク校における海洋教育

「海洋高校」における体験教育の試み

　前節では、ドイツ全般およびニーダーザクセン州の学校教育における一般的な傾向について地理教育を中心に概観した。本節ではドイツにおける特色ある海洋教育の実例に注目したい。ここでとりあげるのは、ヘルマン・リーツ学校シュピーカーオーク校の「海洋高校（High Seas High School）」の試みである。この学校が誕生する重要な土壌をなしていたのは、19・20 世紀転換期における新教育運動であった。当時、ドイツ国内外において、子ども中心主義を共有する経験重視の教育が展開したとされている。この運動において設立された実験的な学校は多くあったが、ドイツ国内でとりわけ有名となったのは、ヘルマン・リーツ（Lietz, H., 1868-1919）が設立したドイツ田園教育舎（現・ヘルマン・リーツ学校）であった（cf. 山名 2000）[6]。この学校では、自然環境が重視され、教師と児童・生徒との疑似家族的な人間関係を可能とする寄宿舎での生活が重んじられ、そして授業内外における身体や感性への積極的な働きかけが試みられた。こうした方針は「田園」「教育」「舎」という名称そのものに端的に反映している。リーツが建てた教育舎は全部で四つあった。1898年にイルゼンブルク校、1901 年にビーバーシュタイン校、1904 年にハウビ

ンダ校が設立され、また 1914 年には田園孤児院ヴェッケンシュテット校が
開校された。リーツの死後、これらの学校は、彼の後継者であるアンドレー
ゼン（Andreesen, A.）によって運営された。シュピーカーオーク校は、彼によっ
て 1928 年に設立された田園教育舎系の学校である。北海に浮かぶ同名の島
に、この学校は建てられている。

　シュピーカーオーク校で「海洋高校」が開始されたのは、1993 年のことで
あった。当時の校長ハルトヴィヒ・ヘンケ（Henke, H.）によれば、リーツのモッ
トー「頭脳、心、手による学び」にもとづいて構想されたという。男女合わ
せておよそ 30 名の生徒（第 10 学年）が、毎年、この「海洋高校」に参加する。
参加者すべてがシュピーカーオーク校の生徒ではない。通常、3 名から 4 名
の生徒たちが同校から参加するが、あとの参加者たちは募集に応じたドイツ
国内外の生徒 25 名である。毎年秋に、ドイツ北部の港から出帆する。帆船
での生活は 7 カ月間に及ぶ。生徒たちは船で大西洋を渡り、カリブ海に向か
う。最初は生徒たちだけで操舵することは難しい。船に乗り込んで数週間は、
成人のクルーたちが模範をみせて帆走する。キューバ辺りまでくると、生徒
自身が中心となって、帆のセッティングや帆走の操作を試み、天候の変化を
予想し、そして潮汐の変化を理解しようとする。この教育プロジェクトでは、
道中常に船上にいるわけではない。およそ一カ月間、中米に滞在し、ゲスト
ファミリーのもとでの生活を経験する。そこで生きたスペイン語を学習し、
農場においてコーヒーやサトウキビの栽培・収穫に参加する。また、熱帯雨
林の中に入り、海においてはスキューバーダイビングを学ぶ。

　「海洋高校」教育プログラムを確認してみると、船上生活では、「少年少女
たちの高度な社会的コンピテンシー」（HLS o.J.: 1）が求められ、「自己責任、寛
容さ、共同的思考、親切・思いやり、コミュニケーション能力」などが必要
となることが強調されている。操舵、前方監視、安全確認、天候観察、船舶
の点検・メンテナンス、港湾警備、ゴムボートの操縦、船上日誌の作成、ロー
プワークなどのような作業が、そうした能力を高めるのだとされる。生徒た
ちは三つのグループに分かれて、ローテンションを組んで運航に関する作業
に当たる。そうすることによって、8 時間の見張り活動と 7 時間の授業参加

図附-11-4　帆走する「海洋高校」のロアール・アムンセン号

出典：ヘルマン・リーツ学校シュピーカーオーク校 HP より。2017 年 10 月 28 日閲覧。

がどの生徒にも可能となる[7]。

　「海洋高校」の目標として掲げられているのは、①責務を担う、②目前の課題に対処する、③学校で学んだ知識を体感する、そして④他者（他国の人々と文化）と出会う、の四つである。シュピーカーオーク校では、エーリッヒ・ケストナーの小説『飛ぶ教室』をなぞらえて、「海洋高校」は「帆走する教室」と呼ばれることもある。現校長のフローリアン・フォック（Fock, F.）によれば、「帆走する教室」は、さまざまな意味において境界線を超えていく教育を行う営みであり、他の学校ではおそらく実現しがたい試みである[8]。一般に、公立の学校における教育は制度的、構造的な制約のなかで行われる。そうした制度を尊重しつつも、同時に教育の新たな可能性を探究することもまた重要だ。校長のフォックは、インタビューのなかでそのように答えた。

干潟——海洋教育の生きたフィールド

　ヘルマン・リーツ学校シュピーカーオーク校において興味深いもう一つの点は、干潟を海洋教育の生きたフィールドとして活用していることにある。同校のあるシュピーカーオーク島は、北海に面した地域の沖合に並ぶフリースランド諸島に属している。このフリースランド諸島など北海に対するいわば壁のように、ヨーロッパ本土との間に全長およそ 500 キロメートルにわたる内海と干潟が形成されている。ワッデン海（Wattenmeer）と呼ばれるこの海域と干潟（ドイツ語でいう Watt）には、1 万種類以上の動植物が生息しているとされる。この地域は、まず 1986 年にドイツの国立公園に指定され、後に世

界遺産になった。この地域が属するニーダーザクセン州では、すでに述べた
とおり、学校教育において環境教育的な性質を帯びた地理の授業などにおい
て、干潟をテーマとしてとりあげながら海と人間の関係や沿岸部の生態系な
どについて学ぶ機会が与えられている。シュピーカーオーク校では、実際の
干潟でそのような学習が展開されている。

　ワッデン海は、潮汐や動植物など自然界を知るうえで重要なフィールドと
しての側面を有しているが、それだけでなく、海と陸と人間との間を考える
うえで多くの示唆を与えてくれる。ツーリズムと自然保護の間について（観
光の一環としてこの地を訪れることによって環境保護の意識向上が見込まれるが、そ
うした観光行動そのものが自然環境を脅かす）、また自然によるカタストロフィー
と人間によるカタストロフィーの間について（嵐の海が人間生活に甚大な被害を

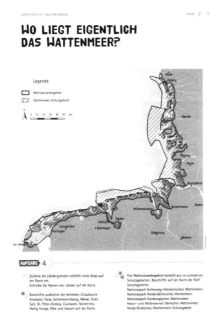

図附-11-5　世界保護基金ドイツ支部編『ワッデン海における持続可能なツーリズム』
　　　　　におけるワークブックの一部
※「ところでワッデン海とはどこにありますか」という問いに関するさまざまな解答が求められる。
出典：WWF Deutschland o.J.: 9

もたらすことがある一方で、それに対抗しようとする人間の文化が自然を破壊しかねない）考えることへと導かれる。

　シュピーカーオーク校における干潟教育は、1983 年に端を発する。1970 年代後半にドイツ、オランダ、デンマークが協力してワッデン海の保護に取り組むことを開始したが、当時好調であったヘンケは、このことを同校の特色ある教育活動と結びつけることはできないかと思案した。その結果、自然保護の「ギルド」（同校におけるクラブ活動の集団名）を立ち上げ、子どもたちによる干潟の保存活動を開始したのである。

　2005 年、同校の旧体育館を改築してヴィットビュルテン自然公園ハウスを設立したことがさらなる転機となった。この施設は、シュピーカーオーク校、ニーダーザクセン州連盟、シュピーカーオーク地区自治体、シュピーカーオーク観光局からなる有限責任会社によって運営されている。2011 年からは、オルデンブルク大学もスポンサーとしてそこに加わった。現在、この自然公園ハウスは、教育機能、研究機能、観光機能を統合する海洋に関する「環境教育ツーリズム」の拠点として位置づけられている。

　ヴィットビュルテン自然公園ハウスは、むろんシュピーカーオーク校の生徒たちにとっても重要な施設である。とりわけ注目すべきは、自然公園ハウス内の水族館が彼ら彼女らにとって有している意義である。「ミュージアム・ギルド」に所属する生徒たちは、水族館の手入れを行い、また水族館の構成や配置を考える役割を請け負っている。この生徒たちはまた、水族館ガイド役も果たしている。そのことによって、生徒たちは、自然科学の知識をもとにして訪問者に理解しやすいように海について解説するレッスンの機会を得ることになる。

　研究機関としてのヴィットビュルテン自然公園ハウスの心臓部は、2011 年に開設された「現代研究センター」である。オルデンブルク大学の海洋化学・生物学研究所と同センターとが提携することを通して、海に関するさまざまな実験や調査が行われることになった。同センターは、集中講義や共同研究における集いの場としての機能も果たしている。このセンターは、シュピーカーオーク校の生徒たちの教育の場としても活用され、また同校で毎年

図附-11-6　ワッデン海における教育活動の一場面、世界保護基金ドイツ支部の HP より

出典：http://www.wwf.de/themen-projekte/projektregionen/wattenmeer/watt-erleben/bildung-im-wattenmeer/
　2017 年 10 月 28 日最終閲覧。

催されるサマースクールの参加者たちによっても用いられる。自然公園ハウ
スにおける活動は、環境とも密接にかかわっている。一般の観光客、また修
学旅行の生徒たちを対象として、環境にかかわる多様なテーマを掲げた講座
や実験を企画・運営したり、干潟を散策する「沿岸・砂丘・塩沼」ツアーな
どを開催したりしている。自然公園ハウス内には「エコロジー志向」の喫茶
店がしつらえられている。シュピーカーオーク島を訪れる観光客たちがここ
に足を運んで、憩いの時を過ごす。以上のような営みが「環境教育ツーリズ
ム」の試みとして評価されて、2014 年に「国連 ESD の 10 年プロジェクト」に
認定された。

　シュピーカーオーク校の以上のような特色ある教育実践は、同校による単
独の努力によってのみ成り立っているわけではない。同校の試みを評価する
より大きな制度的枠組が存在しているということが重要であるように思われ
る。2003 年、ドイツ、オランダ、デンマークの共同組織「国際ワッデン海学
校（International Wadden Sea School）」が創立され、ワッデン海の自然と文化の遺
産を次世代に伝えることを目指して活動するようになった。シュピーカー
オーク校の海洋教育は、そうした教育関係組織とも緩やかに連携しつつ具体

的な活動を行っている。世界保護基金(WWF)がワッデン海をフィールドとした海洋教育に関する各種冊子を刊行していることも、シュピーカーオーク校の試みに隣接する重要な活動として挙げることができるだろう[9]。

4　ドイツにおける海洋教育の印象──まとめに代えて

　自然環境はときとして人間が創造してきた文化を脅かす暴力となって襲いかかることがある。それとは逆に、文化の方もまた暴力となって自然環境を破壊しかねない。そして、自然環境の破壊は、自然界から人間への恵みの中断というかたちで人間自身の身に禍となって降りかかってくる。つまるところ、人間は自然環境とのかかわりで生起しうる2種類のカタストロフィー(自然界からの、また自然界への破綻)と向き合いながら文化を維持し、また発展させていく運命にある。海洋は、そのような自然と文化との緊張関係のなかで生きる人間の在り方を学ぶ重要なフィールドとみなされている。ドイツの海洋教育を概観して生じたのは、何よりもそのような印象であった。

　とりわけ2000年代以降、ドイツの海洋教育は「持続的な開発のための教育」の発想を基盤とした環境教育的な枠組のなかに置かれている。その際に軸となっている教科は地理である。地理は、学際的(自然科学と人文・社会科学の双方の要素を含む)かつ現実関与的(知識の習得を前提として自然との関わりに関する具体的な関心や行動への導きを重視する)な性質を帯びている。地理を起点として教科横断的な海洋に関する教育の在り方が示唆されていること、またそうした学校教育を支えるさまざまな組織が存在することが、今回の調査で確認された。さらに、ヘルマン・リーツ学校シュピーカーオーク校の「海洋学校」にみられるとおり、海洋に関する環境教育に体験教育的な活動を融合させる試みがなされていることもわかった。自然界を、また自然界とのかかわりを知るだけでなく、自然界との接触を通して自己形成することが、また他者と協同することがそこでは目指されている。むろん生徒たちが中心となって大洋を帆走しながら教育を受ける営みにはリスクが伴うにちがいない。それだけに周到な準備と経験に根づいたノウハウがそこには見出されるはず

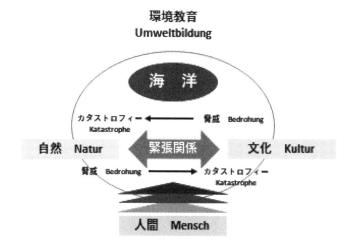

図附-11-7　ドイツの海洋教育に関する一イメージ

出典：本共同研究に基づいて筆者が作成。

である。今回の調査ではその詳細に分け入ることはできなかった。また、ド
イツには海洋に関する興味深いミュージアムが複数存在するが（たとえば自然
界に発生する強大な力をテーマとするジュルト島の「自然力体験センター」、干潟と
そこに生息する生態系を知ることを目的としたテンニンクの「干潟フォーラム」、船
に関わる文化の歴史と体系を主題としたブレーマーハーフェンの「ドイツ海洋ミュー
ジアム」など）、紙幅の関係で紹介がかなわなかった。稿を改めて論じたい。

注

1　州ごとに教育の特徴が異なるのは、ドイツが連邦主義を原則としているからで
ある。常設各州文部大臣会議（KMK）によって連邦全体で教育の枠組みを調整し
ているものの、ドイツを構成する16州はそれぞれ限定的な統治権を有しており、
したがって教育の細部においては地域の特徴が反映している部分もある。

2　本章の執筆にあたり、まず関連する官公庁、学校、ミュージアム、海洋関係

組織におけるインターネットからの情報および関連文献をとおして予備調査を行った後、2017年10月に現地調査(実地視察、インタビュー調査、関連資料の収集)を実施した。ヘルマン・リーツ学校シュピーカーオーク校、ヴィットビュルテン自然公園ハウス、ドイツ海洋ミュージアム、ゲオルク・エッカート国際教科書研究所を主な訪問先とした。また、ドルトムント工科大学のローター・ヴィガー教授、ゲッティンゲン大学のクラウス゠ペーター・ホルン教授、ブラウンシュヴァイク工科大学のハイデマリー・ケムニッツ教授、ゲオルク・エッカート国際教科書研究所のエックハート・フックス教授にインタビューを行うことができた。この場を借りて関係者に謝意を表したい。なお、本調査の成果の一部(シュピーカーオーク校に関する考察)を、山名2019においてすでに公にさせていただいた。そのことをお認めいただいた日本財団、東京大学海洋アライアンス海洋教育促進研究センターおよび笹川平和財団海洋政策研究所にここにあらためて感謝申し上げたい。

3　2000年代以降、ドイツでは学校教育に関わるさまざまなスタンダード(基準)を設定することによって教育の質的向上を図っている。なお、地理教育スタンダードはドイツ地理学会によって2006年に策定されたが、その後、再版を繰り返しつつその内容が更新されている。ここでは、最新版(本稿執筆時点)の第8版(2014年)を参照した。

4　よく知られるとおり、「持続可能な開発のための教育(Education for Sustainable Development)」は、2002年のヨハネスブルグ(南アフリカ共和国)の持続可能な開発に関する世界首脳会議の後に宣言された国連持続可能な開発のための教育の10年(DESD・2005〜2014年)の下、多くの取組の焦点となった。教育は、いわゆるリオ3条約、すなわち国連気候変動枠組条約(1992年)および生物多様性条約(1992年)、国連砂漠化対処条約(1994年)において重視された営みでもあり、地球の未来をよりよい方向に導くための鍵とみなされている。

5　環境教育はむろん地理のみで完結するものではない。また学校以外の組織との連携も求められる。ヨーロッパにおいては「環境教育財団(Foundation for Environmental Education)」が、またドイツでは「ドイツ環境教育協会(Deutsche Gesellschaft für Umwelterziehung)」が学校外組織として重要であろう。紙幅の関係でこれらの組織について詳述することはできないが、ここでは地理が本来的に教科横断的な性質を有しており、また現実問題へと接続しうるがゆえに、環境教育とも相性がよいことを強調しておこう。

6　「田園教育舎」という語は、リーツが設立した学校を意味する固有名詞として使用されていたが、1920年代に入ると類似した学校施設を指すより上位の概念として用いられるようになった。それにともなって、リーツ系の学校は、他の類

似施設と自らを区別するために「ヘルマン・リーツ学校」という名称を使うようになり、今日に至っている。

7　授業科目の内訳は、英語（20 時間）、政治（10 時間）、国語（20 時間）、歴史（10 時間）、数学（42 時間）、スペイン語（18 時間（＋2 時間選択可））、生物学（20 時間）、地理（20 時間）、物理（10 時間）、化学（補足コースとして 3 時間）となっている（1 時間の授業は 45 分間）。「海洋高校」におけるこうした洋上の授業参加は、通常のギムナジウムにおける就学として認定される。

8　2017 年 10 月 7 日にシュピーカーオーク校において実施したインタビュー調査に基づく。インタビュイーは、現校長フォック氏の他、「海洋高校」創設時の校長ヘンケ氏、そして同校付設の「ヴィットビュルテン自然公園ハウス」において環境教育・研究コーディネーターとして勤務するカーステン・ハイトヘッカー氏（Carsten Heithecker）であった。なお、シュピーカーオーク校のホームページに関連動画が Web サイトにアップされている。https://www.lietz-nordsee-internat.de/de/aktuelles/video.html　（2017 年 10 月 28 日最終閲覧）。

9　「持続可能なツーリズム」を志向するワッデン海教育の主要テーマを六つの領域に区分して整理した解説書およびワークブック（WWF Deutschland o.J.）や修学旅行用の情報誌（WWF Deutschland 2015）。

文　献

Bahr, M.: Bildung für nachhaltige Entwicklung – ein Handlungsfeld（auch）für den Geographieunterricht? In: Praxis Geographie. 9/2007, S.10-12.

Deutsche Gesellschaft für Geographie（DGfG）（Hrsg.）: Bildungsstandards im Fach Geographie für den Mittleren Schulabschluss mit Aufgabenbeispielen. 8. Aktualisierte Auflage. Bonn 2014（Erste Aufl.: Berlin 2006）.

Haan de, G.: Bildung für nachhaltige Entwicklung – ein neues Lern- und Handlungsfeld. UNESCO heute. 1/2006, S.4-8.

Henke, H.: Die High Seas High School" – eine Schule auf dem Meer. In: Fitzner, Th./ Kalb, P.E./ Risse, E.（Hrsg.）: Reformpädagogik in der Schulpraxis. Verlag Julius Klinkhardt: Bad Heilbrunn, 2012, S.181-187.

Hermann Lietz-Schule Spiekeroog: Unsere Jugendhilfeleistungen im Überblick. [Broschüre], o.J.

Hermann Lietz-Schule Spiekeroog: Pädagogisches Leitbild der Hermann Lietz-Schule Spiekeroog. [Broschüre], o.J.

Hermann Lietz -Schule: High Seas High School. Das segelnde Klassenzimmer. 10. Oktober 2013 – 3. Mai 2014, o.J., [unveröffentlicht].

森田康夫「ドイツの歴史・地理教科書と国土教育」JICE REPORT

Nationalpark Wattenmeer: Nationalpark-Haus Wittbülten an der Hermann Lietz-Schule Spiekeroog. [Broschüre], o.J.

Nationalpark Wattenmeer: 10 Jahre Nationalpark-Haus Wittbülten. [Broschüre], o.J.

Nationalpark Wattenmeer: Spiekeroog. [Broschüre], o.J.

Nationalparkhaus Wattenmeer: Unser Nationalpark mitten im Weltnaturerbe Wattenmeer. [Broschüre], o.J.

WWF Deutschland: Watt für eine Klasse (n) fahrt!. Leitfaden für naturverträgliche Klassenreisen im UNESCO Weltnaturerbe und Nationalpart Wattenmeer. [Broschüre], Berlin, 2015

WWF Deutschland: Lernwerkstatt Weltnaturerbe. Nachhaltiger Tourismus im Wattenmeer. [Broschüre], o.J.

山名淳『ドイツ田園教育舎研究』風間書房、2000 年

山名淳「もう一つの「島の学校」――学校魅力化プロジェクトとしてのドイツ「新教育」」『教育学研究ジャーナル』第 24 号、2019 年、63-69 頁

12　スウェーデンにおける海洋教育

本所　恵

はじめに

　スウェーデンは人口約 988 万人の立憲君主制国家で、南北約 1500km に伸びる 45 万平方キロメートルの国土は 53% が森林、12% は山地、9% は湖水が占める。国土の西側は北海、東側はバルト海に面し、海を含めて自然環境の保全には力を入れている。スウェーデンの皇太子ヴィクトリアは、2015年に国連で採択された「持続可能な開発のための 2030 アジェンダ」のアドボケイトとして活動し、目標 14「海洋と海洋資源を持続可能な開発に向けて保全し、持続可能な形で利用する」に特に関心を寄せている。

　公教育は無償で、7 歳から 9 年間の義務教育と 3 年間の高校教育に加えて公的成人教育が整備されており、生涯学習社会として知られている。どの教育段階においても、学習者の学習意欲や、生活と結びついた学習が重視されている。

1　国・州・自治体（教育政策）

初等中等教育に関するナショナル・カリキュラム（地域カリキュラム）の有無

　学校教育庁（National Agency of education: Skolverket）が、公教育全般について、全国共通のナショナル・カリキュラムを定めている。初等・前期中等教育を行う基礎学校（9 年制）のナショナル・カリキュラムは 1968、1980、1994、2011年に改訂され、後期中等教育を行う高校（3 年制）のものは 1970、1994、2011年に改訂された。

　現行の 2011 年版ナショナル・カリキュラムでは、教育全体で重視する価値観や教育目標、教育方針が示されている他、各教科の目標や主な内容が記されている。基礎学校のナショナル・カリキュラムには 1 〜 3 年、4 〜 6 年、7 〜 9 年に区分した各教科の主な内容と、3、6、9 年の到達目標（Kunskapskrav）が示されている。

初等中等教育に関するナショナル・カリキュラム（地域カリキュラム）における海に関する教育の位置づけの有無

　初等中等教育のナショナル・カリキュラムでは、すべての教科を貫いて、歴史的視点、環境的視点、国際的視点、倫理的視点を重視することが定められている。ここに環境的視点が含まれていることからもわかるように環境教育が重視されており、海に関する教育は、自然環境の循環システムの重要な一部として取り上げられる。

　基礎学校のナショナル・カリキュラム（Lgr11）では、海に関する教育を行う独立した教科はなく、社会科の地理（Geogra）と歴史（Historia）、および生物（Biologi）の一部で取り扱いがある。

　高校は専門分野によって異なる学科（program）に分かれており、多くの学科は在学中にさらに専門化する専攻（inriktning）に分かれているが、海に関する教育を行う学科や専攻がある。その他、全学科共通にすべての生徒が履修する科目「理科 1a1（Naturkunskap 1a1）」の中に海を扱う単元がある。

位置づけについての詳細情報

　地理では、1 〜 3 年生では、「共に生きる」「身近な環境の中で生きる」「世界の中で生きる」「現実を調査する」の 4 領域があり、「世界の中で生きる」の目標として「世界。地球上の大陸と世界の海洋の位置。大陸の名前や場所、学生にとって重要な国や場所など」の学習が含まれる。4 〜 6 年生では、「生活環境」「地理的方法、概念、活動」「環境、人間、持続可能性」の 3 領域があり、「地理的方法、概念、活動」の一部に、「スウェーデンの主な場所、リゾート、山、海、湖や川の名前と位置、および他北欧諸国の特徴」を学習する目標がある。

　歴史では、4〜6年生で、16〜18世紀にスウェーデン王国がバルト海周辺を支配した時代について学び、その際にバルト海での交易や争いなどについて学ぶ。

　生物では、1〜3年生で「自然の1年間」「身体と健康」「力と運動」「物体と身の回りの物質」「自然と自然科学に関する物語」「方法と活動手法」の6領域があり、「自然の1年間」で海を含む身近な動植物の分類や種の同定を行い、食物連鎖について学ぶ。「自然と自然科学に関する物語」では海に関する小説や神話や芸術が取り上げられる。4〜6年生および7〜9年生には、「自然と社会」「身体と健康」「生物と世界観」「生物の方法と活動手法」の4領域があり、「自然と社会」で生態系システムや持続可能な開発、農業や漁業が扱われ、その中で海は不可欠な内容である。目標としては、以下のようなものがある。「動物、植物、および他の生物の生命。光合成、燃焼および生態学的関連性、およびこれに関する知識の重要性、例えば農業および漁業」「身近な環境の生態系、異なる生物との関係、そして一般的な種の名前。生物と非居住環境との関係」「レクリエーションと活動の資源としての自然、そして私たちがそれを使用するときの責任」。

　高校は、海に関する教育を行う学科・専攻として、国内に数校、海洋技術学科、海洋(船舶)学科がある。また、自然資源学科に海洋生物専攻がある。「理科1a1」では、学習内容の一つに「持続可能な開発課題:エネルギー、気候、生態系への影響。生態系サービス、資源利用および生態系の限界」の一部として海が扱われている。

位置づけの背景(経緯、考え方)

　スウェーデンのカリキュラムは、子どもたちが実感をもって学べるように、身近な対象から学習が始められている。多くの子どもたちが海や湖での釣りや水遊び、ボートなどを休暇中に経験するため、魚をはじめとする海の生物は身近な存在である。また、1960年頃に酸性雨による自然生態系被害が深刻な問題となり、70年代以降のカリキュラムでは、自然と人間との関連や自然界の循環システムを中心とする環境学習に力が入れられている。

2　小学校

小学校における海に関する教育の実施状況（国全体の概況）

　ナショナル・カリキュラムに定められた目標・内容はすべての小学校で取り扱われている。海に近い学校では、実際に海に行って学習する例も見られる。

小学校における海に関する教育のベストプラクティス

　ストレムスタード市にあるシェーン島基礎学校では、近隣にあるヨーテボリ大学海洋研究所（ロベンセンター）と連携して海洋教育のプロジェクトを始めた。1〜3年生の子どもたちが、4〜5月の毎週火曜日、午前中2時間を使って海に関する学習を行い、まとめとして夏期休暇中に一日学習を行う。内容の詳細は以下の通りである。予算はストレムスタード市からの補助を受けた。

第1週（4月上旬）：イントロダクション
　　　海洋生態学の概要、水族館を訪問、木製パネルを海に沈める（8月末
　　　に取り出す）
第2週：テーマ「科学者のように考えよう―水質、海洋学」
　　　実験：水について（塩分濃度や温度の違いを利用して層を作る）
　　　学習指導要領との対応：密度、温度、塩分濃度、容積、海洋学
第3週：テーマ「海の生き物―プランクトン」
　　　活動：海水採集、顕微鏡で多様なプランクトンを観察、記録
　　　実験：プランクトンのモデルを作り、その形状で浮遊するか確かめる
　　　学習指導要領との対応：生物の進化、光合成、ライフサイクル
5月上旬：海のゴミ集め（4月末の全国海の愛護デーに合わせて実施）
第4週：テーマ「海のプラスチックと海の生態への影響」
　　　活動：海の愛護デーに集めたゴミを各自1つ持ち寄って、どこから
　　　流れ着いたものか、海流に照らし合わせて確認する
　　　実験：イガイの濾過

　　　学習指導要領との対応：人間の影響、分解率、食物連鎖、消費
　第 5 週：テーマ「科学者のように考えよう―動物の行動と食物」
　　　実験：カニ、ヒトデ、巻き貝に幾つかの餌を与え、何を食べるか調
　　　べる
　　　学習指導要領との対応：動物の行動、捕食
　第 6 週：テーマ「海洋生態の多様性」
　　　研究船で沖に出る
　8 月末：テーマ「海の付着物とライフサイクル」
　　　活動：第 1 週で海に沈めた木製パネルを取り出し、付着物を検査する
　　　学習指導要領との対応：遠洋の生物と近海の生物

3　中学校・高校

中学校・高校における海に関する教育の実施状況（国全体の概況）

　中学校は基礎学校高学年にあたり、生徒全員が引き続き同じカリキュラム
で教育を受ける。高校は各学科の目標に応じたカリキュラムで教育を受ける。
両者とも、上述したナショナル・カリキュラムに定められた目標・内容はす
べての学校で取り扱われている。

中学校・高校における海に関する教育のベストプラクティス

　スウェーデン国内に船舶プログラムをもつ高校は、西海岸のエッケル島高
校と、東海岸のマリン・レーロベルクの 2 校ある。マリン・レーロベルクは、
ストックホルム北部のダンデリュー市に 2002 年にできた民営学校で、生徒
約 500 人、教職員約 60 人（2017/18 年度）である。4 つの学科・専攻を設置し
ており、自然資源学科海洋生物専攻と、運輸学科海洋技術専攻の 2 専攻を中
心に、全ての学科・専攻で海洋教育を行っている。それぞれの学科・専攻の
概要は以下の通りである。

1) 自然資源学科、海洋生物専攻：進学系 65 人 (2 クラス) + 就職系 15 人 (1 クラス)

　　進学系は大学入学を念頭に自然科学、技術、海洋環境などを学ぶ。就職系は卒業後就職することを念頭に 15 週間の実習や海洋環境・生態の学習を行う。実習の内 8 週間は航海である。

2) 運輸学科、海洋技術専攻：26 人 (1 クラス)

　　小型ボートから大型船まで様々な船舶に関する、製造や修理などの技術を学ぶ。卒業後就職希望者向けで、15 週間の実習を行う。

3) 社会科学学科、リーダーシップ・コミュニケーション専攻：32 人 (1 クラス)

　　進学を前提に、社会科学の基礎と、海上での活動に欠かせない協働を学ぶ。

4) 経済学科、経済専攻：32 人 (1 クラス)

　　2015/16 年度に設置された新しい学科である。進学や小企業経営を前提に、実際の経営を経験しながら経営について学ぶ。

　どの学科も「為すことで学ぶ」をポリシーとしており、すべての生徒がクラス毎に 3 週間から 4 週間の航海を経験し、それぞれの専門分野についての実際を学ぶ。航海は、学校が所有する帆船で、スウェーデンからデンマーク、イギリス、フランス、スペイン、モロッコ、アイルランド、ベルギー、オランダ、ドイツを回り、全体で 7 カ月半にわたる。各クラスの生徒たちは、自分の担当する 3 〜 4 週間分の航海を行い、次のクラスと交替して飛行機で学校に戻る。航海中には、船舶の操縦や乗組員全員分の食事調理をグループで担当して実習する他、船上で授業を受け、国内外の寄港地では各地の高校や研究所と交流を行う。航海している生徒は交替で web に日誌を書き、学習活動を広く一般に公開している。

　学校は航海用帆船の他にも複数の船舶を所有しており、航海に出ていない時も必要に応じて近海に船を出す。学校の敷地は海に面しており、海洋技術専攻の生徒たちは、港に係留された船の中で日常的に授業や実習を行っている。

図附-12-1

　その他、生徒全員が基礎的な水上救命法を学習し、基礎的な航海士資格を
とる。海洋生物専攻と海洋技術専攻の生徒は、世界基準の航海士・救命士の
資格をとる。

　以上のような海洋教育は、関連業界団体の協力を得て成り立っている。特
に海洋技術専攻は、船舶の様々な部品の提供・貸与や、実習において強い連
携がある。

4　社会教育施設（博物館・水族館等）

社会教育施設が担い手となる海に関する教育の実施状況（国全体の概況）

　スウェーデンには様々なミュージアムがあり、その多くが一般向けのガイ
ドツアーの他、学校や子ども向けの学習プログラムを提供している。海に関
する教育は、都心部をはじめ各地にある水族館の他、色々な博物館で行わ
れている。国立自然史博物館（ストックホルム）では、生物の進化や環境保護
の視点から海洋生物が取り上げられている。海洋船舶博物館（ストックホルム、
ヨーテボリ）では、人々の生活と海洋とのつながりの歴史、造船技術の発展、
王権の象徴としての豪華船、通商や戦争の舞台としての海洋などについて学
ぶことができる。いずれの博物館も、子どもが興味をもち楽しんで展示内容

を学べるように、クイズ形式の展示や子ども向けの平易な言葉で書かれた説明があり、子ども向けのパンフレットや音声ガイド、スタンプラリーなどを用意していることも多い。

　高等教育機関においても、ストックホルム大学、ウプサラ大学、ヨーテボリ大学等が海洋研究所を設置しており、こうした研究所の多くも学校や一般向けに水族館や学習プログラムを提供している。

社会教育施設が担い手となる海に関する教育のベストプラクティス

　西海岸のノルウェーとの国境付近にあるコステル諸島付近の海は、塩分濃度が高く水温が低いことから多様な生態が確認でき、2009年に国立公園に指定され、海の環境が保全されている。コステル島にある自然環境センターでは、近海の海や自然を間近に触れて学習できる。このコステル海付近のシェーン島にあるヨーテボリ大学海洋研究所(ロベンセンター)では、アウトリーチ活動の一環として、水族館を開設するとともに、一般向け、学校向けおよび教師向けの海洋教育プログラムを用意している。

　水族館には、近隣の海に生息する魚、海藻、ヒトデやサンゴ、甲殻類などが展示されており、コステル海の生態の多様性を知ることが出来る。海を身近に感じ、実感して学習することを大切にしており、実際に生物に触れられる水槽もある。学習プログラムでは、水族館の見学、講義やビデオの他、研究船で水質検査や沖合の生物採集を行ったり、実際に海の生物を採集して観

図附-12-2

察や実験や研究活動を行ったりすることもできる。20人以下のグループに対して、1時間600Sek（約8,400円）で、半日から数日間のプログラムを提供している。2014〜16年には、高校からの訪問が7割以上を占めたが、成人教育機関や小中学校からの訪問もあり、その多くは春から夏にかけて実施された。内容としては、ガイドツアー、浜辺での調査、研究船での調査、実験室での研究活動がメインであった。

　教師向けにもワークショップを行っており、海を対象にした教育にとどまらない、研究指導方法の学習としても高く評価されている。

〈教師向けワークショップの内容例〉
1日目　・イントロダクション「科学者のように考えよう」ロベンセンター
　　　　　見学
　　　　・研究船でのエクスカージョン、海底探索
　　　　・水族館見学
　　　　・実験室での観察
2日目　・講義「科学とは何か?」「科学者のように考えよう（研究方法について）」「ロベンセンターの学校向けプロジェクト」
　　　　・観察結果を基に、研究仮説設定
　　　　・科学的な研究実験のデザイン、実験実施、分析とまとめ
3日目　・結果の発表
　　　　・講義「学校での実践」、評価

5　市民団体

市民団体が担い手となる海に関する教育の実施状況（国全体の概況）

　スウェーデンでは、成人の9割近くが市民活動などに関わる何らかの任意団体に所属しており、多様な市民団体がある。環境教育を行う団体も少なくない。WWF（世界自然保護基金）や国際環境NGOグリーンピー

ス等の国際機関による環境保護活動を始め、スウェーデン自然保護協会（Naturskyddsföreningen）や自然環境保護財団「スウェーデンを綺麗に保とう（Håll Sverige Rent）」の活動もよく知られている。例えば、「スウェーデンを綺麗に保とう」財団は毎年 4 月末に「海を綺麗に保つ」イベントを行っており、多くの人々が全国の海岸でゴミ収集を行う。こうした環境保護活動イベントやプロジェクトの他、ウェブや冊子での教材・学習材の開発・提供が多く行われている。

市民団体が担い手となる海に関する教育のベストプラクティス

スウェーデン自然保護協会は、海洋環境の保全を目的として 2012 年から「子どもたちの海（Barnens Hav）」プロジェクトを開始し、小学校教師を対象としたセミナーや小学生向け教材『子どもたちの海』の作成を行っている。セミナーでは、海の生態系をはじめとする理論的学習、実際の採集や観察など実践的学習、そして教室でできる活動の 3 点が重視された。ウェブサイトでは、教材の他、教師用指導書、多様な教科の授業で使える魚などの動画も公開している。

教材『子どもたちの海』は、スウェーデンの西側にある北海用と東側にあるバルト海用との二種類用意されており、各々の生態や状況に応じた内容になっている。例えばバルト海用の教材には、「浜辺に行ってみよう」「バルト海」「バルト海の環境問題」「持続可能な漁業」「私に何が出来るか？」という 5 つの単元がある。その内容を見ると、身近なところから段階的に広く海に関する学習ができるようになっている。各単元に、驚くような事実や、教室でできて子どもたちが興味を持ちそうな問題が載っている。教材に対応した指導書もあり、海をテーマにした学習活動の例が示されている。

参考資料（ウェブサイトは全て 2017 年 10 月 27 日確認）

学習指導要領
・基礎学校 2011 年版（2016 年一部改訂）Läroplan för grundskolan, förskoleklassen och fritidshemmet 2011 https://www.skolverket.se/publikationer?id=2575

・高校 2011 年版　Läroplan, examensmål och gymnasiegemensamma ämnen för gymnasieskola 2011 https://www.skolverket.se/publikationer?id=2705

マリン・レーロベルク　http://www.marinalaroverket.se

ロベンセンター　http://loven.gu.se

スウェーデン自然保護協会　https://www.naturskyddsforeningen.se

　（教材）『子どもたちの海』　https://www.naturskyddsforeningen.se/sites/default/files/dokument-media/skoldokument/Barnens%20Hav.pdf

WWF スウェーデン　http://www.wwf.se

スウェーデンを綺麗に保とう財団　http://www.hsr.se

あとがき

"Losing emotion, Finding devotion,
Should I dress in white and search the sea.
As I always wished to be - one with the waves, Ocean Soul"
from the song 'Ocean Soul' by Tuomas Holopainen, in the Album *Century Child* of
Nightwish, 2002.

　本書の議論を支えている世界の海洋教育についての基礎データは、2017年末に、笹川平和財団海洋政策研究所によってまとめられた海洋教育比較国際調査報告書である。同報告書がまとめられてから、本書を完成させるまでに、すでに2年近い月日が経過している。忙しいなか、貴重な時間を割いて調査研究に携わり、期限内に報告書をきちんと作成してくれたみなさんには、心からお詫び申し上げる。すべて編著者である私の責任である。

　第1章は、私が立てた粗いプロットを、東京大学大学院教育学研究科附属海洋教育センターの特任講師の田口康大さんが入念に敷衍したものである。第2章は、同センターの副センター長であり、東京大学大学院理学系研究科教授の茅根創さんに、また同センターの特任准教授の丹羽淑博さんに、まとめていただいた。三人の尽力に心から感謝する。序章、第3章、終章で私が述べたことは、あくまで私のつたない見解にすぎず、同センターの総意を示すものではない。なお、終章は、『世界平和研究』(No. 222 2019秋季号)、『EN-ICHI教育フォーラム』(2019年12月号) に掲載された同じ表題の論考「海洋教育のめざすもの」に加筆修正したものである。

　私は、ふだん、ヨーロッパの古い思想を研究しているが、その私から見れば、現代日本社会は、有用性、有能性、コンプライアンスを重視するあまり、何か大切なことを忘れているように見える。私たちは、昨日のことを忘れ、今ここで生じ続ける変化に懸命に対応せざるをえないなかで、何が有用で公正

256

であるのか、めざとく察知するが、いかに思考し決断するべきなのか、よく
考えていないように思う。私たちは、この世界で勝利を得るために明晰であ
ろうとするが、この世界とともに生きるために賢明であろうとしている、と
はいえないように思う。

　温暖化によって行き着くこの世界は、人間をふくめ多くの生きものが生存
の危機にさらされる状態である。自然科学は、その予測を可能にするが、そ
の危機を回避するための一人ひとりの政治的活動を創りださない。その一人
ひとりの政治的活動を創りだすものの少なくとも一つは、プラクシスとして
の教育——呼応的で活動的な海洋教育ではないだろうか。

　今から12年前の2007年に、発売されたばかりのアル・ゴアの『不都合な
真実』の訳書を買って読んだ。おそらく12年ぶりだろう、300ページを超え
るその本をあらためて読んでみた。ゴアの思想は、およそ「はじめに」に記
されているだけである。そのなかで、ゴアは、温暖化に挑戦するのは人間の
「心」であると述べているが、それだけである。12年前に、この「心」につい
て敷衍しなければ、と思ったが、何もできないまま、時間が過ぎていった。

　近年、自分が「心の鏡」(oculus mentis) というヨーロッパの古い概念を調べて
いるからでもあるが、今回、この「心」はどのようなものか、海洋教育に絡
めつつ、教育学的に思考しようと思い立った。さしあたり、この「心」を「人
間性」と読み替えることにした。そして、この「人間性」を人間中心的なそ
れから、「おのずから」の「呼応性」という存在論的なそれにずらし、それを、
温暖化に挑む海洋教育の基礎概念として提案してみよう、と思った。

　「はじめに」と「あとがき」の冒頭に記した歌は、フィンランドの音楽家、トー
マス・ホロパイネン (Tuomas Holopainen) が書いた詩「海の魂」(Ocean Soul) の一
部である。鬱陶しい世間を離れ、大いなる海を求め、波と一体化しよう、「海
の魂」の一つになろう、「海の魂」は「無垢」であり、この世界を救うだろう、
といった感じだろうか。人が——「みずから」ではなく——「おのずから」
生きるということは、そういうことかもしれないと思いつつ、引いておいた。

　東信堂の下田氏とは、古いつきあいである。もう 30 年以上だろうか。今回も、無理なお願いをきいていただき、心から感謝している。末尾ながら、御礼申し上げる。

田中智志

258

執筆者一覧

序　章　田中智志

第 1 章　田口康大（東京大学大学院教育学研究科附属海洋教育センター 特任講師）

第 2 章　田口康大

　　　　茅根　創（同センター副センター長 / 東京大学大学院理学系研究科教授）

　　　　丹羽淑博（同センター 特任准教授）

第 3 章　田中智志

終　章　田中智志

附録執筆者一覧

1（中国）　牧野　篤（東京大学大学院教授）

2（台湾）　葉　庭光（国立台湾師範大学准教授）・張正杰（国立台湾海洋大学准教授）

3（韓国）　李　正連（東京大学大学院准教授）

4（シンガポール）　北村友人（東京大学大学院教授）・Edmund Lim（SKEG Pte Ltd, Director）

5（インドネシア）　草彅佳奈子（東京大学特任研究員）

6（ニュージーランド）　Julie Harris（Environmental Education Victoria, Executive Officer）

7（米国・ロードアイランド州）　及川幸彦（東京大学大学院教育学研究科附属海洋教育センター 特任主幹研究員）・生形　潤（フルブライト・ジャパン 総務部長）・Thomas J. Harten（Maryland, Calvert County Public School, Science Teacher）

8（米国・ハワイ州）　青田庄真（筑波大学助教）

9（カナダ）　児玉奈々（滋賀大学教授）

10（イングランド）　Gary McCulloch（University College London, Professor）・鈴木愼一（早稲田大学名誉教授）

11（ドイツ）　山名　淳（東京大学大学院教授）

12（スウェーデン）　本所　恵（金沢大学教授）

編著者

田中 智志（たなか　さとし）

専攻：教育学（教育思想史・教育臨床学）

現職：東京大学大学院教育学研究科教授。

略歴：1958 年、山口県生まれ。早稲田大学大学院文学研究科教育学専攻博士後期課程単位取得満期退学。博士（教育学）東京大学。

著書：『他者の喪失から感受へ―近代の教育装置を超えて』（勁草書房 2002）、『〈近代教育〉の社会理論』（森重雄と共編著、勁草書房 2003）、『教育学がわかる事典』（日本実業出版社 2003）、『教育人間論のルーマン―人間は教育できるのか』（山名淳と共編著、勁草書房 2004）、『教育の共生体へ―Body Educational の思想圏』（編著、東信堂 2004）、『臨床哲学がわかる事典』（日本実業出版社 2005）、『人格形成概念の誕生―近代アメリカ教育概念史』（東信堂 2005）、『グローバルな学びへ―協同と刷新の教育』（編著、東信堂 2007）、『キーワード 現代の教育学』（今井康雄と共編著、東京大学出版会 2009）、『教育思想のフーコー―教育を支える関係性』（勁草書房 2009）、『社会性概念の構築―アメリカ進歩主義教育の概念史』（東信堂 2009）、『学びを支える活動へ―存在論の深みから』（編著 東信堂 2010）、『プロジェクト活動―知と生を結ぶ学び』（橋本美保と共著 東京大学出版会 2012）、『教育臨床学―〈生きる〉を学ぶ』（高陵社書店 2012）、『大正新教育の思想―躍動する生命へ』（橋本美保と共編著 東信堂 2015）、『共存在の教育学―愛を黙示するハイデガー』（東京大学出版会 2017）、『何が教育思想と呼ばれるのか―共存在と超越性』（一藝社 2017）、『教育の理念を象る―教育の知識論序説』（東信堂 2019）、『教育哲学のデューイ』（東信堂 2019）、『超越性の教育学―強度とメリオリズム』（東京大学出版会 近刊）など。

企画

公益財団法人日本財団

東京大学大学院教育学研究科附属海洋教育センター

公益財団法人笹川平和財団海洋政策研究所

温暖化に挑む海洋教育──呼応的かつ活動的に

2020 年 3 月 25 日　　初 版第 1 刷発行　　　　　　〔検印省略〕

定価はカバーに表示してあります。

編著者 Ⓒ 田中智志／発行者 下田勝司　　　　　印刷・製本／中央精版印刷

東京都文京区向丘 1-20-6　　郵便振替 00110-6-37828

〒 113-0023　TEL (03)3818-5521　FAX (03)3818-5514

発 行 所

株式会社 東信堂

Published by TOSHINDO PUBLISHING CO., LTD.

1-20-6, Mukougaoka, Bunkyo-ku, Tokyo, 113-0023, Japan

E-mail : tk203444@fsinet.or.jp　http://www.toshindo-pub.com

ISBN978-4-7989-1626-2　C3037　Ⓒ Tanaka Satoshi

東信堂

〒113-0023　東京都文京区向丘1-20-6　　　TEL 03-3818-5521　　FAX03-3818-5514　　振替 00110-6-37828
　　　　　　　　　　　　　　　　　　　　Email tk203444@fsinet.or.jp　　URL·http://www.toshindo-pub.com/
※定価：表示価格（本体）＋税

東信堂

比較教育学 関連図書

若手研究者必携 比較教育学の研究スキル	山内乾史編著	一七〇〇円
リーディングス 比較教育学 地域研究 —多様性の教育学へ	近藤孝弘／西野節男編著	三七〇〇円
比較教育学事典	日本比較教育学会編	二二〇〇〇円
比較教育学の地平を拓く	森山肖子／山田肖子編著	四六〇〇円
比較教育学—伝統・挑戦・新しいパラダイムを求めて	馬越徹	三六〇〇円
比較教育学—越境のレッスン	M・ブレイ編著／馬越徹・大塚豊監訳	三八〇〇円
国際教育開発の研究射程—「持続可能な社会のための比較教育学の最前線	北村友人編著	二八〇〇円
国際教育開発の再検討—途上国の基礎教育 普及に向けて	小川啓一／北村友人／西村幹子編著	二四〇〇円
ペルーの民衆教育—「社会を変える」教育の変容と学校での受容	工藤瞳	三二〇〇円
アセアン共同体の市民性教育	平田利文編著	三七〇〇円
市民性教育の研究—日本とタイの比較	平田利文編著	四六〇〇円
社会を創る市民の教育—協働によるシティズンシップ教育の実践	大友秀明／桐谷正信編著	二五〇〇円
アメリカにおける多文化的歴史カリキュラム	桐谷正信	三六〇〇円
アメリカ公民教育におけるサービス・ラーニング	唐木清志	四六〇〇円
発展途上国の保育と国際協力	浜野隆／三輪千明著	三八〇〇円
中国大学入試研究—変貌する国家の人材選抜	大塚豊監訳	二九〇〇円
東アジアの大学・大学院入学者選抜制度の比較—中国・台湾・韓国・日本	大塚豊	三六〇〇円
中国高等教育独学試験制度の展開	南部広孝	三二〇〇円
現代ベトナム高等教育の構造—国家の管理と党の領導	関口洋平	三六〇〇円
中国の職業教育拡大政策—背景・実現過程・帰結	劉文君	三二〇〇円
中国における大学奨学金制度と評価	王帥	五〇四八円
中国高等教育の拡大と教育機会の変容	王傑	五四〇〇円
中国の素質教育と教育機会の平等	王玉	三九〇〇円
現代中国初中等教育の多様化と教育改革—都市と農村の小学校の事例を手がかりとして	代玉	五八〇〇円
グローバル人材育成と国際バカロレア—アジア諸国のIB導入実態	楠山研編著	三六〇〇円
文革後中国基礎教育における「主体性」の育成	李霞	二九〇〇円
	李霞編著	二八〇〇円

〒113-0023　東京都文京区向丘1-20-6　　TEL 03-3818-5521　FAX03-3818-5514　振替 00110-6-37828
Email tk203444@fsinet.or.jp　URL:http://www.toshindo-pub.com/

※定価：表示価格（本体）＋税

東信堂

多様性と向きあうカナダの学校 ——移民社会が目指す教育	児玉奈々	二八〇〇円
カナダの女性政策と大学	犬塚典子	三九〇〇円
多様社会カナダの「国語教育」〈カナダの教育3〉	関口克之介編著 浪田克之介編著	三八〇〇円
21世紀にはばたくカナダの教育〈カナダの教育2〉	小林順子他編著	二八〇〇円
ケベック州の教育〈カナダの教育1〉	小林順子	二〇〇〇円
トランスナショナル高等教育の国際比較——留学概念の転換	杉本均編著	三六〇〇円
チュートリアルの伝播と変容 ——イギリスからオーストラリアの大学へ	竹腰千絵	二八〇〇円
[第三版]オーストラリア・ニュージーランドの教育——グローバル社会を生き抜く力の育成に向けて	青木麻衣子編著 佐藤博志編著	二〇〇〇円
戦後オーストラリアの高等教育改革研究	杉本和弘	五八〇〇円
オーストラリアのグローバル教育の理論と実践——開発教育研究の継承と新たな展開	木村裕	三六〇〇円
オーストラリアの教員養成とグローバリズム——多様性と公平性の保証に向けて	本柳とみ子	三六〇〇円
オーストラリア学校経営改革の研究——自律的学校経営とアカウンタビリティ	佐藤博志	三八〇〇円
オーストラリアの言語教育政策——多文化主義における「多様性と」「統一性」の揺らぎと共存	青木麻衣子	三六〇〇円
英国の教育	日英教育学会編	三四〇〇円
イギリスの大学——対位線の転移による質的転換	秦由美子	五八〇〇円
イングランドのシティズンシップ教育政策の展開——カリキュラム改革にみる国民意識の形成に着目して	菊地かおり	三二〇〇円
統一ドイツ教育の多様性と質保証——日本への示唆	坂野慎二	二八〇〇円
ドイツ統一・EU統合とグローバリズム——教育の視点からみたその軌跡と課題	木戸裕	六〇〇〇円
教育における国家原理と市場原理——チリ現代教育史に関する研究	斉藤泰雄	三八〇〇円
中央アジアの教育とグローバリズム	嶺井明子編著 川野辺敏編著	三二〇〇円
インドの無認可学校研究——公教育を支える「影の制度」	小原優貴	三六〇〇円
タイの人権教育政策の理論と実践——人権と伝統的多様な文化との関係	馬場智子	二八〇〇円
バングラデシュ農村の初等教育制度受容	日下部達哉	三六〇〇円
マレーシア青年期女性の進路形成	鴨川明子	四七〇〇円
東アジアにおける留学生移動のパラダイム転換——大学国際化と「英語プログラム」の日韓比較	嶋内佐絵	三六〇〇円

〒113-0023　東京都文京区向丘1-20-6　　TEL 03-3818-5521　FAX03-3818-5514　振替 00110-6-37828
Email tk203444@fsinet.or.jp　URL:http://www.toshindo-pub.com/

※定価：表示価格（本体）＋税

東信堂

〒113-0023　東京都文京区向丘1-20-6　　TEL 03-3818-5521　FAX03-3818-5514　振替 00110-6-37828
Email tk203444@fsinet.or.jp　URL:http://www.toshindo-pub.com/

※定価：表示価格（本体）＋税

東信堂

〒113-0023　東京都文京区向丘 1-20-6　　TEL 03-3818-5521　FAX03-3818-5514　振替 00110-6-37828
Email tk203444@fsinet.or.jp　URL:http://www.toshindo-pub.com/

※定価：表示価格（本体）＋税

東信堂

オックスフォード キリスト教美術・建築事典	P&L・マレー著 中森義宗監訳	三〇〇〇円
イタリア・ルネサンス事典	J・R・ヘイル編 中森義宗監訳	七八〇〇円
美術史の辞典	中森義宗・デューロ他	三六〇〇円
涙と眼の文化史——中世ヨーロッパの	徳井淑子 清水忠志他訳	三六〇〇円
青を着る人びと	伊藤亜紀	三五〇〇円
社会表象としての服飾——近代フランスにおける異性装の研究	新實五穂	三六〇〇円
書に想い 時代を讀む	河田悌一	一八〇〇円
日本人画工 牧野義雄——平治ロンドン日記	ますこ ひろしげ	五四〇〇円
美を究め美に遊ぶ——芸術と社会のあわい	荻江藤光紀 中藤厚志編著	二八〇〇円
バロックの魅力	小穴晶子編	二六〇〇円
新版 ジャクソン・ポロック	藤枝晃雄	二六〇〇円
西洋児童美術教育の思想	前田茂監訳 要真理子監訳	三六〇〇円
ロジャー・フライの批評理論——知性と感受性の間で	要真理子	四二〇〇円
レオノール・フィニ——境界を侵犯する新しい種	尾形希和子	二八〇〇円
【世界美術双書】		
バルビゾン派	井出洋一郎	二三〇〇円
キリスト教シンボル図典	中森義宗	二三〇〇円
パルテノンとギリシア陶器	関隆志	二三〇〇円
中国の版画——唐代から清代まで	小林宏光	二三〇〇円
象徴主義——モダニズムへの警鐘	中村隆夫	二三〇〇円
中国の仏教美術——後漢代から元代まで	久野美樹	二三〇〇円
セザンヌとその時代	浅野春男	二三〇〇円
日本の南画	武田光一	二三〇〇円
画家とふるさと	小林忠	二三〇〇円
ドイツの国民記念碑	大原まゆみ	二三〇〇円
日本・アジア美術探索——一八一三—一九一三年	永井信一	二三〇〇円
インド、チョーラ朝の美術	袋井由布子	二三〇〇円
古代ギリシアのブロンズ彫刻	羽田康一	二三〇〇円

〒113-0023　東京都文京区向丘1-20-6　TEL 03-3818-5521　FAX03-3818-5514　振替 00110-6-37828
Email tk203444@fsinet.or.jp　URL·http://www.toshindo-pub.com/

※定価：表示価格（本体）＋税